"大宏观"系列丛书

宏观政策评价报告 2017

陈彦斌　陈小亮　刘　凯　等／著

科学出版社

北京

内 容 简 介

本书在"大宏观"视角下，结合现代宏观经济理论和中国具体国情，从"政策目标与工具"、"政策力度、效率与空间"、"预期管理"和"政策协调性"等方面对中国的宏观政策进行系统全面的年度评价。作为一项创新性的基础研究，本书具有重要的理论意义和政策价值。就理论意义而言，本书倡导问题导向的理论研究，有助于完善中国的宏观政策理论体系。就政策价值而言，本书有助于提高宏观政策的效率，从而促进中国经济又好又快又稳的发展。

本书可供科研机构人员、经管类高校师生以及政府部门相关人士阅读使用，尤其适用于研究宏观经济政策及相关问题的经济工作者。

图书在版编目（CIP）数据

宏观政策评价报告. 2017 / 陈彦斌等著. —北京：科学出版社，2017.4
（"大宏观"系列丛书）
ISBN 978-7-03-052403-4

Ⅰ. ①宏⋯　Ⅱ. ①陈⋯　Ⅲ. ①宏观经济—经济政策—研究报告—中国—2017
Ⅳ. ①F120

中国版本图书馆 CIP 数据核字（2017）第 065592 号

责任编辑：马　跃　王丹妮 / 责任校对：赵桂芬
责任印制：张　伟 / 封面设计：无极书装

科 学 出 版 社 出版
北京东黄城根北街 16 号
邮政编码：100717
http://www.sciencep.com
北京京华虎彩印刷有限公司 印刷
科学出版社发行　各地新华书店经销

＊

2017 年 4 月第　一　版　　开本：787×1092　1/16
2017 年 4 月第一次印刷　　印张：13 1/2
字数：320 000
定价：82.00 元
（如有印装质量问题，我社负责调换）

作 者 简 介

陈彦斌，博士，中国人民大学经济学院教授、博士生导师，副院长。《经济研究》编委，《光明日报》理论版专栏作家，教育部新世纪人才，霍英东奖获得者。研究领域为宏观经济学，在《经济研究》等重要期刊发表上百篇论文，出版了《人口老龄化对中国宏观经济的影响》《中国通货膨胀的预期、形成机制和治理政策》《行为资产定价理论》等多部著作。

陈小亮，博士，中国社会科学院经济研究所《经济研究》编辑，主要从事宏观政策和经济增长等方面的研究工作，目前已经在《经济研究》等国内外核心期刊发表论文20余篇，主持1项国家自然科学基金项目，参与多项国家级课题。

刘凯，剑桥大学经济学博士，中国人民大学经济学院助理教授。研究领域为开放宏观、宏观经济政策和贫富差距。在 Emerging Markets Finance & Trade、Applied Economics、Social Indicators Research 等国外SSCI期刊以及《经济研究》和《经济学（季刊）》等国内权威期刊发表论文近20篇，主持1项国家自然科学基金项目和1项IMF课题项目。

编写委员会

序

　　由陈彦斌教授带领"大宏观"团队完成的《宏观政策评价报告2017》是目前国内第一份系统评价宏观政策的研究报告。作为一项创新性的基础研究，该报告具有重要的理论意义和政策价值，值得高度肯定。我个人认为，该报告在总体思路、研究视角、研究框架等方面具有比较鲜明的特点和较为突出的贡献。

　　就总体思路而言，《宏观政策评价报告2017》注重将现代宏观经济理论作为评价依据，所以该报告的研究结论更加科学、更加严谨。虽然宏观政策评价的最终目的是为政府部门制定政策提供参考，但是这并不意味着宏观政策评价不需要理论支撑。该报告的主要特色就是力图将现代宏观经济理论作为宏观政策的评价依据，并以理论为依据给出宏观政策的调整方向。例如，在判断2016年中国的宏观政策组合是否合理时，该报告依据金融危机后宏观经济理论的最新共识准确地指出，宏观审慎政策是实现金融稳定的核心工具，要想同时实现经济稳定与金融稳定，仅依靠货币政策和财政政策是不够的，还需要宏观审慎政策的配合。在评价消费者物价指数（consumer price index，CPI）指标值是否合理时，该报告依据现代宏观经济理论的最新进展，既指出在经济下行压力较大时制定偏高的CPI指标值有助于引导通胀预期，又强调CPI指标值不能过高，否则会降低其可信度。在评价政策力度时，该报告并不是简单地分析各个政策指标是否达到了既定的目标值，而是从理论层面充分考虑政策时滞的影响，从而能够更加准确地判断政策的实际力度。

　　就研究视角而言，《宏观政策评价报告2017》在"大宏观"视角下对宏观政策进行评价，注重理论与中国国情相结合。现代宏观经济理论对金融、产业和贫富差距等要素的分析不够全面，在解释中国宏观经济问题时具有一定的局限性。为此，陈彦斌教授提出了"大宏观"理念，倡导创新宏观经济学研究范式，以破解理论与中国现实问题脱节的时代性难题。有了"大宏观"理念的指导，该报告不是简单地套用国外的理论，而是结合中国国情，从而将理论运用得恰到好处。例如，在评价政策目标是否合理时，该报告一方面指出，"稳增长"和"防风险"旨在实现经济稳定与金融稳定的双重稳定目标，与现代宏观经济理论所建议的政策目标相一致；另一方面则强调，"调结构"和"惠民生"虽然与现代宏观经济理论所建议的政策目标相偏离，但是短期内的偏离有其必要性与合理性。因为中国目前亟须优化经济结构，还要缩小贫富差距并完成扶贫任务，所以短期内中国的确需要宏观政策助力"调结构"和"惠民生"。又如，在评价货币政策的效率时，该报告指出，虽然信贷资金流向房地产也可以拉动经济增长，但是目前房地产并不是中国"稳增长"的理想选择。因为房产持有不平等是中国贫富差距的最主要原因，而房价泡沫化会加剧房产持有不平等从而进一步恶化贫富差距，影响社会稳定。正是基于对中国国情的深刻思考，该报告才能够恰当地运用经济理论，对宏观政策做出科学评价。

就研究框架而言，已有研究大都只是对宏观政策进行零散化分析，《宏观政策评价报告 2017》首次提出了宏观政策的系统评价体系，这是该报告最大的贡献。宏观政策的调控效果与多维因素密切相关：其一，制定宏观政策的核心在于设定合理的政策目标并运用恰当的政策工具予以实现。如果政策目标设定不合理、政策工具运用不当，那么宏观政策不仅难以起到稳定经济的作用，而且可能加剧经济波动，甚至引发经济危机。其二，政策力度和政策效率共同决定着宏观政策效果的好坏，如果政策效率不高，即使加大政策力度可能也难以实现政策目标。其三，政策空间决定着未来政策的可持续性，通过分析政策空间不仅可以更好地审视当年宏观政策力度的合理性，而且可以前瞻性地判断后续宏观政策的调整方向和政策力度。其四，最新理论和国际经验表明，通过强化预期管理或者加强不同政策之间的协调配合，能够提高宏观政策的有效性，在经济持续低迷或者政策空间受限时尤其需要加强预期管理和政策协调。已有研究大都只是侧重某个维度或某几个维度的因素，因此难以系统全面地考察宏观政策的调控效果。正是基于上述考虑，陈彦斌教授创新性地提出了评价宏观政策的"七维框架"，即从政策目标、政策工具、政策力度、政策效率、政策空间、预期管理和政策协调性七个维度对宏观政策进行比较系统全面的评估。"七维框架"较好地弥补了已有研究的不足，为宏观政策评价领域的后续研究提供了有价值的参考标准。

陈彦斌教授长期致力于宏观经济学领域的科研工作，在宏观政策和经济增长等方面取得了一系列较有影响力的研究成果。他所带领的"大宏观"团队年轻而富有活力，具备扎实的现代宏观经济学理论功底，对中国宏观政策的具体实践也比较熟悉。我相信，只要他们将这项基础性研究工作持续下去，那么不仅能够为中国宏观经济理论的原创性发展做出重要贡献，而且能够提高宏观政策的效果，促进中国经济又好又快又稳的发展。

裴长洪

2017 年 1 月

前　　言

宏观经济政策（本书简称宏观政策）在中国通常也被称为宏观调控，这个术语是在政策实践过程中逐渐形成的，体现出与时俱进的特点。1984年中共十二届三中全会首次提出了"宏观调节"的概念，1988年中共十三届三中全会正式使用了"宏观调控"的概念，1993年中共十四届三中全会进一步提出了"建立以间接手段为主的完善的宏观调控体系"。在中国，宏观政策的内容比较宽泛，除了货币政策和财政政策之外，还包括投资政策、产业政策、土地政策和区域政策等内容，最近又加入了宏观审慎政策等多种新政策。这些政策可以统称为广义的宏观政策。

虽然广义的宏观政策的内容越来越宽泛，但是符合宏观政策本质（对短期经济波动进行逆周期调节）的主要是货币政策和财政政策等，它们一般被称为狭义的宏观政策。宏观政策的广泛运用源于凯恩斯主义的兴起。凯恩斯主义者认为，当经济体受到总需求或总供给等外部冲击时，由于价格与工资黏性及公众"动物精神"的存在，市场资源配置在受到冲击后不会迅速回到均衡状态，从而经济呈现出扩张或紧缩的短期波动现象。因此，政府需要通过宏观政策缓冲外部冲击，从而实现对短期波动的逆周期调节，这就要求调控工具具有灵活有效、时滞较短等特点。理论研究与各国政策实践均表明，以货币政策和财政政策等为核心的狭义的宏观政策最适合用来对短期经济波动进行逆周期调节。

党的十八大以来，中国也越来越聚焦于狭义的宏观政策，尤其强调货币政策和财政政策在宏观政策体系中的主体地位。十八届三中全会明确指出，要健全"以财政政策和货币政策为主要手段的宏观调控体系"。国家"十三五"规划也要求，宏观政策要"完善以财政政策、货币政策为主，产业政策、区域政策、投资政策、消费政策、价格政策协调配合的政策体系"。此外，中国正在推进以市场化为导向的经济体制改革，因此也应该构建以市场化为导向的宏观政策体系，只有这样，经济体制和宏观政策体系才能相互匹配，真正提高宏观政策效率。而狭义的宏观政策比广义的宏观政策更加满足市场化导向的特点。有鉴于此，本书主要评价狭义的宏观政策。

对宏观政策进行评价是一项重大的基础性研究工作，具有重要的理论价值和现实意义。就理论价值而言，本书倡导问题导向的理论研究，有助于完善中国的宏观政策理论体系。曼昆有句名言，"上帝将宏观经济学带到人间，并不是为了提出和检验优美的理论，而是为了解决实际问题"。回顾宏观经济学的百年发展史也会发现，宏观经济学一直是在回答现实问题的基础上不断完善理论体系，大萧条、大通胀、大缓和以及2008

年全球金融危机等里程碑事件均是如此。以大萧条为例，当时主流观点信奉市场出清理论，认为市场会推动经济自动恢复至均衡状态，然而该理论不能解释大萧条时期产出持续下降和失业率不断攀升的事实。宏观经济学界在尝试解释大萧条的过程中，先后经历了凯恩斯主义、货币主义、债务通缩理论和金融加速器理论等，从而推动宏观经济理论体系不断完善。再以 2008 年全球金融危机为例，虽然宏观经济理论还未对此形成系统的解释，但是也已经出现了一些新进展，其中关于宏观政策的两点重要启发是，宏观政策应更加重视金融稳定和政策协调配合。有鉴于此，本书基于现代宏观经济理论并结合国情对中国的宏观政策进行评价，这有助于完善中国的宏观政策理论体系。

就现实意义而言，本书有助于提高中国宏观政策的效率，从而更好地实现"稳增长"等重要目标。新常态以来中国经济增速持续放缓，2016 年已经降至 6.7%，这也是近 25 年来的最低水平。中国要想实现"两个一百年"奋斗目标并顺利跨越"中等收入陷阱"，仍然需要经济保持一定增速。在此背景下，中国很有必要运用宏观政策"稳增长"。然而，新常态以来，中国宏观政策的效率不断下降，宏观政策效果欠佳，导致近几年产出缺口持续为负。对宏观政策进行评价，能够发现中国在政策制定和实施过程中存在的问题，并借鉴理论和国际经验对未来政策思路做出调整，从而使中国的宏观政策更好地实现"稳增长"的目标。因此，宏观政策评价具有重要的现实意义。

本书将在"大宏观"视角下，结合现代宏观经济理论和中国国情，从政策目标、政策工具、政策力度、政策效率、政策空间、预期管理和政策协调性七个维度对宏观政策进行系统全面的年度评价。作为国内首份宏观政策评价报告，本书不仅有助于完善中国宏观政策理论体系，而且有助于更好地提高中国宏观政策的效率，以更小的代价促进中国经济又好又快又稳的发展，从而早日实现中华民族伟大复兴的中国梦。

本书得到了中国特色社会主义经济建设协同创新中心的资助，在此表示感谢。

陈彦斌

2016 年 12 月

目　　录

第一篇　评价报告

第二篇　专题研究

第一篇 评价报告

主　报　告[①]

　　在世界经济新平庸和中国经济新常态的背景下，2016 年中国经济依然保持了平稳较快的发展态势。2016 年中国经济增速达到 6.7%[②]，在世界主要经济体中位居前列。相比之下，2016 年发达经济体平均经济增速仅为 1.6%，其中，美国经济增速为 1.6%，欧元区为 1.7%，日本为 0.5%；新兴市场平均经济增速也不过 4.2%，其中，南非仅增长 0.1%，俄罗斯和巴西更是出现了负增长，增速分别为–0.8%和–3.3%。

　　同时需要看到，进入新常态以来中国经济增速仍然在持续放缓，2016 年的经济增速已经降到近 25 年来的最低水平。不可否认，新常态以来中国经济增速持续放缓一定程度上是潜在增速放缓导致的。中国的投资增速已经从 2008 年全球金融危机前的 24%持续下降到 2016 年的 10%以下，劳动力数量也从 2012 年开始步入下降通道，并且已经连续五年负增长，这些因素都使潜在增速不断下降。然而，中国经济增速放缓更大程度上是周期性放缓导致的（陈彦斌，2015），一个核心标志是新常态以来中国经济一直存在负产出缺口（郭豫媚和陈彦斌，2015；陈彦斌和刘哲希，2016）。宏观政策旨在对经济短期波动进行逆周期调节以熨平产出缺口，而负产出缺口的持续存在说明中国宏观政策的调控效果欠佳。

　　有鉴于此，本报告将对 2016 年中国的宏观政策进行评价，试图找到宏观政策存在的问题并提出调整思路，从而提高宏观政策的效果，更好地应对经济下行压力。本报告主要包括三部分。宏观政策旨在帮助经济实现平稳运行，要想准确评价宏观政策，首先需要把握经济运行状况，因此第一部分将从总供给、总需求、产业、部门效益和价格总水平五大方面分析 2016 年中国宏观经济的运行情况。第二部分将在"大宏观"[③]视角下，结合现代宏观经济理论与中国国情，从政策目标、政策工具、政策力度、政策效率、政策空间、预期管理和政策协调性七个维度对宏观政策进行系统全面的评价。第三部分在

---

　　① 作者：陈彦斌，中国人民大学经济学院教授、副院长。

　　② 如无特别说明，本报告涉及的中国宏观经济数据均引自国家统计局或者 Wind 数据库。国外经济增速数据则引自 IMF 数据库。全年经济增速的预测值引自中国人民大学中国宏观经济论坛发布的研究报告：《中国宏观经济分析与预测（2016—2017）——稳增长与防风险双底线的中国宏观经济》。

　　③ "大宏观"理念是陈彦斌在 2015 年 11 月举办的首届"大宏观·全国论坛"上首次提出的。现代宏观经济理论与模型对金融、产业和贫富差距等要素的刻画不够全面，在解释中国宏观问题时具有一定的局限性。为此，陈彦斌教授提出了"大宏观"理念，倡导创新宏观经济学研究范式，构建更加贴近中国实际的宏观模型，以破解理论与中国宏观经济重大问题脱节的时代性难题。

展望 2017 年经济走势的基础上，从政策目标、政策工具组合、预期管理和政策协调性等方面提出针对性建议，以适度扩大总需求，配合"供给侧结构性改革"的深入推进，从而促进中国经济平稳健康发展以及社会和谐稳定。

一、2016 年中国宏观经济运行情况：五大方面

2016 年中国经济表现出了一些企稳迹象。一是工业生产者出厂价格指数（producer production index，PPI）同比降幅自 2016 年年初以来持续收窄，并从 9 月开始由负转正，结束了长达 54 个月的下降态势。二是工业企业盈利状况明显改善，2016 年规模以上工业企业利润总额同比增长 8.5%，扭转了 2015 年工业企业利润负增长的局面。三是工业增加值和固定资产投资增速等多项指标停止下滑，触底企稳。例如，工业增加值增速止住了新常态以来的快速下滑态势，自 2016 年 3 月以来持续保持在 6%以上。

总体来说，2016 年中国"经济运行保持在合理区间，质量效益提升，经济结构继续优化，改革开放取得新突破，人民生活水平进一步提高，环境质量得到改善"①，供给侧结构性改革等重大举措稳步推进并取得了一定成效。本报告从总供给、总需求、产业、部门效益和价格总水平五大方面对中国宏观经济运行态势进行系统评估后发现，2016 年中国宏观经济有所回暖，但尚不稳固。

1. 从总供给的视角来看，中国经济仍然存在负产出缺口，而且扣除房地产的"超常"拉动效应之后，经济增速将跌出目标区间

表面上看，2016 年中国经济增速达到 6.7%，完成了 6.5%~7%的增长目标。但是，通过深入分析可知，这并不意味着中国经济已经全面回暖。

第一，2016 年中国经济仍然存在负产出缺口。

一个国家经济运行的理想状态是实际增速与潜在增速相符，产出缺口为零。究其原因，潜在增速是一个国家在资本存量、劳动力、人力资本和技术等资源实现最优配置条件下经济所能达到的增长速度。若实际增速高于潜在增速，表明经济处于过热状态；反之，则表明经济出现了萧条迹象。因此，只通过实际增速无法准确判断一个国家的经济运行态势，将实际增速与潜在增速进行比较，并分析是否存在产出缺口以及产出缺口的大小，才能够科学合理地判断经济运行态势。

本报告详细测算了中国经济的潜在增速②，测算结果表明，虽然新常态以来中国经济潜在增速有所下滑，但 2016 年仍然达到了 7.4%左右。据此可知，2016 年中国经济实际增速与潜在增速之间存在 0.7 百分点左右的负产出缺口（图 1），而且与 2015 年相比负产出缺口并没有收窄③。可见，中国宏观经济并没有真正摆脱下行压力。

第二，扣除房地产的"超常"拉动效应，2016 年的经济增速将跌出目标区间。

---

① 这是 2016 年 12 月 9 日中共中央政治局会议对 2016 年经济运行态势的总结。
② 具体测算过程和更细致的测算结果参见陈彦斌和刘哲希（2016）。
③ 2015 年中国国内生产总值（GDP）实际增速是 6.9%，潜在增速是 7.6%，同样存在 0.7 百分点的负产出缺口。

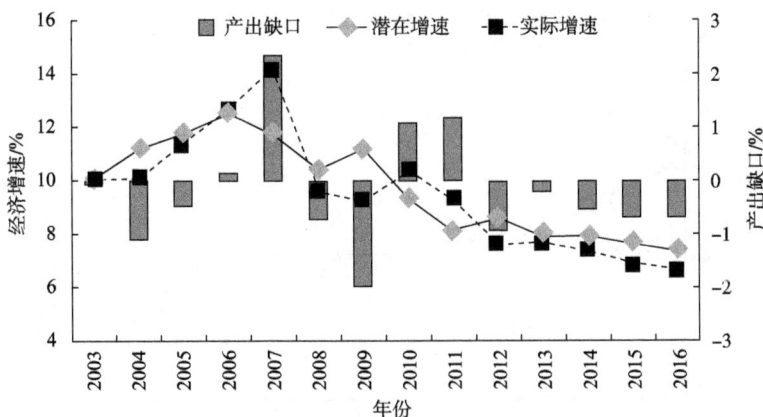

图 1 中国经济潜在增速与实际增速走势

2016 年以来，四大一线城市和"二线四小龙"等部分城市的房价持续大幅上涨，房价泡沫化迹象明显。截至 2016 年 12 月底，70 个大中城市中有 14 个城市的房价同比涨幅超过 20%，南京、合肥和厦门的房价同比涨幅更是超过 40%。

房价快速上涨带动了房地产行业的繁荣发展。2015 年房地产行业增加值同比增速为 3.8%，而 2016 年前三个季度房地产行业增加值增速则升至 8.9%。通过进一步测算可以发现，2016 年房地产拉动 GDP 增长的幅度比 2015 年提高了 0.33 百分点（参见分报告二的表 1）。但是，一线和二线城市已经呈现出房价泡沫化风险，三线和四线城市则出现了住房供给过剩风险（陈小亮，2016），因此像 2016 年那样的房地产发展态势很难延续。如果房地产的拉动效果保持在 2015 年的水平，那么 2016 年经济增速将会降至 6.37%，跌出 6.5%~7% 的目标区间。需要注意的是，房地产具有很强的产业关联性（王国军和刘水杏，2004；陈彦斌和闫衍，2014），如果再将房地产的产业关联效应剔除，那么 2016 年中国经济增速将进一步下滑。

2. 从总需求的视角来看，投资、消费和出口"三驾马车"均较为疲软，民间投资增速更是出现了断崖式下滑

固定资产投资增速的走势见图 2。

第一，就投资而言，在民间投资增速大幅下滑的情况下，全国固定资产投资主要依靠国企投资与房地产投资勉强支撑，投资增速较 2015 年明显下滑。

2016 年全国固定资产投资增速仅为 8.1%，比 2015 年下降了 1.9 百分点。上一次出现投资增速跌破 9% 的情况还是在 1999 年，受东亚金融危机的影响，当时全年投资增速为 6.3%。虽然从 2016 年 9 月开始全国固定资产投资增速出现反弹迹象，但是 12 月再次下滑，而且 2016 年全年固定资产投资增速依旧处于新常态以来的绝对低位。

全国固定资产投资增速下降主要归咎于民间投资增速的断崖式下滑。过去几年，民间投资一直是全国固定资产投资增长的核心支撑力量，民间投资占全国固定资产投资的比重已经由 2009 年的不足 50% 持续上升至 2015 年的 64.2%。但是，2016 年以来这一情况发生了明显的变化，民间投资同比仅增长 3.2%，增速比 2015 年大幅下降了 6.9 百分

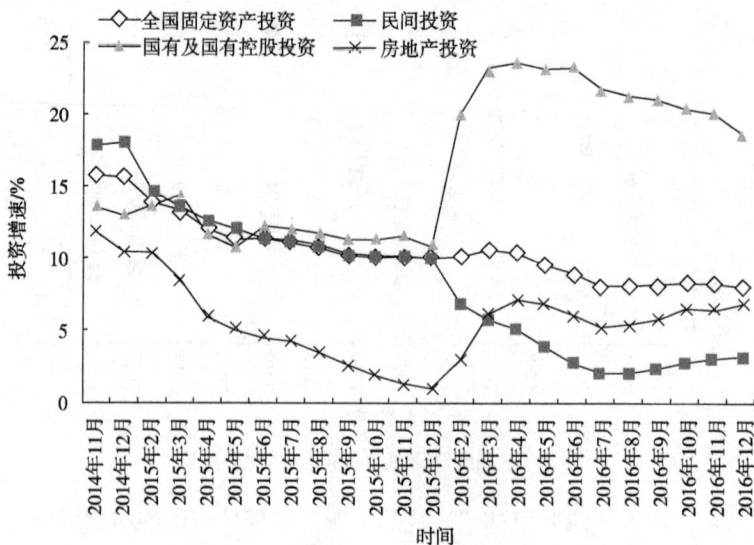

图 2　固定资产投资增速的走势

图中数据直接引自国家统计局网站

点之多。相应地，民间投资占全国固定资产投资的比重下降至 61.2%，比 2015 年同期降低了多达 3 百分点。

在民间投资大幅下滑的态势下，全国固定资产投资主要由国有及国有控股投资和房地产投资支撑。其一，在民间投资增速下滑的态势下，积极财政政策引导国有及国有控股投资大幅增加，2016 年国有及国有控股投资增速高达 18.7%，比 2015 年提高了 7.8 百分点。其二，受房地产市场销售火爆的带动，房地产开发投资增速时隔两年后再次出现回升，2016 年房地产开发投资同比增长 6.9%，比 2015 年提高了 5.9 百分点。毫无疑问，如果国有及国有控股投资和房地产投资增速都保持 2015 年的增长速度，那么 2016 年全国固定资产投资增速将进一步下滑。

此外，从固定资产投资到位资金与新开工项目计划投资增速（图 3）可以清晰地看出，投资增长的内在动力依然较为匮乏。就到位资金而言，2016 年固定资产投资到位资金同比增长 5.8%，增速比 2015 年下降了 1.9 百分点。而且，2016 年 4~11 月固定资产投资到位资金增速呈现出明显的下行态势，12 月虽有所反弹但是仍然处于新常态以来的绝对低位。就新开工项目而言，虽然 2016 年新开工项目计划投资保持了较高增速，但这主要受 2015 年低基数的影响，由此导致 2016 年增速 "虚高"。而且，新开工项目计划投资增速也已经由 2016 年年初的 40% 以上降至 12 月末的 20.9%。由此不难发现，当前企业投资积极性不高，投资的内在动力仍较为疲软。

第二，就消费而言，消费增速持续下滑，若剔除价格与政策刺激因素的影响，消费疲软的迹象将进一步显现。

2016 年社会消费品零售总额名义增速延续了此前的下行态势，全年同比增长 10.4%，增速比 2015 年下降了 0.3 百分点，跌至 2004 年以来的最低点。由此表明，消费之所以

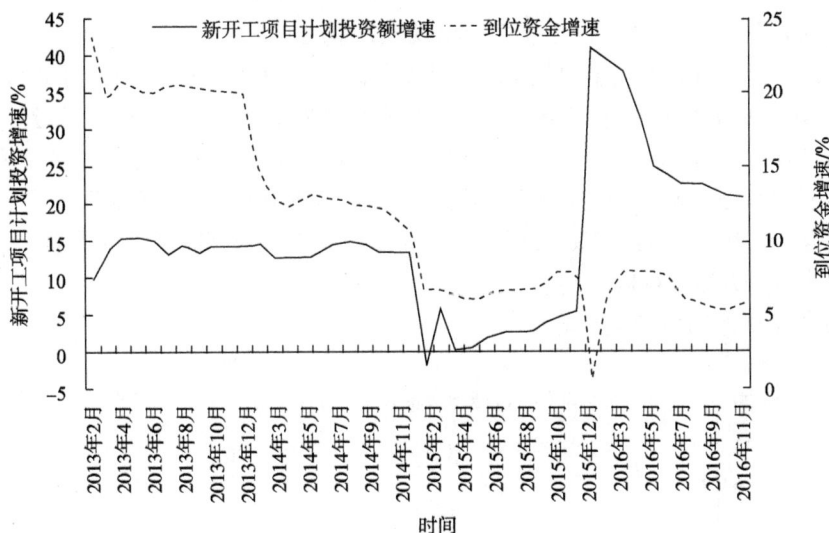

图 3　2016 年到位资金与新开工项目计划投资增速

图中数据直接引自国家统计局网站

能够在总需求层面上成为驱动中国经济增长的第一动力[①]，本质上是因为投资与出口两大动力快速减弱，而非消费动力出现实质性增强。

值得注意的是，价格因素和政策刺激因素对 2016 年的消费需求起到了明显的拉动效果，将二者剔除之后消费增速将进一步下滑。其一，2016 年以来 CPI 和 PPI 等价格指数均有所回升，由此对社会消费品零售总额名义增速形成了一定的支撑。据测算，2016 年社会消费品零售总额实际增速仅为 9.6%，因此价格指数回升将社会消费品零售总额名义增速拉高了 0.8 百分点。其二，由于小排量汽车购置税优惠政策将在 2016 年年底到期[②]，所以部分汽车消费需求被提前透支，由此显著地刺激了汽车消费。2016 年汽车销售总额增速达到了 10.1%，拉动社会消费品零售总额增长 1.2 百分点，拉动效应比 2015 年提高了 0.6 百分点。如果剔除二者的影响，2016 年社会消费品零售总额实际增速将下滑至 9%，比 2015 年大幅下降 1.6 百分点。

第三，就出口而言，在全球经济复苏乏力的背景下，出口形势依旧低迷。

表面上看，2016 年中国对外贸易仍然为顺差[③]，但这并不意味着中国出口的表现良好，因为目前中国的贸易顺差是"衰退式顺差"，即进口下降速度快于出口下降而产生的顺差。事实上，2016 年中国的出口总额仍然在继续减少，如果以人民币计价，中国的出口总额同比下降了 2.0%，降幅比 2015 年扩大 0.2 百分点，并未呈现出改善迹象。如果以美元计价，出口总额同比更是下降多达 7.7%，降幅比 2015 年扩大了 4.9 百分点，

① 2016 年前三个季度最终消费对 GDP 的贡献率已经高达 71%。

② 相关文件规定，从 2015 年 10 月 1 日到 2016 年 12 月 31 日，对购买 1.6 升及以下排量乘用车实施减半征收车辆购置税的优惠政策。

③ 2016 年 1~11 月中国的货物贸易"衰退式顺差"为 4 750.9 亿美元，同比下降 11.9%，而 2015 年货物贸易顺差增幅达到了 55.4%。

这主要是因为 2016 年以来人民币兑美元出现较大幅度的贬值。

中国出口形势持续低迷主要是全球经济增长乏力导致外部需求疲软[①]。国际货币基金组织（International Monetary Fund，IMF）预测结果显示，2016 年全球平均经济增速为 3.1%，比 2015 年下滑 0.1 百分点，已降至 2010 年以来的最低点。中国部分主要贸易伙伴的经济下滑态势更为明显，其中美国经济增速从 2015 年的 2.6% 大幅下降至 2016 年的 1.6%，欧盟经济增速也从 2.3% 下降到了 1.9%。正是因为外部需求持续萎靡，中国出口所面临的下行压力始终难以得到改善。

2016 年中国的出口增速走势见图 4。

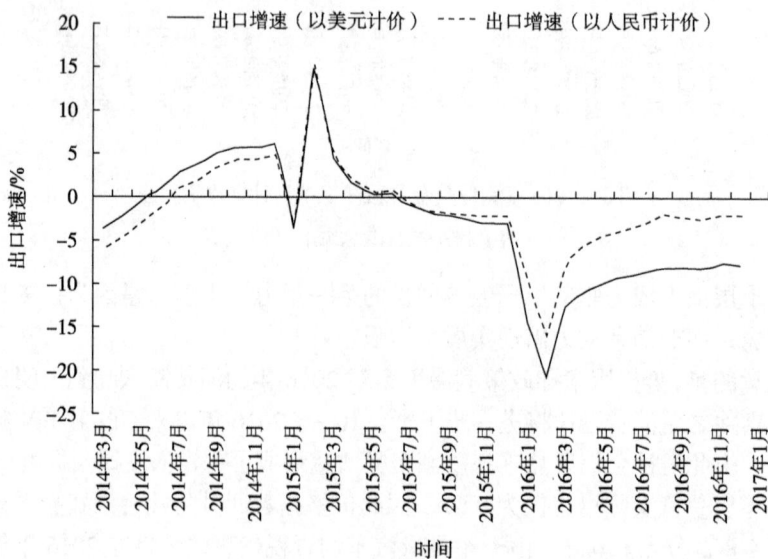

图 4　2016 年中国的出口增速走势

3. 从产业的视角来看，工业生产虽然触底企稳，但增长势头并不稳固

2016 年，工业增加值增速在 1~2 月降至 2010 年以来的最低点之后，触底企稳的迹象较为明显，3 月增速反弹至 6.8%，此后一直保持在 6.0%~6.3%。据此，一些观点认为工业领域已经企稳向好。但是本报告认为，当前工业领域企稳的势头并不稳固。

第一，2016 年工业增加值增长 6.0%，比 2015 年下降了 0.1 百分点。而且，在工业领域的三大门类中，仅电力、热力、燃气及水生产和供应业增加值增速有所上升，而采矿业和制造业增加值增速均呈现出下滑态势，分别下降了 3.7 百分点和 0.2 百分点。由此可见，当前工业增长的企稳势头能否持续存在一定的不确定性。

第二，工业中最为重要的制造业运行态势依然欠佳。2016 年制造业增加值同比增长 6.8%，增速比 2015 年下降 0.2 百分点。而且，这其中还包含了汽车制造业繁荣发展的拉动效应。2016 年汽车制造业增加值增速达到了 15.5%（图 5），比 2015 年大幅提

---

① 此外，全球贸易保护主义抬头、中国劳动力成本上升等因素也在一定程度上对中国出口产生负面影响。

高了 8.8 百分点。不过,汽车制造业的繁荣主要是受短期政策的刺激,不具有可持续性。剔除汽车制造业的影响,制造业增加值增速的下滑态势会更显著,可见制造业依旧没有全面回暖。

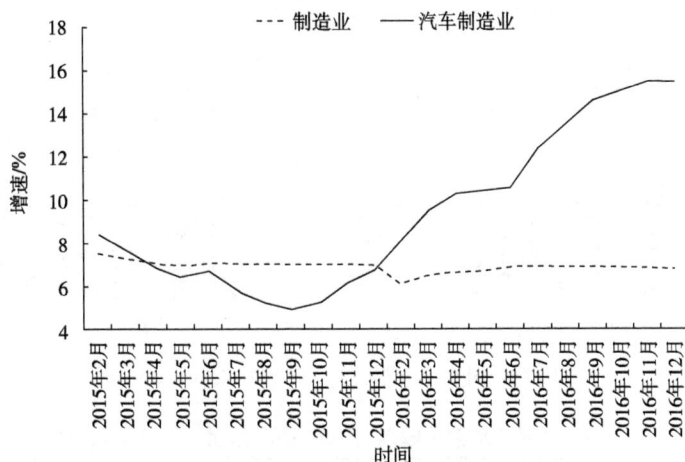

图 5　制造业增加值与汽车制造业增加值的增速对比

图中数据直接引自国家统计局网站

第三,中小企业的采购经理人指数(purchasing manager's index,PMI)依旧偏低,反映出工业增长的内在动力仍然不足。2016 年以来制造业 PMI 持续回升,11 月已经达到了 51.7%,这也是 2014 年 8 月以来的最高点,12 月虽然略微回落至 51.4%,不过仍然居于近两年的高位。但是,进一步区分企业规模就会发现,2016 年制造业 PMI 回升主要是因为大型企业的 PMI 显著改善,而中型企业 PMI 始终徘徊在 50% 的荣枯线附近,小型企业 PMI 更是一直显著低于 50%,见图 6。一般而言,中小企业的景气度比大型企业更能反映工业增长的内在动力。因此,当前中小企业 PMI 在低位徘徊意味着工业增长的内在动力依旧匮乏。

4. 从部门效益的视角来看,虽然工业企业收入增速加快,但是政府部门和居民部门收入增速均有所下滑

2016 年企业部门的经营效益明显改善:全年全国规模以上工业企业主营业务收入同比增长 4.9%,比 2015 年提高了 4.1 百分点;同期,利润总额同比增长 8.5%,更是比 2015 年提高了多达 10.8 百分点。其中,国有控股企业经营效益的改善幅度最大,2016 年国有控股企业的主营业务收入增速和利润总额增速分别比 2015 年提高了 8.1 百分点与 28.6 百分点(表 1)。究其原因,国有控股企业主要聚集于上游行业,PPI 回升对国有控股企业经营效益的改善作用更明显。

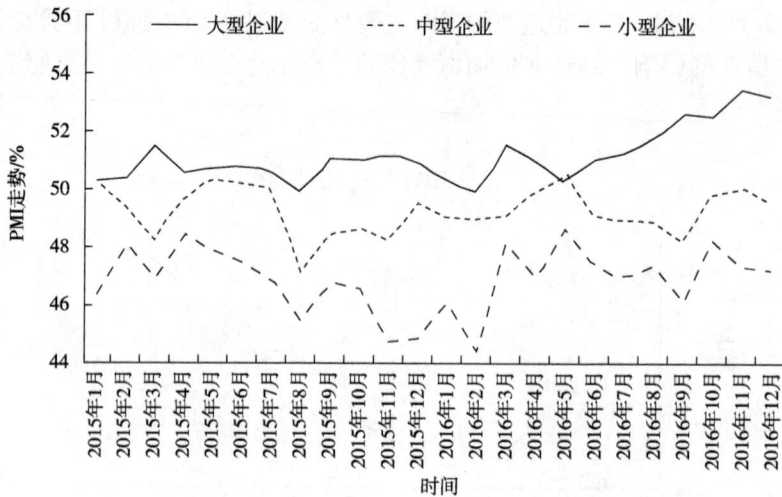

图 6　不同规模制造业企业 PMI 走势对比

表 1　各类工业企业收入与利润指标变化情况（单位：%）

企业类别	指标	2015 年	2016 年
规模以上工业企业	主营业务收入	0.8	4.9
	利润总额	−2.3	8.5
国有控股企业	主营业务收入	−7.8	0.3
	利润总额	−21.9	6.7
股份制企业	主营业务收入	1.9	5.6
	利润总额	−1.7	8.3
私营企业	主营业务收入	4.5	6.5
	利润总额	3.7	4.8

与企业部门不同，政府部门和居民部门收入增速都呈现出下滑态势。就政府部门而言，2016 年全国一般公共预算财政收入同比增长 4.5%，比 2015 年下降了 3.9 百分点。其中，非税收入增速下降较为明显，全年仅增长 5%，比 2015 年下降了 5.6 百分点。税收收入增速仅比 2015 年下降了 0.5 百分点，但这主要是因为房地产市场的火爆带动了契税、土地增值税等相关税收的增加，不具有可持续性。而且，2016 年 4 月以来税收收入增速已呈现逐步下滑的态势，见图 7。随着房地产调控效果的逐步显现，政府财政收入增长放缓的态势可能会进一步加剧。就居民部门而言，2016 年全国居民人均可支配收入增速较 2015 年下降了 1.1 百分点，同比仅增长 6.3%，见图 8。这是自 2010 年以来首次出现全国居民人均可支配收入增速低于 GDP 增速的情况，城镇居民人均可支配收入增速更是下滑至 5.6% 的低位。

5. 从价格总水平的视角来看，虽然 CPI、PPI 与 GDP 平减指数均有所回升，但并不意味着全面回暖

CPI 涨幅回升与消费需求回暖关系不大，更多的是与食品价格大幅上升和供给端人

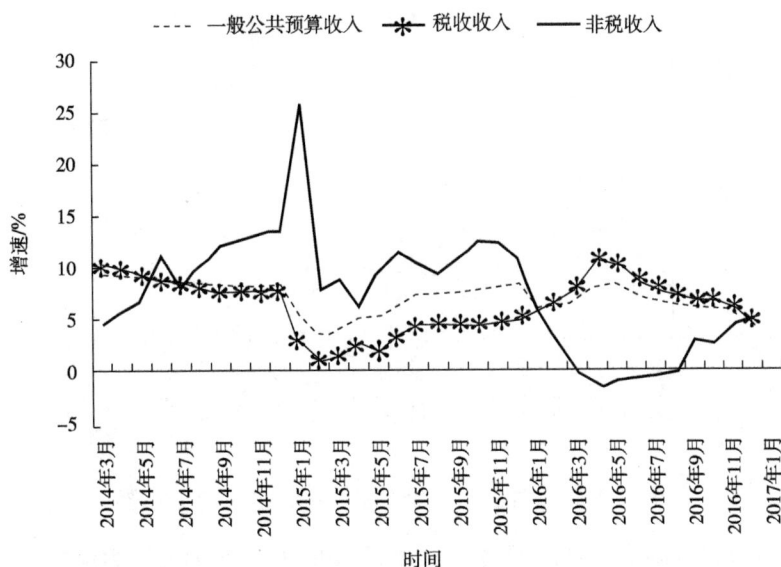

图 7　一般公共预算财政收入增速变化情况

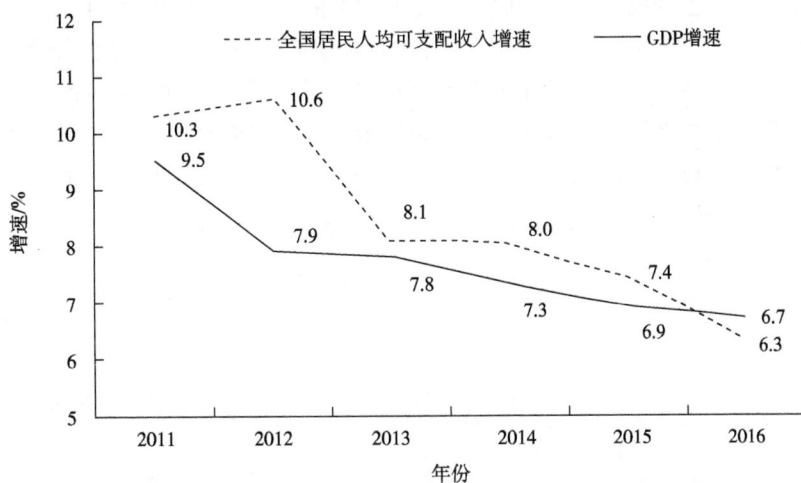

图 8　全国居民人均可支配收入增速与 GDP 增速比较

工成本上升有关。2016 年 CPI 同比上涨 2.0%，涨幅较 2015 年提高了 0.6 百分点，这主要由两方面因素所致：一是受 2016 年年初猪肉供应不足以及部分地区气候恶劣导致鲜菜供给紧张等因素的影响，食品价格大幅上涨。2016 年食品价格同比涨幅达到了 4.6%（1~4 月的涨幅高达 6.6%），比 2015 年提高了 2.3 百分点，见图 9。二是供给端人工成本持续上升，导致服务项目价格涨幅较大。医疗服务、家庭服务以及教育服务的价格同比分别上涨了 3.5%、4.4% 和 2.5%，均显著高于整体 CPI 涨幅。

　　PPI 快速回升主要源于煤炭和钢铁等上游行业价格的过快上涨，而非生产领域的全面回暖。2016 年以来 PPI 持续回升，9 月由负转正（此前已经连续 54 个月为负），12

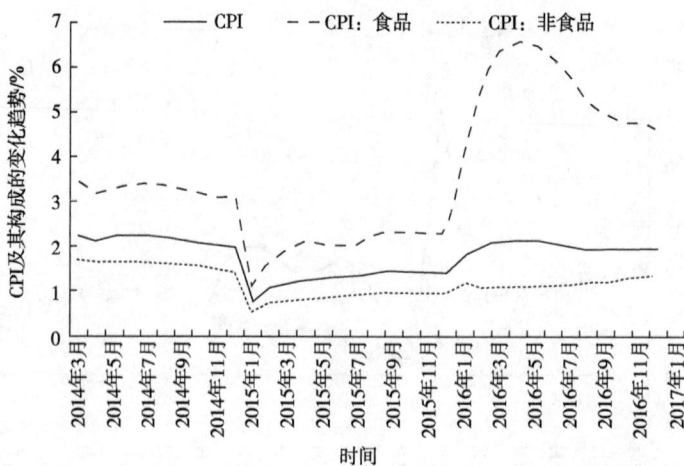

图 9　2014 年 3 月至 2017 年 1 月 CPI 及其构成的变化趋势

月 PPI 同比涨幅已经高达 5.5%，见图 10。不过，PPI 回暖主要是因为煤炭、钢铁以及有色金属行业的出厂价格大幅上涨，而不是生产领域的全面回暖。以 2016 年 12 月为例，煤炭、钢铁以及有色金属行业出厂价格同比分别上涨 34.0%、35.0% 和 17.1%，三者合计拉动 PPI 上涨 3.7 百分点，其他所有工业行业合计仅拉动 PPI 上涨 1.8 百分点。而且，煤炭与钢铁等上游行业出厂价格快速上涨的态势也难以持续。因为煤炭与钢铁等价格上涨更多与短期内供给收缩以及投机性因素有关[①]，长期而言这些行业产能过剩的状况并没有根本改变，价格下行压力依然较大[②]。因此，当前 PPI 快速回升的势头实际上并不稳固。

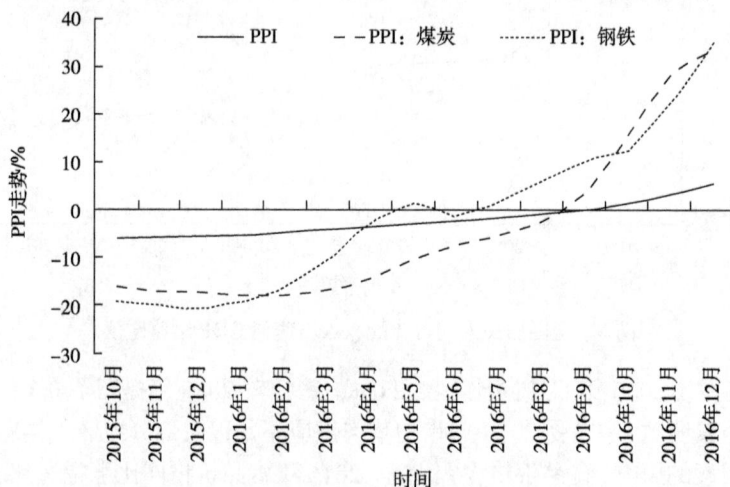

图 10　2016 年与 2015 年 PPI 走势对比

[①] 例如，煤矿全年工作日从 330 天下调至 267 天，由此导致煤炭产量显著收缩。又如，2016 年 11 月上旬焦炭价格涨幅达到了 10.5%，螺纹钢等钢铁产品价格涨幅也接近 10%，这显然是价格的非理性上涨。

[②] 例如，2016 年 10 月 21 日国家发展和改革委员会（简称国家发改委）召开的煤电油气运保障工作部际协调机制第十一次会议指出，煤炭产能过剩的局面还没有实现根本改变。

GDP 平减指数的改善在一定程度上得益于房地产行业平减指数的显著上升。2016年 GDP 平减指数升高至 1.3%，与 2015 年的 0.1% 相比涨幅较大。然而，GDP 平减指数的回升在一定程度上是由房地产行业的蓬勃发展带动的，2016 年房地产行业的平减指数达到 6.7%，显著高于 GDP 平减指数，见图 11。因此，GDP 平减指数回升同样难以表明实体经济已经全面回暖。

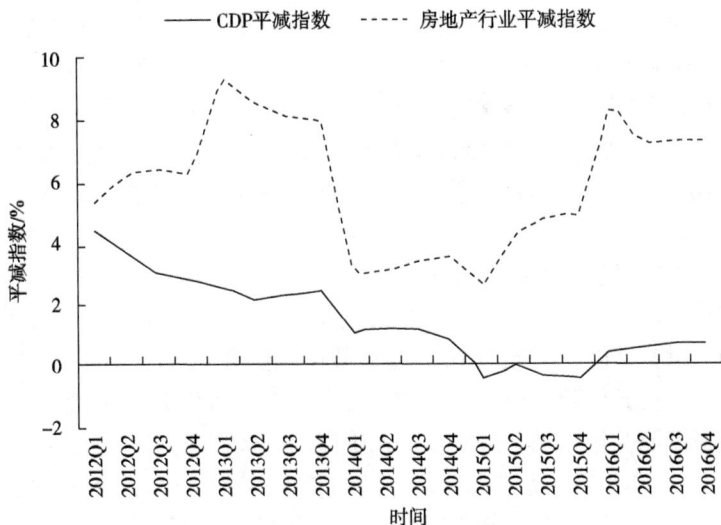

图 11　GDP 平减指数与房地产行业平减指数的变化情况

Q 表示季度

二、2016 年宏观政策评价：七维视角

中国宏观经济难以企稳与多个因素有关。例如，世界经济增速持续放缓导致外需不振；劳动力等生产要素成本升高加重了企业的成本负担。除此之外，宏观政策的调控效果也是影响宏观经济走势的重要因素之一。接下来，本报告将从政策目标、政策工具、政策力度、政策效率、政策空间、预期管理和政策协调性七个维度对 2016 年中国的宏观政策进行系统全面的评价。

（一）政策目标评价

制定宏观政策的关键在于设定合理的政策目标，如果政策目标设定不合埋，那么宏观政策可能难以保持经济平稳运行。对中国而言，宏观政策的目标包括总体定位和具体量化目标两个层面的内容。本报告将以现代宏观经济理论为基准，结合中国经济的实际运行情况，对 2016 年的政策目标进行评价。

1. 就总体定位而言，2016 年宏观政策的目标与现代宏观经济理论所建议的双重稳定目标有所偏离，但短期内的偏离有其必要性与合理性

关于 2016 年宏观政策目标的总体定位，2015 年 12 月的中央经济工作会议强调，要

坚持"稳增长、调结构、惠民生、防风险",2016 年政府工作报告也指出,"把握好稳增长与调结构的平衡","加强民生保障,切实防控风险"。可见,2016 年宏观政策目标的总体定位是"稳增长、调结构、惠民生、防风险"。

"稳增长"和"防风险"旨在实现经济稳定与金融稳定的双重稳定目标,与现代宏观经济理论所建议的政策目标相一致。2008 年全球金融危机之前,理论上宏观政策的目标是平抑短期经济波动,从而实现经济稳定。然而政策实践表明,宏观政策只关注经济稳定是不够的,还应关注金融稳定。尤其是 20 世纪 80 年代中期至 2008 年全球金融危机前的大缓和时期,美国虽然经济保持稳定,但是金融体系的不稳定性不断加剧,最终引发了全球金融危机。有鉴于此,宏观政策开始追求经济稳定与金融稳定的双重稳定目标。当前,美国联邦储备系统(简称美联储)和欧洲中央银行在追求经济稳定的同时,都更加重视金融稳定。

新常态以来中国经济增速持续放缓,2015 年已经降至 6.9%,这也是近 25 年以来的新低。为了实现"两个一百年"奋斗目标并顺利跨越"中等收入陷阱",中国经济仍然需要保持一定的增长速度,因此 2016 年宏观政策需要高度重视"稳增长"。与此同时,房价泡沫化风险、债务风险、外汇风险和银行不良贷款风险等金融风险持续上升,而且这些风险之间很可能互相联动,进一步加剧中国的整体金融风险(刘凯,2016)。由此可知,2016 年中国的确需要将"稳增长"和"防风险"作为宏观政策的核心目标。

"调结构"和"惠民生"虽然与现代宏观经济理论所建议的政策目标相偏离,但是短期内的偏离有其必要性与合理性。其一,现代宏观经济理论主要基于发达国家的经验总结,发达国家的经济结构比较稳定,而目前中国的经济结构仍然在不断调整,因此宏观政策需要重视结构性问题。尤其是,新常态以来高投资发展模式的弊端逐步显现、产能过剩较为严重、区域分化日益明显,更需要宏观政策助力"调结构"。其二,将"惠民生"作为政策目标主要是基于缩小贫富差距与扶贫任务艰巨等现实考虑,"惠民生"有利于保持社会大局稳定。贫富差距方面,虽然 2008 年以来中国的收入基尼系数实现了"七连降",但是更能反映贫富差距状况的财产差距却在不断拉大。《全球财富报告》显示,2008~2015 年中国居民财富(中位数)增长率为 64%,其中前 10%和前 1%富裕人群的财富增长率分别高达 96%与 131%。要想缩小贫富差距,需要宏观政策着力提高中低收入群体的收入水平。扶贫任务方面,中国已经明确提出了"到 2020 年所有贫困地区和贫困人口一道迈入全面小康社会"的目标,这意味着平均每月要减少 100 万贫困人口,"时间非常紧迫、任务非常繁重艰巨",为此需要宏观政策兼顾"惠民生"。

2. 就具体量化目标而言,GDP 增速区间设定为 6.5%~7%较为合理,CPI 的目标值高于实际值的意图是对的,但是 3%略微偏高,调整至 2.5%会更可信

2016 年政府工作报告提出了"国内生产总值增长 6.5%~7%"的增长目标,本报告认为,这一目标区间符合当前中国经济的实际情况。其一,6.5%的区间下限有助于确保第一个百年奋斗目标的顺利实现。要想实现第一个百年奋斗目标,即"到 2020 年实现全面建成小康社会宏伟目标""国内生产总值和城乡居民人均收入比 2010 年翻一番",需要 2016~2020 年平均经济增速至少达到 6.5%,因此将 2016 年的区间下限设定为 6.5%有其

必要性。其二，7%的区间上限与潜在增速相适应。"大宏观"团队测算发现，2016 年中国经济潜在增速约为 7.4%，因此政府工作报告将增速区间上限设定为 7%既与潜在增速相适应，又明确传达了宏观政策不会对经济进行过度刺激的信号。其三，6.5%~7%的增速区间能够较好地完成就业目标。据测算，"十二五"期间 GDP 每增长 1%能够拉动 160 万~190 万的人口城镇新增就业。据此推测，如果 2016 年 GDP 增速保持在 6.5%~7%，则能够创造 1 040 万~1 330 万个就业岗位，从而顺利实现政府工作报告中提出的"城镇新增就业 1 000 万人以上"的目标。

2016 年政府工作报告将 CPI 目标设定为"3%左右"，高于 2015 年 1.4%的实际值，有助于引导通胀预期，以降低实际利率。理论上，经济萧条时期设定较高的通胀目标具有重要作用。一是防止公众形成通缩预期。因为一旦通缩预期形成，就会加剧经济衰退程度（Krugman，1999）。二是降低实际利率。因为实际利率等于名义利率减去预期通胀率，所以当公众预期到通胀率将达到较高水平时，实际利率就会下降，有助于刺激投资和消费（Eggertsson and Woodford，2003）。正因如此，2008 年全球金融危机之后，虽然美国等发达国家的实际通胀率大都处于 2%以下，但它们仍然将通胀目标设定在 2%。可见，在经济面临持续下行压力的情况下，中国制定比 2015 年实际值更高的 CPI 目标是有理论依据的。

不过 3%的 CPI 目标值略微偏高，调整为 2.5%会更可信。有不少观点认为，美国等发达国家可以进一步将通胀目标设定为 4%（Blanchard et al.，2010），以加大对经济的刺激力度。但这一观点一直未被采纳，因为经济低迷时期通胀率很难达到 4%（Mishkin，2011）。如果将通胀目标设定为 4%，会使公众对通胀目标的信任度下降，导致通胀目标对公众通胀预期的引导能力降低。2015 年中国表现出通缩迹象，2016 年虽有好转，但 CPI 涨幅一直处于 2%左右的低位。因此，3%的通胀目标很容易被公众认为是难以实现的。如果将通胀目标调整为 2.5%，可以增强其可信度，更有助于引导公众的通胀预期。

（二）政策工具评价

要想顺利实现宏观政策所制定的目标，需要运用恰当的政策工具。如果政策工具运用不当，那么宏观政策不仅难以实现经济稳定和金融稳定的目标，而且很容易加剧经济波动和金融风险。例如，20 世纪 70 年代美国之所以陷入滞胀，很大程度上就是因为当时财政政策与货币政策过于积极。与政策目标类似，中国在考虑如何使用政策工具时同样包含两个层面的内容：一是不同类型政策工具的组合方式；二是各类政策工具的具体指标值。因此，本报告从政策工具组合和具体指标值两方面对 2016 年的宏观政策工具予以评价。

1. 政策工具组合应该从"积极的财政政策+稳健的货币政策"调整为"积极的财政政策+稳健略偏宽松的货币政策+偏紧的宏观审慎政策"

2016 年政府工作报告制定的政策工具组合为"积极的财政政策和稳健的货币政策"，这已是中国连续第六年实施这一政策工具组合。这一政策工具组合并非最优组合，因为它难以同时实现"稳增长"与"防风险"两大目标。

第一，"稳健略偏宽松的货币政策"能够更有效地对短期经济波动进行逆向调节。

新常态以来，持续"稳健的货币政策"操作导致宏观经济运行面临两大突出问题：一是经济增速不断放缓，实际利率却持续居于高位，加重了企业融资成本与偿债负担。2011~2016 年经济增速持续下行，实际利率却上升了 2.1 百分点。二是公众难以形成较为明确的政策预期，导致货币政策效率下降。"稳健略偏宽松的货币政策"不仅能够适当加大降息和降准力度从而引导实际利率下行，而且能够使公众形成对实际利率走势的明确预期，提高货币政策调控效率，从而更有效地应对经济下行压力。

第二，在"稳健略偏宽松的货币政策"配合下，积极财政政策的"稳增长"效果将更显著。根据 IS-LM 模型，当货币政策保持稳健时，积极财政政策虽然能够拉动总需求，但也会推高利率水平，进而对私人部门投资产生挤出效应。不仅如此，中国的财政政策通常需要信贷资金的支持，如果在"稳健的货币政策"环境下实施"积极的财政政策"，相对有限的信贷资金将主要流向国有企业和地方政府，从而对私人部门投资产生更大的挤出效应。若使用"稳健略偏宽松的货币政策"予以配合，上述挤出效应将明显减弱。

第三，"偏紧的宏观审慎政策"可以抑制资产泡沫，实现"防风险"的目标。当前中国货币政策始终坚持稳健定位的一个主要原因在于，担心货币政策加大力度会引发"衰退式泡沫"。一个典型的例证是，面对 2016 年以来的房价泡沫化趋势，10 月的中央政治局会议和第三季度货币政策报告中明确提出"抑制资产泡沫和防范经济金融风险"。由此导致的后果是，货币政策力度不足，难以助力"稳增长"。偏紧的宏观审慎政策可以通过调节金融体系的杠杆率与资本充足率等举措[①]，抑制房价泡沫化趋势。因此，将"偏紧的宏观审慎政策"与"稳健略偏宽松的货币政策"相配合，能够使宏观政策更好地"稳增长"，并有效地"防风险"。

2. 货币政策和财政政策指标值设定较为合理，但是缺少价格型货币政策的指标值，应该加以补充

货币政策方面，将广义货币 M2 增速设定为 13%左右较为合理，首次增设社会融资规模余额增速指标值有助于监测资金流向。就 M2 增速而言，目前尚未公布权威的测算标准，不过中国人民银行前副行长吴晓灵曾指出，中国的货币供应量"基本上按 M2 的增长幅度等于 GDP 的增长率+CPI 计划调节率放大 2 百分点至 3 百分点掌握的"。据此计算，2013 年以来 M2 增速目标值一直仅比 GDP 目标和 CPI 目标之和高出 2 百分点，而 2016 年则高出了 3 百分点至 3.5 百分点（表 2）。考虑到经济下行压力的加大，2016 年适度上调 M2 增速目标值是合理的[②]。就社会融资规模余额增速而言，社会融资规模不仅包括银行信贷，还涵盖银行表外业务、股票和债券等融资渠道，因此增设社会融资规模余额增速指标值能够更准确地监测资金流向，进而反映金融体系对实体经济的资金支持力度。不过，社会融资规模在可测性、可控性与相关性方面存在一些不足，不符合货币政策中介目标所需满足的三条基本原则。尤其是，随着金融创新的不断深入，社会融资规模与实体经济的相关性将不断下降，因此长期而言不应该将社会融资规模作为货币

---

① 有关宏观审慎政策框架、常用工具以及中国宏观审慎政策评估体系的详细论述参见第一篇分报告四。
② 2009~2011 年，M2 增速目标值比 GDP 目标和 CPI 目标之和高出 4~6 百分点，因此相对而言，2016 年 M2 增速只是"适度上调"。

政策的中介目标（陈小亮等，2016）。

表 2 M2 增速目标值的估算（单位：%）

年份	M2 增速目标	GDP 增速目标	CPI 目标	M2-GDP-CPI
2009	17	8	4	5
2010	17	8	3	6
2011	16	8	4	4
2012	14	7.5	4	2.5
2013	13	7.5	3.5	2
2014	13	7.5	3.5	2
2015	12	7	3	2
2016	13	6.5~7	3	3~3.5

财政政策方面，面对经济下行压力将预算赤字率提高至 3%有其必要性。2016 年政府工作报告将预算赤字率提高到 3%[①]，这与 2015 年相比提高了多达 0.7 百分点，也是中国公布预算赤字率年份里的最高水平。考虑到 2016 年经济增速可能进一步放缓，因此理应提高预算赤字率，从而使用更加积极的财政政策"稳增长"。事实上，2008 年全球金融危机后发达国家为应对经济的长期衰退，也都大幅提高了赤字率（表3）。例如，2009~2011 年美国、日本、英国的财政赤字率都大幅提高到了 10%左右，即使到 2015 年美国财政赤字率依然有 3.7%，日本为 5.2%，英国为 4.4%，均显著高于 2008 年全球金融危机前的水平。

表 3 部分发达经济体近十年财政赤字率变化情况（单位：%）

年份	2006	2007	2008	2009	2010	2011	2012	2013	2014	2015
美国	2.0	2.9	6.7	13.2	10.9	9.6	7.9	4.4	4.1	3.7
英国	2.9	3.0	5.0	10.7	9.6	7.7	7.7	5.6	5.6	4.4
日本	3.7	2.1	4.1	10.4	9.3	9.8	8.8	8.5	6.2	5.2
发达国家	1.4	1.1	3.5	8.7	7.6	6.3	5.4	3.7	3.2	3.0

资料来源：IMF 数据库

但是，2016 年中国仍然没有制定价格型货币政策的指标值，应该予以补充。中国的利率市场化改革正在持续推进，从国际经验来看，利率市场化过程中金融创新会不断深化，数量型货币政策中介目标的有效性将会不断下降。与此同时，以利率为核心的价格型中介目标的重要性明显增强，因此大多数国家在利率市场化过程中往往放弃数量型中介目标，转向价格型中介目标。但是，中国对利率等价格型中介目标的重视程度依然不足，2016 年政府工作报告依然没有制定利率的指标值。中国应该补充利率指标值的相关表述，从而更好地发挥价格型货币政策的引导作用。

---

① 中国所公布预算赤字率的计算公式与国际通行做法存在一定差异，按照国际通行做法，2016 年中国的预算赤字率将达到 3.2%。具体参见本报告下文以及第一篇分报告二的论述。

（三）政策力度评价

政策力度是决定宏观政策效果的重要因素之一，要想实现宏观政策的目标，需要政策力度达到一定的水平。从 2016 年的政策执行情况来看，财政政策力度尚可，但是货币政策力度有所不足。

1. 数量型货币政策和价格型货币政策的力度都有所欠缺

就数量型指标而言，M2 和社会融资规模的实际力度均没有达到目标值。其一，2016 年 M2 同比增速只有 11.3%，明显低于"13%左右"的目标值。其二，2016 年社会融资规模余额同比增速为 12.8%，勉强实现了"13%左右"的目标值。但是，2016 年 5~10 月社会融资规模余额同比增速一直低于 13.0%，11 月达到了 13.3%，12 月再次降至 13.0% 以下（参见分报告二的图 1），考虑到货币政策从出台到发挥效果存在时滞[①]（一般认为货币政策的时滞为 6 个月），因此货币政策在 2016 年的实际力度将大打折扣。

就价格型指标而言，实际利率不降反升，政策力度同样有所不足。评价价格型货币政策松紧程度应该使用实际利率而非名义利率。因为影响投资和消费决策的是实际利率。尤其是，经济下行时期价格水平通常较低甚至出现通缩，即使名义利率很低，实际利率也可能处于较高水平。美国大萧条和日本大衰退的历史教训都充分表明，如果用名义利率走势来判断货币政策松紧，很有可能出现错误[②]。通过计算我们发现，2016 年第一季度中国的实际利率为 3.37%，而第二季度和第三季度则分别升高到了 3.68% 与 3.74%（参见分报告二的图 3）。在通胀压力较小、民间投资增速持续大幅下滑的背景下，2016 年中国人民银行始终没有采取降息操作，反映出价格型货币政策的力度偏小。2016 年货币政策力度不足主要有两个原因：一是缺少宏观审慎政策的配合，货币政策受到"衰退式泡沫"的掣肘；二是人民币汇率形成机制不够灵活，削弱了货币政策的独立性。

2. 财政政策和"准财政政策"的力度都有所增强

第一，财政赤字率达到近 20 年来的最高水平。由于政府公布的赤字率对"预算稳定调节基金"和"以前年度结转结余"的处理不能准确反映财政政策的力度[③]，我们根据国际通行做法修正计算公式，结果发现：2016 年的预算赤字率达到了 3.2%，比 2015 年大幅提高 0.7 百分点，是近 20 年来的最高水平（参见分报告二的图 4）。就实际赤字率而言，2016 年实际赤字率达到了 3.8%，比 2015 年的实际赤字率（3.5%）再度提高了 0.3 百分点，因此 2016 年实际赤字率同样达到近 20 年来的最高水平。

---

① 政策时滞分为内在时滞和外在时滞，内在时滞是指从冲击发生到应对冲击的政策出台所经历的时间，外在时滞是指从政策出台到发挥效果所经历的时间。本报告重点关注的是政策出台之后是否有充分的时间发挥效果，因此主要分析外在时滞。下文所提及的财政政策时滞同样如此。

② 关于美国大萧条时期货币政策判断错误的案例分析参见第一篇分报告二。

③ 政府公布的预算赤字率＝［（一般公共预算支出＋补充预算稳定调节基金和结转结余下年支出）－（一般公共预算收入＋预算稳定调节基金调入和以前年度结转结余）］/GDP。其中"预算稳定调节基金调入和以前年度结转结余"实际上是本年度的财政支出，但是计入了收入端；"补充预算稳定调节基金和结转结余下年支出"并不是本年度的实际支出，但是计入了支出端，因此得出的赤字并不能准确反映财政政策力度。按照赤字率的定义和国际通行做法，预算赤字率＝（预算支出－预算收入）/GDP。

第二，政策执行进度明显加快，加大了财政政策的实际力度。仅使用赤字率尚不能全面评价财政政策的力度，还应借助政策执行进度加以评价，因为财政政策存在时滞，而时滞会影响到政策的实际力度。以往，中国财政年底"突击花钱"的现象较为普遍，1997~2010 年，各年 12 月的财政支出占全年预算财政支出的比重平均高达 25.4%。近几年虽有明显改善，但是 2015 年 12 月财政支出占全年财政预算支出的比重仍然达到了15%①。考虑到政策时滞，突击花掉的财政资金对经济的刺激效果难以在当年显现出来，因此会使财政政策在当年的实际力度有所下降。不过，2016 年中国财政执行进度明显加快，到第三季度末财政支出已经超过全年的 3/4（参见分报告二的表 3）。这是 2008 年全球金融危机以来财政支出进度最快的一年，也是 2016 年财政政策力度加大的又一重要佐证。

第三，多项"准财政政策"共同发力，强化了财政政策的整体力度。除了常规财政政策，政府还使用公私合营（public-private partnership，PPP）和专项建设基金等"准财政政策"辅助"稳增长"。就 PPP 而言，2016 年 10 月财政部公布的第三批 PPP 示范项目与 2015 年公布的第二批示范项目相比，项目数量翻番，投资额增长 80%。就专项建设基金而言，2015 年专项建设基金投放总额为 8 000 亿元，而 2016 年上半年两批项目的投放总额就已经达到了 1 万亿元。由于 PPP 项目和专项建设基金等"准财政政策"致力于拉动基础设施等公共服务领域的投资，这无疑能够强化财政政策"稳增长"的整体力度。

（四）政策效率评价

1. 新增贷款大量流向房地产，货币政策对实体经济支持力度较弱

目前中国仍然以银行信贷为主要融资手段，因此货币政策效率的高低取决于银行信贷是否能够顺畅地流入实体经济。在产能过剩和外需低迷等因素的影响下，实体经济投资回报率普遍偏低，一线和二线城市房地产市场的强势回暖吸引大量资金涌入。新增贷款中流向房地产的比重从 2014 年的 28%左右持续大幅提高到了 2016 年第三季度的42.5%，达到新常态以来的最高水平②（参见分报告二的图 5）。在房地产市场的分流之下，流向企业部门（扣除房地产开发企业）的新增贷款占所有新增贷款的比重从 2016年第一季度的 64.3%骤降至第三季度的 43.3%。在贷款增速本来就不高的前提下，流向企业部门的贷款占比越来越低，因此货币政策对实体经济的支持力度有所减弱。

虽然房地产在一定时期内也可以拉动经济增长，但是本报告认为房地产并不是当前中国"稳增长"的理想选择。其一，依靠房地产"稳增长"容易引发房价泡沫，一旦泡沫破灭将给经济带来沉重打击甚至引发危机。1929~1933 年美国的"大萧条"、20 世纪90 年代日本的大衰退和 2008 年全球金融危机等重大危机很大程度上都是由房价泡沫的

---

① 如果将一年的财政预算在 12 个月平均支出，那么每个月的财政支出占比应该相当于预算支出的 8.3%。
② 其中，2016 年房地产贷款上涨态势尤为明显，主要是因为个人购房贷款骤增，2016 年前三个季度新增个人购房贷款占所有新增贷款的比重高达 36.9%。

形成与破灭导致的。其二，房价上涨会加剧贫富差距，从而影响社会稳定。房价上涨一方面使富裕家庭持有的房产持续升值，另一方面激励富裕家庭进一步投资于房产，两方面因素导致房产越来越向富裕家庭集中，从而加剧居民家庭间的贫富差距。不仅如此，无房家庭会产生不公平和被剥削的心理感受，对社会的不满情绪也会逐渐加重，这不利于维持社会稳定大局。事实上，2016 年 7 月和 10 月的中央政治局会议都提到要"抑制资产泡沫"，2016 年 12 月的中央政治局会议和 2017 年的政府工作报告进一步提出要建立房地产发展的"长效机制"，这意味着中国已经意识到房地产市场的风险，也表明中国很可能不再将房地产作为"稳增长"的主要手段。

2. M1 与 M2 增速"剪刀差"达到历史最高水平，资金"脱实向虚"迹象加剧

2016 年以来，在 M2 增长乏力的同时，M1 增速大幅攀升，M1 与 M2 增速之间出现了明显的"剪刀差"。事实上，M1 与 M2 增速"剪刀差"在中国并不是首次出现，1999~2000 年和 2009~2010 年也曾出现过明显的"剪刀差"（参见分报告二的图 6）。与前面几轮相比，2016 年的货币政策"剪刀差"尤为突出：本轮剪刀差的峰值为 15.2%，而前两轮的峰值分别为 10% 和 9.8%；虽然从 8 月开始"剪刀差"有所回落，但是仍然居于历史高位。

M1 与 M2 增速"剪刀差"表面上是 M1 项中的企业活期存款大幅增加导致的，根本而言则反映出资金"脱实向虚"迹象加剧。2016 年前 10 个月，企业活期存款同比增速高达 32%，是 M1 快速增长的最大推动力。为什么企业活期存款会大幅增加呢？通过深入分析可以发现，本轮"剪刀差"与前几轮一样，背后的一个重要因素是房地产市场的蓬勃发展。如图 5 所示，每一轮"剪刀差"背后都是商品房销售总额的持续飙升，房地产企业的活期存款随之增加，并推动 M1 增速上升。然而，家庭部门购房需求增加使个人购房贷款快速增长，并最终导致银行贷款中流向实体经济的比例降低。在经济下行压力较大的情况下，银行信贷本应用于支持实体经济中企业的投资活动，但是房地产市场的高投资回报率吸引资金"脱实向虚"，导致货币政策"稳增长"的效果较差。

3. 在积极财政政策支持下国有及国有控股投资增速大幅提升，但是未能有效带动民间投资复苏

在财政资金和多项"准财政政策"的推动下，国有及国有控股投资成为 2016 年全国固定资产投资的主要拉动力之一。2015 年国有及国有控股投资增速仅为 10.9%，2016 年则大幅升至 18.7%，比全国固定资产投资增速高出 10.6 百分点。通过计算可以进一步发现，如果国有及国有控股投资仍然保持 2015 年的增速，那么全国固定资产投资增速将会降至 4.7%，大大低于现实中的 8.1%。但是，在国有及国有控股投资增速大幅提升的同时，民间投资增速出现了持续大幅下滑。可见，积极财政政策没有起到带动民间投资复苏的作用。

积极财政政策之所以对民间投资的拉动效果较弱，是因为民间投资面临诸多障碍。不可否认，融资难、融资贵和税费负担过重等因素也是民间投资面临的障碍，但是这些因素长期存在，2016 年并没有明显加重，因此它们难以解释为什么 2016 年民间投资增

速大幅下降。本报告认为，民间投资大幅下滑的主要原因在于第三产业存在进入壁垒，导致去产能背景下民营企业难以在第三产业顺利发展。去产能同时限制了国有及国有控股投资和民间投资在第二产业的投资空间，它们需要寻找新的投资空间，投资回报率相对较高的第三产业是最佳选择。但是，市场准入制约了民间资本在第三产业的投资空间，国有及国有控股企业在第三产业不仅进入障碍较少而且在资源配置等方面比民间资本享受更好的待遇。由此带来的结果是，国有及国有控股投资凭借自身优势挤占了民间资本在第三产业的投资空间，导致民间投资难以在第三产业顺利发展。

（五）政策空间评价

由于政策空间决定一个国家宏观政策的可持续性，而中国仍然面临较为严峻的"稳增长"压力，需要宏观政策持续发力，所以很有必要判断中国宏观政策空间的大小。在经历了"四万亿"强刺激和新常态以来的多轮微刺激之后，货币政策和财政政策的空间都明显收窄。但是，与美国、日本、欧元区等发达经济体相比，中国的政策空间依然相对充裕。

1. 中国的政策利率明显高于美国、日本、欧元区等发达经济体，降息空间尚存

要想判断一个国家价格型货币政策操作空间的大小，通常需要看该国的政策利率距离零下限还有多远。为了应对泡沫经济的破灭，日本中央银行在 1991~1995 年将政策利率（无担保隔夜拆借利率）从 8% 大幅降至 0.5%，并于 1999 年推出了"零利率政策"，此后政策利率就在零附近徘徊。美联储和欧洲中央银行在应对 2008 年全球金融危机期间将货币政策空间几乎耗尽，截至 2016 年年末，美联储的政策利率（联邦基准利率）只有 0.5%~0.75%，欧洲中央银行的政策利率（主要是再融资利率）更是早就降到零。可见，美国、日本、欧元区等发达经济体的降息空间已经消耗殆尽（参见分报告二的图 10）。中国人民银行降息时针对的是存贷款基准利率，而非与发达经济体类似的政策利率。截至 2016 年年底，中国的一年期存款基准利率仍然为 1.5%，一年期贷款基准利率更是达到了 4.35%，与零下限相距甚远。即使是考虑与发达经济体更具有可比性的货币市场利率，截至 2016 年年末中国人民银行 7 天逆回购利率为 2.25%，同样与零下限有较大距离。中国人民银行仍然可以通过降息实现"稳增长"的调控目标。

降息的主要目的是降低企业融资的实际利率，考虑到中国具有相对较高的通胀率与通胀预期，因此可以更有效地降低实际利率。2008 年全球金融危机以来，美国、日本、欧元区等发达经济体的 CPI 处于 1% 左右甚至更低水平，再加上居民通胀预期疲软，因此很难通过提高通胀率来降低企业融资实际利率。相比之下，近年来虽然中国经济增速持续放缓，但是 CPI 涨幅维持在 2% 左右的相对较高水平，而且居民的通胀预期依旧明显。中国人民银行调查数据显示，在经济下行压力持续存在的情形下，"未来物价预期指数"不仅没有下降，反而从 2016 年第一季度的 57.3% 升高到 2016 年第三季度的 62.6%。此外，中国对农业和能源等领域的一些重要产品仍然实行价格管制，而且中国对价格水平的调节能力比发达经济体更强。这意味着，中国可以通过提高通胀率进一步降低实际利率（陈彦斌，2016）。需要强调的是，虽然中国拥有比发达国家更独特的降息空间，但是也要谨慎使用，如果过度使用，将会加剧贫富差距，影响社会稳定大局。

2. 中国的法定存款准备金率居于国际较高水平，降准空间较大

降准是中国人民银行较为常用的数量型货币政策工具，不过要想实施降准操作，需要存款准备金率保持在一定的水平。截至 2016 年年底，中国的大型金融机构与中小型金融机构适用的存款准备金率分别为 16.5% 和 13%，而美国、日本、欧元区中央银行设定的存款准备金率分别仅为 0~10%、0~2%、0.05%~1.3%。即使放眼全世界，中国的存款准备金率也不低。IMF 发布的调查报告显示，全世界大部分国家的存款准备金率维持在 0~5%，还有少部分国家存款准备金率设定在 6%~15%，只有极少数国家的存款准备金率高于 16%（Gray，2011）。

以往中国制定较高的存款准备金率主要基于两点考虑：一是对冲外汇储备对基础货币的影响；二是偏高的存款准备金率起到了"隐性存款保险"的作用。然而，近年来外汇占款不断减少，因此中国应当通过适度降准来增加必要的基础货币供给（郭豫媚，2015）。此外，中国已经于 2015 年 5 月正式建立存款保险制度，银行需要缴纳保费，如果继续要求银行保持较高的存款准备金率，会给银行造成双重负担，这同样要求中国人民银行适度降准。基于上述两点考虑，中国目前仍然具备比较充裕的降准空间。

3. 对中国而言，政府尤其是中央政府举债空间较大，为积极财政政策预留了空间

与发达国家相比，中国政府债务总额占 GDP 比重相对较低。2016 年中国政府债务总额占 GDP 的比重约为 40%，而日本政府债务占 GDP 比重已经接近 250% 的高度，美国和英国政府债务占 GDP 的比重也都超过了 100%。尽管如此，中国的地方政府债务占 GDP 的比重并不低。截至 2016 年年末，中国地方政府债务占 GDP 的比重为 23.4%，比美国、英国、法国等发达国家都要高（参见分报告二的表 4）。有鉴于此，未来中国应该主要通过增加中央政府债务来为积极财政政策创造空间。

需要补充说明的是，中国政府债务中的外债占比很低，这在一定程度上降低了政府债务风险，从而进一步增强了政府债务的可持续性。通常而言，一国政府对外债的把控能力要弱于对内债的把控能力，因为外债受汇率波动的影响较大，而且国外债权人通常会在债务国经济状况恶化的时候收缩借贷规模（谢世清，2011），这会加剧债务国的经济困境。爆发欧债危机国家的政府债务中外债占比普遍较高，2009 年希腊和葡萄牙政府债务中外债占比高达 75% 左右。相比之下，虽然日本政府债务率远高于欧债危机爆发国，但是截至目前，日本仍然没有爆发债务危机，很重要的一个原因就是日本的政府债务主要是内债，外债占比很低（参见分报告二的表 5）。截至 2015 年，中国的国债余额中外债占比只有 1.1%（比日本外债占比还要低），如果将地方政府债务考虑在内，政府债务中的外债占比将更低，这有助于降低政府债务风险，从而增强中国政府债务的可持续性。

（六）预期管理评价

国际经验表明，预期管理有助于提高货币政策有效性。例如，2008 年全球金融危机以来，美联储通过持续使用前瞻性指引政策引导利率下行，有效地稳定了经济。2016 年以来，中国对于预期管理也越来越重视，国家"十三五"规划明确提出要"改善与市场的沟通，增强可预期性和透明度"，2016年5月《人民日报》刊登的《权威人士再谈当前经济》进一步强调"要善于进行政策沟通，加强前瞻性引导，提高透明度"。货币政策透明度和前瞻性引导是预期管理的两个重要方面，因此本报告从这两方面入手对2016年中国的预期管理状况进行评价。

1. 中国货币政策的透明度依然不高

国内外已有研究普遍从目标透明度、信息透明度、决策透明度和操作透明度四个方面判断货币政策透明度的高低。本报告研究发现，2016年中国货币政策的操作透明度相对较高，中国人民银行不仅及时公布了传统货币政策工具（公开市场操作、准备金率、基准利率等）和短期流动性调节工具（short-term liquidity operations，SLO）、常设借贷便利（standing lending facility，SLF）等新型工具的操作情况，而且对重要货币政策操作的意图进行了解释[①]。但是，目标透明度、信息透明度和决策透明度普遍较低，因此整体而言2016年中国货币政策的透明度依然不高。

第一，货币政策承担的目标过多，削弱了目标透明度。2016年的货币政策不仅延续了此前"稳定增长、结构调整、降成本、汇率稳定和金融稳定"的目标，而且增加了供给侧结构性改革的五大核心目标，即"去产能、去库存、去杠杆、降成本、补短板"。当货币政策面临多重目标时，不同目标之间可能存在矛盾，造成公众难以判断货币政策如何权衡取舍（公众与中央银行之间产生信息不对称问题），从而降低目标透明度。如果事先给定优先目标，有助于防止目标间产生冲突。然而，2016年中国在增加货币政策目标的同时，并未明确给出货币政策目标的先后次序，导致货币政策的目标透明度显著下降。

第二，中国人民银行没有公布与货币政策相关的经济模型和预测数据，导致信息透明度偏低。信息透明度是指中央银行是否公开与货币政策有关的经济信息，主要包括中央银行用于政策分析的宏观经济模型以及中央银行对GDP等重要变量的预测数据等信息。欧美发达国家不仅详细公布了用于货币政策分析的模型，而且定期公布预测数据，因此发达国家的货币政策信息透明度较高。例如，美联储不仅详细公布了所依据的估计动态最优化（estimated dynamic optimization，EDO）等模型，而且还公布了GDP、通胀率、失业率等重要指标的预测数据。不过，2016年中国人民银行既没有公布用于政策分析的理论模型，也没有发布对经济指标的预测信息。尽管2014年以来中国人民银行工作论文发布GDP、CPI、消费和投资等指标的预测值，但却明确声明"论文内容仅代表作者个人学术观点，不代表中国人民银行"。因此，2016年中国的货币政策信息透明度仍然较低。

第三，货币政策决策过程不透明，降低了决策透明度。决策透明度是指中央银行货币政策决策的形成过程是否公开透明。发达国家货币政策决策过程的透明度较高。以美国为例，美联储在官方网站不仅对联邦公开市场委员会（The Federal Open Market Committee，FOMC）组织架构、决策程序和决策规则进行了明确说明，而且每次会议声明中均会公布货币政策决策过程中各个委员的投票情况。然而，2016年中国并没有公布

---

① 例如，在2016年2月29日发布的降低存款准备金率公告中，中国人民银行明确指出此次降准操作的目的是"保持金融体系流动性合理充裕，引导货币信贷平稳适度增长，为供给侧结构性改革营造适宜的货币金融环境"。

货币政策决策的具体过程，尤其没有像美联储一样公布参会人员对货币政策决策的投票情况，因此中国货币政策的决策透明度不高。

2. 中国依然没有采用前瞻性指引来稳定预期

前瞻性指引的核心在于，通过发布未来货币政策路径（一般是利率路径）等前瞻性信息来引导公众预期（Svensson，2015；万志宏，2015）。2008 年全球金融危机爆发后，越来越多发达国家的名义利率逼近了零下限，导致以引导短期政策利率为主要手段的传统货币政策几乎丧失了调控空间。在此背景下，美联储于 2008 年 12 月率先实施了前瞻性指引政策，就未来货币政策的利率路径进行沟通①。此后，加拿大中央银行、瑞典中央银行、欧洲中央银行、日本中央银行和英格兰银行也纷纷对货币政策进行了前瞻性指引。

前瞻性指引主要通过两条机制起到引导市场预期和稳定经济的作用：一是利率机制。根据利率期限结构理论，长期利率等于当期短期利率与预期短期利率的加权平均。因此，通过前瞻性指引来引导公众对未来短期利率的预期，可以达到影响长期利率的目的。这一机制在短期名义利率降为零时显得尤为重要。二是信心机制。信心反映的是市场对未来经济走势的预期，在消费和投资决策中起到至关重要的作用。前瞻性指引所描述的未来政策路径能够使市场了解到货币政策稳定经济的决心，在经济低迷时期有助于提振市场信心。

发达国家先后采用过开放式指引（open-ended guidance）、日历式指引（time-contingent guidance）和目标式指引（state-contingent guidance）等前瞻性指引方式，其中目标式指引是目前较为成熟的前瞻性指引方式②。2012 年 12 月以来，美联储频繁使用目标式指引，即便已进入加息通道也仍然在持续使用，以加强对公众预期的引导③。中国经济仍然面临持续下行的压力，而且货币政策正处于从数量型向价格型转变的特殊时期，货币政策效率相对较低，因此中国有必要采用前瞻性指引，然而 2016 年中国仍未采用开放式指引、日历式指引和目标式指引中的任何一种形式。2016 年，中国人民银行仅仅对未来经济状况和货币政策调控思路进行了笼统描述，对于未来存贷款利率保持在何种水平、货币供应量增速将保持在什么水平等前瞻性指引的核心内容和量化指标仍没有明确说明，与美国等发达国家实施的前瞻性指引政策存在本质差别④。

（七）政策协调性评价

近年来中国经济面临持续下行压力，内外部金融风险不断攀升，单个宏观政策难以实现双稳定目标，需要加强各类政策之间的协调。一是为应对经济持续下行压力，需要货币政策与财政政策共同发力。二是要想经济稳定的同时确保金融稳定，需要宏观审慎

---

① 前瞻性指引早在 1999 年 4 月就被日本中央银行采用，美联储在 2003 年 8 月也曾使用。但是，当时的前瞻性指引政策并不成熟，也未被普遍采纳。2008 年金融危机爆发后前瞻性指引才被全球中央银行广泛采用，并得到逐步完善。

② 关于三类前瞻性指引方式的优劣比较，参见第一篇分报告三。

③ 例如，2016 年 1 月美联储指出"将保持利率在 0.25%~0.5% 不变，直到未来劳动力市场状况有所改善并且通货膨胀率回升至 2%"。

④ 2016 年货币供应量的定量目标在政府工作报告中有明确声明，但中国人民银行作为货币政策执行部门却没有在《中国货币政策执行报告》中明确说明。

政策予以配合。三是货币政策、财政政策与产业政策相互配合才能更好地服务于实体经济。四是中国作为一个大国，保持货币政策的独立性至关重要，因此需要汇率政策与货币政策相互协调。本报告从上述四个方面对 2016 年中国宏观政策的协调性进行了评价，发现宏观政策的协调效果并不理想。

1. 货币政策与财政政策协调不到位，导致宏观调控"稳增长"效果欠佳

2016 年中国货币政策力度有所不足，导致货币政策与财政政策协调不到位。2016 年中国制定的政策组合为"积极的财政政策+稳健的货币政策"，从执行情况来看，财政政策力度尚可，但货币政策力度有所不足，一是 M2 增速没有达到目标值，二是社会融资规模中的信贷增速偏低，三是实际利率水平不降反升。

由于货币政策与财政政策协调不到位，2016 年宏观政策"稳增长"的效果欠佳。表面上看，2016 年经济增速达到 6.7%，完成了 6.5%~7%的增长目标。但是，中国经济仍然存在 0.7 百分点的负产出缺口，而且剔除房地产的"超常"拉动效应之后，经济增速将会降至 6.37%，跌出 6.5%~7%的目标区间。

中国应该采取"积极财政政策+稳健略偏宽松的货币政策"的政策组合，从而更有效地应对经济持续下行的压力。在经济不景气或陷入深度衰退时，需要货币政策与财政政策"双宽松"加以应对。而且，中国在一定程度上面临"债务—通缩"风险，进一步增强了货币政策与财政政策"双宽松"的必要性。"大宏观"团队研究发现，货币政策与财政政策"双宽松"可以为财政政策创造空间并为货币政策节省空间，增强政策可持续性，从而提高中国经济"稳增长"的能力。

2. 货币政策与宏观审慎政策协调不到位，导致房价泡沫的产生和货币政策的进退两难

由于宏观审慎政策体系尚不健全，2016 年中国未能及时避免房价泡沫的产生。早在 2015 年年底和 2016 年年初房价已经出现快速增长的苗头，但是由于宏观审慎政策体系尚不健全，中国并没有及时采取宏观审慎政策予以应对。在此情形下，一线和部分二线城市的房价持续大幅上涨，越来越呈现出泡沫化风险。2016 年前三个季度 70 个大中城市中有 14 个城市的房价涨幅超过 20%，南京、合肥、厦门和深圳的房价涨幅更是超过 40%。

缺少了宏观审慎政策的配合，货币政策进退两难，"稳增长"效果人打折扣。2016 年第一季度货币政策的力度尚可：M2 增速达到 13.4%，超过 13%的目标值；人民币贷款余额增加 4.6 万亿元，同比增加 9 301 亿元。由于缺乏偏紧宏观审慎政策的配合，宽松货币政策不仅没能有效服务于实体经济，反而助推了房价泡沫化发展态势。于是，中国人民银行从第二季度开始收紧货币政策，第二季度末和第三季度末 M2 增速分别仅为 11.8% 和 11.5%。即便如此，资金仍然不断地流向房地产，第二季度末和第三季度末的房地产贷款余额同比增速都在 24%以上，个人购房贷款余额增速更是高达 30%以上。货币政策力度收紧以及资金"脱实向虚"导致货币政策无法配合积极的财政政策，弱化了宏观政策的"稳增长"效果。

"偏紧的宏观审慎政策"与"稳健略偏宽松的货币政策"相互配合才能让货币政策走出"衰退式泡沫"困境，从而更好地"稳增长"。在经济衰退期，由于实体经济投资回报

率偏低，资金具有明显的"脱实向虚"倾向，货币政策发力时很容易催生"衰退式泡沫"，2015 年的股市泡沫和 2016 年的房价泡沫都是典型案例。货币政策的主要目标是对实体经济进行逆周期调节，而不应该承担抑制泡沫（金融稳定）的职责。宏观审慎政策能够通过对银行资本充足率和杠杆率进行调节，降低金融体系的过度风险承担激励，从而有效抑制"衰退式泡沫"的形成。因此，应该加强宏观审慎政策与货币政策的协调配合。

3. 产业政策与货币政策财政政策协调不到位，导致民间投资难以复苏

2016 年中国产业政策与货币政策财政政策的协调并不到位，导致民间投资难以复苏，这主要是因为产业政策没有放松在第三产业对民间投资的管制。虽然中国先后出台过"非公经济 36 条"、"新 36 条"和"鼓励社会投资 39 条"等政策促进民间投资发展，但是民间投资仍然面临重重阻碍。例如，"新 36 条"允许民间资本创建金融机构，但是《中华人民共和国商业银行法》（简称《商业银行法》）规定"设立商业银行，还应当符合其他审慎性条件"，从而给予中国银行业监督管理委员会（简称中国银监会）等部门较大的自由裁量权，无形当中加大了民间资本的投资难度。去产能背景下，民间投资在第二产业的发展空间大大收窄，而产业政策的管制措施进一步阻碍了民间投资在第三产业的发展，在此情形下民间投资难以有效复苏。去产能背景下，民间投资在第二产业的发展空间受到明显挤压，而产业政策管制措施的存在则导致民间投资难以进入第三产业寻求发展，由此导致民间投资增速难以复苏。

要想帮助民间投资快速回暖，除了使用"积极的财政政策"和"稳健略偏宽松的货币政策"刺激总需求之外，还应该放松产业政策在第三产业的管制。虽然产业政策不适合作为宏观政策的主要工具，但这并不意味着产业政策不需要与货币政策财政政策相互协调。货币政策财政政策要想实现"稳增长"目标，必须传导至产业和实体经济，因此产业政策的定位和实施会影响到货币政策财政政策的效果。中国应该改变以往产业政策尝试选择重点发展产业的模式，将产业政策的重点调整为放松在第三产业的管制，并着力清理"玻璃门"、"弹簧门"和"旋转门"等隐形门槛，确保第三产业真正向民间资本敞开。需要强调的是，之所以存在隐形门槛，主要是因为没有详细的配套政策和实施细则，因此应该尽快制定配套政策和实施细则，而且投资规模和企业资质等方面的条件要根据民营企业的实际情况加以规定，有效降低第三产业的进入门槛。

4. 汇率政策与货币政策协调不到位，导致货币政策独立性欠佳

2016 年中国汇率政策与货币政策的协调不到位，主要在于人民币汇率形成机制还不够灵活。目前中国已经基本形成了"收盘汇率+一篮子货币汇率变化"的人民币兑美元汇率中间价形成机制，汇率机制的灵活性、透明度和市场化水平比以前有明显提高。但是，中国人民银行依然担心汇率出现较大幅度的波动，因此目前仅允许人民币兑美元汇率在 ±2% 的区间内浮动（日浮动区间）。在当前美元进入加息周期以及中国需要实施稳健略偏宽松货币政策的时期，±2% 的日浮动区间并不充裕，既不利于人民币贬值压力的释放，也不利于发挥汇率的价格发现和风险提示功能。

由于人民币汇率形成机制依然不够灵活，2016 年货币政策的独立性受到削弱，基础

货币投放不足。虽然 2016 年中国适当加强了跨境资本流动管理，但资本外流的问题依然存在，外汇占款持续减少，1~10 月外汇占款累计减少了约 2.2 万亿元。外汇占款是中国基础货币投放最主要的手段，因此外汇占款的减少导致了基础货币投放的减少。再加上中国担心人民币兑美元汇率贬值幅度过大，因此 2016 年中国人民银行的货币政策制定尤其是基础货币投放受到掣肘。虽然中国人民银行通过公开市场逆回购、中期借贷便利（medium-term Lending facility，MLF）以及抵押补充贷款（pledged supplemental lending，PSL）等工具补充流动性，但是基础货币投放仍然不足。截至 2016 年 11 月末基础货币余额与 2016 年年初相比几乎没有变化，直到 12 月基础货币余额才有较大幅度的环比增加，但考虑到基础货币传导到 M2 的时滞效应，2016 年基础货币的实际投放力度相对不足（参见分报告四的图 10）。

中国应该实行更灵活的人民币汇率形成机制，并寻求汇率稳定和资本账户自由开放之间的最优中间解，以确保中国货币政策的独立性。对中国这样的大国而言，保持货币政策的独立性至关重要。按照"不可能三角"理论，货币政策独立性、汇率稳定和资本自由流动三者不可兼得。如果中国希望保持货币政策独立性，那么就要在汇率稳定和资本自由流动之间有所权衡取舍。但是，这并不意味着选择完全固定汇率或者完全资本管制等极端方案，而是可以寻求二者之间的最优中间解。在美元进入加息周期以及国内金融风险攀升的背景下，当前中国适当加强跨境资本流动管理对于确保货币政策独立性是必要的。与此同时，中国应该实行更灵活的人民币汇率形成机制，允许人民币汇率对国内外经济形势做出及时调整，这既能够及时释放人民币的贬值压力从而稳定市场预期，也能够使货币政策更主动、更独立，从而更好地"稳增长"。

三、2017 年经济走势判断与宏观政策建议

1. 2017 年中国经济出现负产出缺口的概率较大，因此仍然需要较为积极的宏观政策予以应对，以适度扩大总需求从而更好地配合"供给侧结构性改革"

本部分首先判断 2017 年中国经济增速的走势，在此基础上给出 2017 年中国宏观政策的具体建议。这是因为，宏观政策的主要目的是对短期经济波动进行逆周期调节，使经济体的实际增速向潜在增速靠拢，从而熨平产出缺口。因此，判断 2017 年中国宏观经济增速走势是进行宏观政策定位的根本前提。

就实际增速而言，国内外研究机构普遍认为 2017 年中国经济实际增速将进一步下滑。例如，中国人民大学中国宏观经济论坛发布的研究报告预测中国实际增速将从 2016 年的 6.7%降至 2017 年的 6.5%。就潜在增速而言，"大宏观"团队的测算结果表明，2017 年中国经济潜在增速为 6.7%左右[1]。按照中国人民大学中国宏观经济论坛预测的实际增速计算，2017 年中国将存在 0.2 百分点的负产出缺口。在此情形下，中国仍然需要采用

① 关于 2017 年中国经济的潜在增速，蔡昉和陆旸（2015）的测算结果为 6.9%，吴国培等（2015）的测算结果为 7.1%，均比"大宏观"团队的测算结果略高。

较为积极的宏观政策。

2017 年是实施"十三五"规划的重要一年和推进供给侧结构性改革的深化之年，采用较为积极的宏观政策适度扩大总需求，有助于供给侧结构性改革的深入推进，有助于促进中国经济平稳健康发展以及社会和谐稳定。

2. 政策目标方面，应该以经济稳定和金融稳定为核心目标，相机兼顾促改革等其他重要目标

理论上，一国宏观政策应该以经济稳定和金融稳定为核心目标，从中国的实际经济情况出发，也要求中国宏观政策在 2017 年继续以经济稳定和金融稳定为核心目标。一方面，要想实现第一个百年奋斗目标，需要 2016~2020 年中国平均经济增速至少达到 6.5%，考虑到新常态以来中国经济增速持续下滑，2016 年已经降至 6.7%，因此 2017 年仍然有必要重视"稳增长"。另一方面，衰退式泡沫出现的概率仍然很大（可能是 2015 年股市泡沫和 2016 年房价泡沫之外的其他形式），债务风险、外汇风险和银行业不良贷款风险等主要金融风险也在持续加剧，可见"防风险"任务依旧艰巨。因此，2017 年中国需要继续将经济稳定和金融稳定作为宏观政策的核心目标。

除此之外，中国还应该根据国内外经济形势的变化，相机兼顾其他重要目标。虽然 2008 年全球金融危机已经过去了接近十年的时间，但是世界经济仍然复苏乏力、风险丛生。在英国脱欧之后，意大利脱欧的概率也在增大，而美国政局也在更替之中，这都使世界经济的不确定性大大提高。与此同时，国内经济体制的诸多方面处于不断改革和转型过程中，这同样增加了经济环境的不确定性。例如，去产能的持续推进将会在短期内加剧经济下行压力，山西省和东北三省等产能过剩相对严重的地区甚至可能出现失业潮。面对国内外的诸多不确定性，2017 年中国宏观政策需要相机抉择，从而兼顾经济稳定和金融稳定之外的其他重要目标，这些目标主要包括促改革、调结构和惠民生等。

3. 政策工具方面，建议相机采用"积极的财政政策+稳健略偏宽松的货币政策+偏紧的宏观审慎政策"的政策组合

财政政策方面，由于 2017 年中国经济存在负产出缺口的概率较大，为了熨平产出缺口，财政政策应该延续前两年的做法，继续定位为"积极的财政政策"。而且，如果有必要的话，可以进一步加大积极财政政策的力度。与美国、日本、欧元区等发达国家和地区相比，中国的财政政策空间相对充裕，政策可持续性较好。一方面，中国政府债务尤其是中央政府债务占 GDP 的比重明显低于欧美发达国家和地区，因此中央政府仍然拥有一定的举债空间。另一方面，中国的政府债务中外债占比只有 1% 左右，因此政府债务的外部风险较低，从而进一步增强了财政政策的可持续性。

货币政策方面，如果经济下行压力继续加大，可以考虑将"稳健的货币政策"相机调整为"稳健略偏宽松的货币政策"。2017 年中国经济存在负产出缺口的概率较大，单独使用财政政策可能难以有效应对，需要货币政策与财政政策共同发力，从而适度扩大总需求。而且"稳健略偏宽松的货币政策"比"稳健的货币政策"定位更加明确，能够更好地引导预期，从而更加有效地帮助中国经济摆脱下行压力。

此外，2017年仍有可能发生"衰退式泡沫"，因此需要"偏紧的宏观审慎政策"予以应对。当前中国货币政策坚持稳健定位的一个主要原因在于，担心货币政策力度加大之后会引发"衰退式泡沫"。偏紧的宏观审慎政策可以通过调节金融体系的杠杆率与资本充足率等举措，防止资金"脱实向虚"，从而有效避免"衰退式泡沫"的发生，使货币政策可以更好地服务于实体经济。

4. 加强预期管理，提高货币政策有效性

对目前的中国而言，一方面，经济下行压力持续存在，另一方面，货币政策正处于数量型向价格型转变的特殊时期，货币政策有效性较低，因此迫切需要通过预期管理提高货币政策的有效性。然而截至2016年年底，中国货币政策的透明度依然不高，也没有采用前瞻性指引这一新型预期管理方式，因此中国在预期管理方面做得仍然不到位。

有鉴于此，中国应该尽快解决目前货币政策在引导预期方面存在的问题，加强预期管理。其一，拓宽中国人民银行与市场沟通的途径，丰富沟通的内容，从而提高货币政策透明度。其二，尽快实施前瞻性指引，稳定市场预期，从而提高货币政策效率。其三，适当加快货币政策由数量型调控向价格型调控转变的步伐，充分发挥利率对预期的引导作用。其四，加强中国人民银行的研究能力。只有中国人民银行对未来经济走势有更强的判断力，才能有效地与市场沟通。

5. 加强政策协调，提高宏观政策的调控效果

客观地说，2016年中国在宏观政策协调方面做得不够好，这也是2016年中国宏观政策整体调控效果欠佳的重要原因之一。要想在2017年同时实现经济稳定与金融稳定的双重目标以及其他重要目标，除了改进各类政策在政策力度和传导效率等方面的不足，还亟须加强各类政策之间的协调配合。

具体而言，应该做好如下四方面的协调工作：其一，加强货币政策与财政政策之间的协调，尤其注意适当加大货币政策的力度，二者共同发力稳增长，这样才能适度扩大总需求。其二，加强货币政策与宏观审慎政策之间的协调，避免"衰退式泡沫"的发生。其三，加强产业政策与货币政策、财政政策之间的协调。在经济结构转型和增长动力转换的特殊时期，需要以放松管制、增强竞争为核心产业政策与货币政策、财政政策相配合，只有这样才能为民间投资提供更宽裕的生存空间，大力振兴实体经济。其四，加强汇率政策与货币政策之间的协调。对中国这样的大国而言，保持货币政策独立性至关重要，中国应该实行更灵活的人民币汇率形成机制，并寻求汇率稳定和资本账户自由开放之间的最优中间解，以确保中国货币政策的独立性。

6. 通过市场化改革实现经济增长的动力转换

新常态以来中国经济增速持续放缓，增长动力如何转换是亟待解决的重大问题。从增长核算的视角来看，资本、劳动、人力资本和全要素生产率（total factor productivity，TFP）（来源于技术进步与效率改进）是经济增长的四大动力源泉。过去30多年中，中国经济增长主要依赖于资本和劳动两大动力。步入新常态以来，高投资越来越受到债务高企和产能过剩等问题的制约。人口老龄化持续推进过程中，人口红利也在逐步消失。

若继续依赖资本和劳动两大动力，经济增速将进一步放缓，而要想顺利实现"两个一百年"奋斗目标，仍然需要保持一定的增长速度，因此中国需要进行经济增长的动力转换。

从国际经验来看，伴随着经济发展水平的提高，增长动力由资本与劳动等"旧动力"向 TFP 和人力资本等"新动力"转换是必然趋势。TFP 和人力资本对美国、日本、欧元区经济增长的贡献率能够达到 50% 左右，而目前两大"新动力"对中国经济增长的贡献率不到 20%。可见，中国经济增长动力仍拥有较大的挖掘空间，应该尽快实现从"旧动力"到"新动力"的转换。实现增长动力转换的关键在于推进市场化改革。其一，市场化改革可以消除行政垄断，激发企业创新活力，从而加快全社会技术进步的速度。其二，市场化改革可以解决要素市场管制带来的资源错配问题，从而提高资源配置效率。其三，市场化改革可以提升人力资本的质量和利用率，从而提高人力资本对经济增长的贡献率。因此，中国应该继续全面深化市场化改革，平稳完成经济增长的动力转换，以顺利实现"两个一百年"奋斗目标，从而早日实现中华民族伟大复兴的中国梦。

参 考 文 献

蔡昉，陆旸. 2015. 以潜在增长率确定增速目标. 中国经济报告，（1）：30-32.

陈小亮. 2016-09-19. 化解房价泡沫化风险，如何避免"越调越高". 经济观察报，第 7 版.

陈小亮，陈惟，陈彦斌. 2016. 社会融资规模能否成为货币政策中介目标？——基于金融创新视角的实证研究. 经济学动态，（9）：69-79.

陈彦斌. 2015-02-04. 当前经济增速是周期性放缓还是潜在增速放缓. 光明日报，第 15 版.

陈彦斌. 2016-11-02. 萨默斯长期停滞理论不适用于中国经济. 光明日报，第 15 版.

陈彦斌，闫衍. 2014. 2014 下半年中国房地产走势预判. 人民论坛，（22）：52-55.

陈彦斌，刘哲希. 2016. 经济增长动力演进与"十三五"增速估算. 改革，（10）：106-117.

郭豫媚. 2015. 货币政策无法根治融资贵. 人文杂志，（9）：42-45.

郭豫媚，陈彦斌. 2015. 中国潜在经济增长率的估算及其政策含义：1979—2020. 经济学动态，（2）：12-18.

刘凯. 2016-10-11. 密切关注金融风险点之间的联动与传导. 中国经济导报，第 A03 版.

万志宏. 2015. 货币政策前瞻性指引：理论、政策与前景. 世界经济，（9）：166-192.

王国军，刘水杏. 2004. 房地产业对相关产业的带动效应研究. 经济研究，（8）：38-47.

吴国培，王伟斌，张习宁. 2015. 新常态下的中国经济增长潜力分析. 金融研究，（8）：46-63.

谢世清. 2011. 从欧债危机看"中国式主权债务危机". 亚太经济，（5）：21-25.

易千. 2013. 主要发达国家政府债务规模和风险问题研究. 财政部财政科学研究所博士学位论文.

Blanchard O，Dell'Ariccia G，Mauro P. 2010. Rethinking macroeconomic policy. Journal of Money，Credit and Banking，42（S1）：199-215.

Eggertsson G B，Woodford M. 2003. Policy options in a liquidity trap. American Economic Review，94（2）：76-79.

Gray S. 2011. Central bank balances and reserve requirements. International Monetary Fund Working Paper，WP/11/36.

Krugman P. 1999. Deflationary spirals. http://web.mit.edu/krugman/www/spiral.html.

Mishkin F S. 2011. Monetary policy strategy：lessons from the crisis. National Bureau of Economic Research Working Paper，No. 16755.

Svensson L E O. 2015. Forward guidance. International Journal of Central Banking，11（S1）：19-46.

分报告一　宏观政策目标与工具评价①

制定宏观政策的核心在于设定合理的政策目标，并运用适当的政策工具予以实现。历史经验表明，如果政策目标设定不合理、政策工具运用不当，那么宏观政策不仅难以起到保持经济平稳运行的作用，而且很容易加剧经济波动，甚至引发经济危机。例如，20世纪70年代的美国滞胀危机很大程度上就源于之前政府过度地追求经济增长与社会福利水平提升，从而实施了过于积极的财政政策与货币政策（Orphanides，2003；Bianchi and Ilut，2014）。又如，21世纪以来美国忽略了金融稳定，长时间采取低利率政策刺激经济，最终导致2008年全球金融危机爆发（Taylor，2007；BIS，2014）。

对于中国而言，近年来宏观政策的目标在不断调整，工具手段也在不断创新，但始终难以有效缓解较大的经济下行压力。有鉴于此，十分有必要对宏观政策的目标与工具进行系统评价，从而为如何改善宏观政策的调控效果提出针对性建议，以更好地促进中国经济实现又好又快又稳的发展。为此，本报告将以2015年年底中央经济工作会议与2016年年初政府工作报告对宏观政策目标和工具的表述为基准，结合现代宏观经济理论和中国经济的实际运行情况，对2016年中国宏观政策的目标与工具进行全面系统的评价。

一、现代宏观经济理论所建议的政策目标与工具

宏观政策的目标与工具并非是一成不变的，自20世纪美国大萧条以来，随着人们对宏观经济运行机制认识程度的不断加深，目标和工具一直在调整与优化。当前，现代宏观经济理论对宏观政策应关注哪些目标、使用哪些工具已基本达成共识。宏观政策目标方面，核心在于实现经济稳定与金融稳定。宏观政策工具方面，货币政策与财政政策是实现经济稳定的主要工具，其中货币政策扮演着更为重要的角色；宏观审慎政策是实现金融稳定的主要工具。

1. 宏观政策的目标是实现经济稳定与金融稳定

2008年全球金融危机之前，理论上宏观政策的目标是实现经济稳定，平抑经济的短期波动，从而尽可能使社会福利水平最大化。具体而言，经济稳定主要包括增长稳定与

---

① 作者：刘哲希，中国人民大学经济学院博士研究生。

物价稳定两方面。短期内，增长稳定与物价稳定之间存在权衡取舍的关系，如在特定时期政策制定者需要适度地提高对通胀的容忍度，以避免经济增长速度的大幅下滑（Clarida et al.，1999；Woodford，2003）。长期中，增长稳定与物价稳定则不存在取舍关系，而且保持较低且稳定的通胀环境对于促进经济增长尤为重要[①]。正因如此，多数国家的宏观政策采取阶梯目标策略，即将物价稳定作为宏观政策的长期目标，而在短期内依据经济形势变化在增长与通胀之间进行有约束的相机抉择[②]（Bernanke and Mishkin，1997）。

然而政策实践表明，宏观政策只关注经济稳定是不够的，还应关注金融稳定。尤其是 20 世纪 80 年代中期至 2008 年全球金融危机爆发之前的大缓和时期，美国虽然在宏观政策的有效调控下长期保持经济稳定，经济温和增长、通胀处于低位，但是金融体系的不稳定性不断加剧，最终引发了百年一遇的全球金融危机[③]。而且，在金融加速器的放大机制作用下，一旦金融市场出现波动或金融体系运转不畅，更容易导致经济陷入长期且深度的衰退之中[④]（Reinhart and Rogoff，2009）。由此，现代宏观经济理论打破了 2008 年全球金融危机前保证经济稳定就能保证金融稳定这一传统观点（Bernanke and Gertler，2001），认识到了金融稳定是宏观政策必须关注的重要目标[⑤]。

因此在 2008 年全球金融危机以来，实现经济与金融的双重稳定成为宏观政策的核心目标。美联储、英格兰银行以及欧洲中央银行在制定货币政策保证经济稳定的同时，在维护金融稳定方面均被赋予更重要的任务。以美联储为例，2010 年签署实施的《多德-弗兰克华尔街改革与消费者保护法案》赋予美联储对系统重要性非银行金融机构以及储蓄类控股公司的监管权力，从而强化了美联储在维护金融稳定中的重要作用。不仅如此，美国等发达经济体还成立了专门负责监控与防范金融风险的职能部门，以进一步保证金融体系的稳定运行[⑥]。

---

① 较高或不稳定的通胀会对经济产生以下负面影响：一是会引起相对价格的扭曲，从而影响企业生产决策，降低经济运行效率。二是会引起税收扭曲，降低经济活力。例如，高通胀会加剧储蓄的税收负担。三是未预期到的高通胀使债务人和债权人之间出现财富再分配，从而增加借贷双方的不确定性。

② 宏观政策中长期锚定通胀目标使公众预期稳定，短期内相机抉择的宏观政策能够在不造成通胀率大幅上升的情况下实现更充分的就业与经济增长（Bernanke and Woodford，2005）。

③ 金融危机后的理论反思表明，良好的经济环境容易导致金融体系的过度风险承担，从而使金融体系更加脆弱（Gambacorta，2009）。事实上，这也是 Minsky（1986）"金融不稳定假说"的核心逻辑，该思想在 2008 年全球金融危机后受到了广泛关注与高度重视。

④ 具体而言，金融体系运转不畅时在金融市场中会产生严重的逆向选择与道德风险问题，增加金融中介对贷款人的识别与监督成本（即"信贷中介成本"上升）。受此影响，金融中介的放贷意愿会显著下降，即使放贷也会大幅增加风险溢价而推高利率，进而加剧企业资产负债表的脆弱性，形成恶性循环。由此，资金始终无法配置到具有生产性的投资机会上，从而造成投资和总需求的下降，引起经济持续衰退。Bernanke 等（1999）将上述过程称为"金融加速器"机制，这已成为目前新凯恩斯经济周期理论的核心机制。

⑤ 2008 年全球金融危机前，金融稳定更多属于微观层面上的金融监管职能。但是，微观监管难以解决金融体系的顺周期波动和跨市场的风险传播等问题，因此需要宏观审慎政策予以补充。

⑥ 美国成立了由财政部部长担任主席，美联储主席、证券监督委员会主席、消费者金融保护局主席等作为成员的金融稳定监管协会（Financial Stability Oversight Council，FSOC），负责监控系统性风险，应对金融体系中的系统性威胁，维持金融秩序。英格兰银行成立了金融政策委员会（Financial Policy Council，FPC），旨在帮助实现英格兰银行维护和增强金融系统稳定这一目标。欧盟建立了欧洲系统性风险委员会（European Systemic Risk Board，ESRB），主要负责监测整个欧盟金融市场上可能出现的宏观风险，及时发出预警并在必要情况下提出应对措施。

2. 宏观政策工具以货币政策为主导，并包括财政政策与宏观审慎政策等重要工具

第一，货币政策是调节经济短期波动最为灵活且有效的工具[1]，因而在宏观政策中占据主导地位。灵活性方面，相比于财政政策往往受内在时滞较长等因素的影响，货币政策的内在时滞更短，能够对经济的短期波动做出迅速、及时的反应[2]。例如，中央银行通过公开市场操作等日常工具，就可以灵活地对货币供给与短期利率进行调节。同时，互联网时代信息传播速度极快，货币政策通过预期管理手段加强与公众的信息沟通，能够更快地影响公众预期，使货币政策的外在时滞也进一步缩短（郭豫媚等，2016）。有效性方面，货币政策不仅可以通过传统利率途径对经济产生影响，还可以通过资产价格、信用等其他多条传导途径影响经济活动，从而更易于实现经济稳定[3]（Mishkin，2011）。而2008年全球金融危机后量化宽松（quantitative easing，QE）与前瞻性指引手段等非常规手段也被证明可以进一步提升货币政策的有效性（IMF，2013）。

第二，财政政策更多是在经济处于深度衰退时期发挥扩大内需的重要作用。由于经济短期波动时期货币政策能够灵活有效地予以应对，所以财政政策不需过多地对经济波动进行逆向调节。但是，在一些时期中经济体会陷入长达几年或十几年的持续且深度的衰退之中。例如，20世纪30年代的美国大萧条及90年代以来的日本大衰退。在此时期，货币政策通常会面临零下限等约束，操作空间较常规时期明显收紧，因而单独使用货币政策难以应对经济的持续下行。积极的财政政策通过扩大财政支出或减少税收等方式，能够有效地为货币政策分担刺激总需求的压力，从而可以提升宏观政策的调控效果。而且，因为经济深度衰退时期所持续的时间较长，财政政策内在时滞较长等弊端会被弱化，对经济刺激效果更为直接有效的优势可以得到充分体现[4]（Blanchard et al.，2010）。

第三，宏观审慎政策是实现金融稳定的核心政策工具。由于经济稳定并不能保证金融稳定，所以根据丁伯根法则[5]，仅靠货币政策难以兼顾经济稳定与金融稳定两大目标。例如，在经济下行时期，货币政策必须宽松以应对下行压力，但是低利率会强化市场的风险承担激励，从而加剧资产价格泡沫化趋势（Borio，2014）。2008年全球金融危机前美国宽松货币政策使宏观经济稳定但金融风险加剧的现象就是最好的佐证。因此，宏观政策要实现金融稳定目标，就需要纳入新的工具。从理论研究与各国的政策实践来看，宏观审慎政策可以较为有效地承担维护金融稳定的任务（Yellen，2014；Cecchetti，2016）。

---

① 宏观政策的广泛运用源于凯恩斯主义的兴起。凯恩斯主义认为，当经济体受到总需求或总供给等外部冲击时，由于价格与工资黏性及公众"动物精神"的存在，市场资源配置不会在受到冲击后迅速回到均衡状态，经济呈现出扩张或紧缩的短期波动现象。因此，宏观政策重在缓冲外部冲击，从而实现对短期波动的逆周期调节，而这要求政策工具具有灵活有效、时滞较短等特点。

② 政策时滞分为内在时滞和外在时滞，内在时滞是指从冲击发生到应对冲击的政策出台所经历的时间，外在时滞是指从政策出台到发挥效果所经历的时间。

③ 资产价格传导途径，主要通过影响汇率水平、托宾 q 值以及财富效应发挥作用。信用途径，包括银行贷款途径、资产负债表途径、现金流途径、意料之外的物价水平突进以及家庭的流动性途径。尤其是伴随着金融体系的发展，信用途径的重要性显著提升（Mishkin，2011）。

④ 此外，经济深度衰退时期货币政策处于宽松状态，较低的利率水平也使积极的财政政策不会付出政府债务负担过快上升的代价（DeLong and Summers，2012）。

⑤ 丁伯根法则是指，政策工具的数量或控制变量数至少要等于目标变量的数量，而且这些政策工具必须是相互独立的。

具体而言，宏观审慎政策通过对银行流动性、资本金及杠杆率等方面进行逆周期调节，能够在金融市场出现泡沫化迹象时降低金融体系的风险承担激励，从而有效地增强金融体系的稳健性（Gertler et al.，2012）。

第四，产业政策不适宜作为宏观政策的主要工具。虽然产业政策在发展中国家的宏观政策中往往占据很重要的地位，但现代宏观经济理论并不建议将其列为宏观政策的主要工具。究其原因，产业政策的时滞过长，与宏观政策针对经济波动进行逆周期调节的定位相冲突。产业政策在实施过程中，首先需要相关部门全面调研并且制定产业规划，政策内在时滞较长，而从政策实施到收到成效的外在时滞更长。以扶持新兴产业为例，新兴产业的发展需要经历初创阶段、成长阶段和成熟阶段等环节，这往往需要数年甚至数十年。而且，如果产业政策过度迁就短期的经济增长目标，将不可避免地受到政治周期等因素的影响，从而扭曲市场发展规律，引发资源错配和结构失衡等问题。因此，产业政策不符合宏观政策工具的基本要求。

二、2016 年中国宏观政策目标评价

中国每年的宏观政策目标既包含总体定位，如"稳增长"、"控物价"和"调结构"等，也包含 GDP 增速、CPI 涨幅等具体的量化目标。因此，本部分也将从总体定位与具体量化目标两个维度对 2016 年中国宏观政策目标进行评价。

1. 2016 年宏观政策目标定位与现代宏观经济理论所建议的双重稳定目标有所偏离，但短期内的偏离具有一定的必要性与合理性

2015 年年底中央经济工作会议强调，要"坚持稳增长、调结构、惠民生、防风险"。2016 年政府工作报告也指出，"把握好稳增长与调结构的平衡"，"加强民生保障，切实防控风险"。可见，2016 年宏观政策的核心目标定位为"稳增长、调结构、惠民生、防风险"。其中，"稳增长""防风险"两大目标的提出与理论中经济和金融的双重稳定目标相契合，"调结构""惠民生"虽然不属于理论上宏观政策应关注的目标范畴，但更多是基于中国经济的实际情况。总的来说，上述四个目标均是 2016 年中国宏观政策面临的重要任务。

第一，为实现百年目标等重要发展任务，中国经济需要高度重视"稳增长"。

"两个一百年"目标是指"在中国共产党成立一百年时全面建成小康社会"，"在新中国成立一百年时建成富强民主文明和谐的社会主义现代化国家"[①]。为实现第一个百年目标，即到 2020 年全面建成小康社会，需要到 2020 年"实现国内生产总值和城乡居民人均收入比二〇一〇年翻一番"[②]。截至 2015 年年底，中国的 GDP 比 2010 年提高了

---

① "两个一百年"目标内容引自党的十八大报告第二部分"夺取中国特色社会主义新胜利"。"两个一百年"目标的首次提出是在党的十五大，党的十五大报告指出"到建党一百年时，使国民经济更加发展，各项制度更加完善；到世纪中叶建国一百年时，基本实现现代化，建成富强民主文明的社会主义国家"。

② 到 2020 年"实现国内生产总值和城乡居民人均收入比二〇一〇年翻一番"引自党的十八大报告第三部分"全面建成小康社会和全面深化改革开放的目标"。

43%，可见与实现翻一番的目标还存在一定差距。同时，近年来中国经济增速又呈现持续下行的态势，2015 年 6.9%的 GDP 增速已降至 25 年来的最低点。因此，在全面建成小康社会的决胜阶段，宏观政策突出"稳增长"的重要性尤为关键。

第二，在经济与金融风险持续加剧的态势下，加强"防风险"迫在眉睫。

当前中国经济主要面临四大风险点。一是债务风险。国际清算银行（Bank for International Settlements，BIS）数据显示，中国全社会债务率已由 2007 年的 151.3%大幅上升至 2015 年年底的 249.4%，增幅显著高于其他主要经济体（表 1）。其中，企业债务率更高达 165.4%，位居全球之首。二是房地产泡沫风险。2016 年以来中国部分一线和二线城市房价大幅快速攀升，70 个大中城市中有 14 个城市房价全年涨幅超过 20%。经历了本轮上涨之后，南京、深圳、北京及上海等城市的房价租售比已达到 400 以上，远高于国际公认的 200~300 合理区间，泡沫化迹象越来越明显。三是外汇风险。自 2015 年"8·11 汇改"以来，人民币持续贬值，截至 2016 年年底人民币兑美元的贬值幅度已超过了 10%，而未来是否会进一步大幅贬值已成为各界的普遍担忧。四是银行业风险。截至 2016 年 9 月末，银行业不良贷款率为 1.75%，为 7 年来最高水平。进一步考虑到银行表外业务中的大量坏账，银行业风险实际上更为严重[①]。不仅如此，上述风险点之间还存在互相联动的传导机制，从而使中国面临的整体金融风险进一步加大[②]（刘凯，2016）。因此在宏观政策层面上，高度重视防范系统性风险是 2016 年的重要任务。

表 1 主要经济体债务率对比（单位：%）

年份	中国		日本		美国		发达国家		新兴市场国家	
	总体	企业	总体	企业	总体	企业	总体	企业	总体	企业
2007	151.3	97.6	315.9	100.0	227.5	69.7	242.6	88.7	115.2	56.1
2009	181.9	121.0	353.1	109.9	246.4	70.4	267.3	93.0	132.9	70.0
2011	184.3	121.1	369.4	105.4	250.6	66.2	261.3	85.0	134.9	71.6
2013	215.6	142.4	382.6	103.2	246.7	67.6	268.4	87.4	151.8	82.7
2015	249.4	165.4	387.7	101.2	249.4	70.8	268.3	86.5	172.1	95.5
增幅	98.1	67.8	71.8	1.2	21.9	1.1	25.7	-2.2	56.9	39.4

资料来源：BIS

第三，当前中国经济正处于经济结构调整阵痛期，因而强化宏观政策的"调结构"作用有其必要性。

现代宏观经济理论多是基于发达国家的成熟经验，但与发达国家较为稳定的经济结构不同，中国的经济结构一直处于调整之中。在此情况下，宏观政策既需要保证经济的平稳较快增长，也需要对结构性问题予以重视，实现经济结构内部的"有保有压、有扶有控"。尤其是新常态以来，高投资发展模式的弊端逐步显现、产能过剩情况较为严重、

---

① 根据中金公司测算，表外业务的风险敞口规模达 40 万亿元左右，由此可能会带来 3.2 万亿~4 万亿元的不良资产，显著高于表内的不良贷款规模。

② 例如，房地产风险与银行不良贷款风险交织在一起，有可能将中国经济进一步推入"债务—通缩"陷阱之中。具体内容请参见刘凯（2016）。

区域增长分化态势日益明显，由此更需要中国加快在总需求结构、产业结构以及区域结构等方面的调整步伐。2015 年年底，中央经济工作会议已明确指出"明年经济社会发展特别是结构性改革任务十分繁重"。有鉴于此，2016 年的宏观政策更需要协调好"稳增长"与"调结构"之间的平衡关系，将"调结构"视为重要目标。

第四，将"惠民生"纳入宏观政策目标主要是基于较大的贫富差距与艰巨的扶贫任务等现实考虑，有助于保持社会大局稳定

贫富差距方面，虽然 2008~2015 年的中国收入基尼系数成功实现了"七连降"[①]，但是更能反映贫富差距状况的居民财产差距正在快速拉大[②]。根据瑞士信贷银行发布的《全球财富报告》计算得到，2008~2015 年中国所有居民财富（中位数）增长率为 64%，而前 10%富裕人群的财富增长率达到了 96%，前 1%富裕人群的财富增长率更是高达 131%。因此，宏观政策在保证经济平稳发展的同时也要高度重视"惠民生"，着力保障中低收入群体收入水平与生活质量的稳步提升，尽可能地缩小贫富差距。

扶贫任务方面，中国已明确提出了"确保到 2020 年所有贫困地区和贫困人口一道迈入全面小康社会"的扶贫目标[③]，即到 2020 年要让现有的约 7 000 万贫困人群全部脱离贫困线[④]。要打赢这场脱贫攻坚战，就需要平均每月减少贫困人口 100 万，"时间非常紧迫、任务非常繁重艰巨"。由此，宏观政策要加大对贫困地区与特殊困难群体的扶持力度，切实让广大人民群众共享经济发展成果。

2. GDP 增速目标设定在 6.5%~7%，符合当前中国经济运行的实际情况

2016 年政府工作报告提出了"国内生产总值增长 6.5%~7%"的预期目标。与以往 GDP 增长目标的主要不同在于，2016 年的目标不再是单一数值，而是一个区间范围[⑤]。本报告认为，2016 年 GDP 增速目标区间的设定符合当前中国经济的实际情况。

第一，7%的 GDP 增速目标上限与中国经济的潜在增速相适应。

理论上，经济运行的理想状态是实际 GDP 增速保持在潜在增速附近。究其原因，潜在增速是一个国家或地区在资本存量、劳动力、人力资本和技术等资源实现最优配置条件下所能达到的最大增速。实际 GDP 增速高于潜在增速，表明经济处于过热状态；反之，则表明经济出现了萧条迹象。"大宏观"团队的测算结果表明，2016 年中国经济潜在增

---

① 但是杨耀武和杨澄宇（2015）研究发现 2008~2013 年居民收入基尼系数的五次连续下降中，只有三次是统计显著的，以此推断中国居民收入基尼系数已经进入下行通道可能还为时过早。

② 收入是流量，只能反映某一时间段内财富的变动，无法衡量某一时间点上财富的大小。相比之下，财产是存量，涉及资产和负债，比收入涵盖更多的信息。因此，财产差距与收入差距更为重要。

③ 具体内容请参见 2015 年 11 月 27 日至 28 日召开的中央扶贫开发工作会议。

④ 根据中央扶贫开发工作会议，当前的贫困线是人均纯收入 2 300 元（以 2010 年为不变价）。具体内容参见：顾仲阳. 扶贫标准上调至 2 300 元（政策解读）. 人民日报，2011-11-30；邹春霞. 2020 年农村全脱贫 每月减 100 万. 北京青年报，2015-10-13。

⑤ 对经济增长进行区间管理也是党的十八大以来中国宏观调控的重要创新。区间管理将宏观调控的目标界定为一个合理区间：当经济运行接近区间下限时，调控的主要着力点是稳增长；当经济运行接近区间上限时，调控的主要着力点是防通胀；当经济运行处于中间状态时，应该加大改革和调结构的力度。区间管理意味着，只要经济运行处于合理区间之内，宏观政策不需要有大动作，只有当经济偏离合理区间时，才需要实施刺激政策。按照区间管理的思路来调控经济，能够保持经济增长的平稳性和制度创新、结构调整同步推进。

速约为 7.4%,仅较 2015 年下降 0.2 百分点,这与蔡昉和陆旸(2015)以及吴国培等(2015)的测算结果也较为一致[①](表 2)。

表 2 对中国经济潜在增速的测算结果

来源	年份	结果
陈彦斌和刘哲希	2016	2016~2020 年平均潜在增速约为 6.2%,其中 2016 年约为 7.4%
吴国培等	2015	2016~2020 年平均潜在增速约为 7%,其中 2016 年为 7.2%
蔡昉和陆旸	2015	2016~2020 年平均潜在增速约为 6.7%,其中 2016 年为 7.1%

基于中国经济的潜在增速情况,2016 年中国将 GDP 增速目标上限值设定在 7% 是正确合理的选择。一方面,如果中国将 GDP 增速目标上限值调至 7% 以下,很可能使实际 GDP 增速与潜在增速之间的差距拉大,从而加剧中国经济的低迷态势。另一方面,过去几年中国经济实际 GDP 增速平均低于潜在增速 0.6 百分点左右[②],要使实际增速迅速回归至潜在增速水平很可能需要强刺激政策[③]。以往的经验表明,强刺激政策会对经济结构、构、资源环境等带来较大的负面影响[④]。因此,考虑到"调结构"与"惠民生"等方面的的任务,应将 GDP 增速上限值设定在略低于潜在增速的水平。

第二,6.5% 的 GDP 增速目标下限突显了实现百年目标的重要性。

按照党的十八大报告的阐述,实现第一个百年目标的关键前提是到 2020 年"国内生产总值和城乡居民人均收入比 2010 年翻一番"。据此测算,在"十二五"期间中国经济平均增速达到 7.9% 的基础上, "十三五"期间中国经济平均增速需要达到 6.5%。有鉴于此,2016 年设定 GDP 增速目标的下限值并定在 6.5% 有其必要性[⑤]。

第三,6.5%~7.0% 的增速区间能够保证就业形势稳定。

使经济增长保持一定的增速水平,除有助于实现百年目标之外,另一个重要考虑是要扩大就业。正如 2016 年政府工作报告强调的"稳增长主要是为了保就业、惠民生"。

---

① 究其原因,从增长核算视角来看,潜在增速由资本存量、劳动、人力资本和 TFP(资源配置效率改进与技术进步)的增长率决定。因为这些因素均不会在短期内出现快速下滑,所以潜在增速的变化趋势往往较为平滑。首先,资本是存量,而投资是流量,即使投资增速从危机前的 24% 下降到 2015 年的 10%,也不会导致中国庞大的资本存量出现增长率的大幅下降。其次,在人口老龄化的影响下,中国劳动力数量从 2012 年开始步入下降通道,但 2012~2015 年总共减少 1 447 万人,与 9.15 亿的劳动力总量相比微不足道。再次,人均受教育年限不断延长,表明中国的人力资本存量逐年提高而非下降。最后,近几年中国没有出现剧烈的技术冲击和制度变迁,因此以技术进步为核心的 TFP 不会出现增速的大幅下降(郭豫媚和陈彦斌,2015)。

② 根据"大宏观"团队测算,2012~2015 年中国经济产出缺口分别为 -0.9%、-0.2%、-0.6% 和 -0.7%。

③ 此外一个原因是,实际增速的持续下滑可能的时滞效应使长期潜在增速出现一定的回落,从而低于当前的测算值(DeLong and Summers,2012)。尤其对于中国而言,近年来投资增速的快速下滑以及折旧率的提高,会导致资本存量增速放缓更为明显,从而进一步拉低潜在增速水平。

④ 例如,2008 年第四季度和 2009 年的强刺激政策虽然使经济增速强势复苏,但是带来了产能过剩加剧和环境污染等不良后果,直到现在中国经济仍然处于"前期刺激政策消化期"。

⑤ 2016 年政府工作报告也明确指出, "经济增长预期目标 6.5%~7%,考虑了与全面建成小康社会目标相衔接"。此外,虽然城乡居民人均收入翻一番也是重要任务,但城乡居民人均收入增速在"十二五"期间一直高于 GDP 增速, "十三五"期间保持在 5.5% 即可完成,所以压力相对较小。

尤其是 2016 年劳动力供给与需求之间矛盾仍在不断加剧，就业形势不容乐观。其一，高校毕业生数量迎来有史以来的最高峰。根据人力资源和社会保障部的统计数据，2016 年中国高校毕业生达 765 万人，比 2015 年增加了 16 万人[①]。其二，"去产能"进程将带来局部地区大量员工失业的情况。其三，经济下行压力下部分企业生产经营困难，从而造成用工需求有所不足。在此情形下，2016 年政府工作报告指出"有 6.5%~7% 的增速就能够实现比较充分的就业"。这是因为根据测算，"十二五"期间 GDP 每增长 1% 能够拉动 160 万~190 万城镇新增就业且拉动效应在不断增强。按这一趋势，如果 2016 年 GDP 增速保持在 6.5%~7%，则能够实现城镇新增就业 1 040 万~1 330 万人，从而达成政府工作报告提出的"城镇新增就业 1 000 万人以上"目标。

3. 2016 年将 CPI 涨幅目标设定在较高水平的意图是正确的，但 3% 略有偏高，若调整至 2.5% 左右或更为合适

近年来在经济下行压力加剧的背景下，中国的物价水平也持续走低，2015 年 CPI 涨幅仅有 1.4%，为 2011~2015 年的最低点。面对这一趋势，2016 年中国并没有相应地调低 CPI 涨幅目标，依旧将其设定在 3% 左右。普遍的观点认为，在年初将 CPI 涨幅目标设定在较高水平，是为了降低把现实通胀率控制在目标以内的难度，从而更容易完成任务。这一观点虽然表面上看似乎有一定道理，但是对为什么设定较高通胀目标的理解并不到位。

理论上，经济衰退时期设定较高的通胀目标能够通过制造公众的通胀预期，从而发挥以下两方面的重要作用：一是防止公众通缩预期的产生。因为通缩预期一旦形成，将会与价格下跌形成恶性循环，从而加剧经济的衰退程度（Krugman，1999）。二是可以降低实际利率水平。因为实际利率等于名义利率减去预期通胀率，所以当公众预期到通胀率会达到较高水平时，实际利率就会下降，从而促进企业投资和家庭消费的增长（Eggertsson and Woodford，2003）。也正是基于上述两点考虑，2008 年全球金融危机之后，虽然美国、日本、欧元区等发达经济体的现实通胀率基本处于 2% 以下，但它们仍然将通胀率目标值设定在 2%。因此，2016 年中国将 CPI 涨幅目标设定在 3% 左右具有理论上的考量。

但是，也应认识到通胀目标并不是越高越好。例如，在 2008 年全球金融危机之后，一些观点认为美国等发达经济体可以进一步将通胀目标设定在 4%（Blanchard et al.，2010），以加大对经济的刺激力度，但在政策实践中一直未被采纳。其主要原因在于，经济低迷环境下 4% 的通胀目标是难以实现的（Mishkin，2011）。如果将通胀目标设定在 4%，反而会使通胀目标的可信度下降，导致通胀目标对公众通胀预期的引导能力降低，由此难以达到设定较高通胀目标的预期效果。具体到中国，2015 年中国的通缩迹象不断加剧，2016 年虽然有所好转，但 CPI 涨幅一直处于 2% 左右的低位。因此，3% 的通胀目标很容易被公众认为是难以实现的，从而对公众通胀预期的引导效果会大打折扣。

[①] 21 世纪以来每年全国高校毕业人数持续上升，2001 年仅有 114 万人，2005 年为 338 万人，2010 年达到了 631 万人，而 2016 年的 765 万人则是历史峰值。

相比之下，2.5%的通胀目标仅略高于 2%，可以增强通胀目标的可信度，更有助于引导公众的通胀预期。

三、2016 年中国宏观政策工具评价

中国宏观政策工具的具体制定分为两个层面：一是根据政策目标确定政策工具的组合方式[①]，目前中国是公布货币政策和财政政策这两大主要工具的组合方式[②]；二是确定各项政策工具指标的预期值[③]。结合 2016 年的实际情况，主要是财政预算赤字率、货币供应量（M2）增速以及社会融资规模余额增速等指标[①]。有鉴于此，本报告将从上述两个层面对 2016 年中国宏观政策工具进行评价。

（一）政策工具组合评价

2016 年宏观政策工具的组合方式为"积极的财政政策+稳健的货币政策"，这已是中国连续第六年实施这一政策工具组合[④]。但本报告认为，这一宏观政策工具组合并非是最优组合，难以同时实现"稳增长"与"防风险"两大目标，需要将政策工具组合调整为"积极的财政政策+稳健略偏宽松的货币政策+偏紧的宏观审慎政策"。

第一，"稳健略偏宽松的货币政策"能够更有效地发挥对经济的逆向调节作用。新常态以来在稳健的货币政策定位下，中国宏观经济运行面临两大突出问题。一是出现了经济增速下行与实际利率上行的背离局面，显著加大了企业的借贷成本与偿债压力，抑制了经济活力。2011~2016 年经济增速从 9.5%下降至 6.7%，实际利率却上升了 2.1 百分点左右[⑤]。二是公众难以形成较为明确的政策预期，导致货币政策效率下降，这突出表现为市场对降准等操作差异较大的不同解读[⑥]。相比之下，"稳健略偏宽松的货币政策"一方面可以适当加大降息和降准力度，以促进真实利率水平下行；另一方面能够使公众形成较为明确的政策预期，提高货币政策的调控效率，从而更有效地应对经济下行压力。

---

① 需要说明的是，虽然 2016 年中国宏观政策目标为"稳增长、调结构、惠民生、防风险"，但"调结构"与"惠民生"方面的宏观政策更多起到辅助作用，更多是依靠"微观政策要活、改革政策要实、社会政策要托底"。因此，本报告更聚焦于当前政策工具能否实现"稳增长"与"防风险"。

② 虽然在中国宏观政策除了包括财政政策和货币政策之外，还包括产业政策和土地政策等其他政策，不过，财政政策和货币政策是最主要的两类政策。十八届三中全会指出，"健全以国家发展战略和规划为导向、以财政政策和货币政策为主要手段的宏观调控体系"；"十三五"规划强调："完善以财政政策、货币政策为主，产业政策、区域政策、投资政策、消费政策、价格政策协调配合的政策体系"。

③ 操作指标是指政府部门可以直接控制的工具指标，如财政赤字率、准备金率、基础货币数量等。中介指标虽然不能被直接控制，但能被政府部门较为精确地间接控制，且又能较好地预告最终目标的变动，如货币供应量（M1、M2 等）。

④ 2015 年年底中央经济工作会议指出，"积极的财政政策要加大力度"，"稳健的货币政策要灵活适度"。2016 年政府工作报告也指出要"继续实施积极的财政政策和稳健的货币政策"。

⑤ 根据经济增长理论，实际利率应与经济增长率之间存在显著的正相关性，这样才能保证经济体处于稳定的均衡状态。

⑥ 例如，中国人民银行 2015 年年初实施了两次降准，其中 2 月降准 0.5 百分点、4 月降准 1 百分点。但对于这两次降准的政策意图，市场产生了不同的解读。一方面，市场把降准解读为应对经济增速和通货膨胀率双双下滑的宽松货币政策操作；另一方面，市场又认为这仅仅是为了应对外汇占款下降导致的货币供应不足。具体内容请参见海通证券：降准强化宽松拥抱金融时代. 新浪财经，2015-04-19；专家点评央行降准 1 个百分点. 新浪财经，2015-04-19。

第二，在"稳健略偏宽松的货币政策"配合下，积极的财政政策"稳增长"效果也将有所改善。根据传统的 IS-LM 模型，当货币政策处于稳健（LM 曲线保持不变）时，积极的财政政策虽然能够拉动总需求，但也会推高利率水平，导致私人部门的部分投资被挤出。不仅如此，与发达国家主要依靠发行国债筹集财政资金不同，中国财政政策更多的是依靠信贷资金的支持（王元京，2010）。因此，如果在稳健的货币政策环境下加大财政政策力度，那么相对有限的信贷资金将更多地流向财政政策的实施主体——国有企业或地方政府，由此对民营企业尤其是小微企业的挤出效应将会比理论上更大。有鉴于此，有必要将"积极的财政政策+稳健的货币政策"调整为"积极的财政政策+稳健略偏宽松的货币政策"，减轻财政政策的挤出效应，提升宏观政策对经济的促进作用，从而更好地发力"稳增长"。

第三，"偏紧的宏观审慎政策"可以有效降低资产泡沫化风险，更好地实现"防风险"目标。理论与国内实证研究均表明，较为宽松的货币政策会增加金融体系的风险承担激励，诱发资产泡沫的形成，从而加剧金融不稳定性（Borio and Zhu，2008；金鹏辉等，2014）。这也成为中国货币政策始终坚持稳健定位，而难以助力"稳增长"的一个重要原因[1]。偏紧的宏观审慎政策可以通过对金融体系的杠杆率与资本充足率等方面进行调节，抑制资产价格的泡沫化趋势，从而有效帮助货币政策摆脱当前困境。事实上，自 2016 年 10 月初加强运用首付抵押比等宏观审慎手段以来，房价泡沫风险得到了显著缓解。2016 年 10 月四大一线城市与前期房价上涨较快的二线城市的房价环比涨幅均出现明显回落[2]。因此，中国应加强"偏紧的宏观审慎政策"与"稳健略偏宽松的货币政策"间的协调配合，既使货币政策更好地发力"稳增长"，又能有效地实现"防风险"目标[3]。

（二）政策工具指标的预期值评价

1. 将预算赤字率提高至 3%，既有必要性也有可行性

2016 年政府工作报告指出"赤字率提高到 3%"。这相比于 2015 年的预算赤字率提高了 0.7 百分点，也是预算赤字率自公布以来的最高水平。即使 2009 年为应对百年一遇的全球金融危机，预算赤字率也只是"占国内生产总值比重在 3%以内"。评价当前财政预算赤字率设定是否合理，主要着重分析两方面。其一，基于当前经济形势，赤字率是否有必要提高，即必要性；其二，基于政府债务水平，赤字率是否有提高的空间，即可行性。本报告认为，2016 年财政预算赤字率提高既有其必要性，也有其可行性。

---

① 一个典型的例证是，面对 2016 年以来的房价泡沫化趋势，10 月的中央政治局会议和第三季度货币政策报告中明确提出，"要坚持稳健的货币政策"，"注重抑制资产泡沫和防范经济金融风险"。

② 以北京、上海、广州、深圳为例，2016 年 10 月新建商品住宅环比涨幅分别为 0.5%、0.5%、1.3%和-0.5%，分别较 9 月房价环比涨幅下降 4.4 百分点、2.7 百分点、1.8 百分点和 2.4 百分点。

③ 虽然中国人民银行在 2015 年年底已将差别准备金动态调整和合意贷款管理机制调整为宏观审慎评估体系（macro prudential assessment，MPA）以防范系统性风险，但是宏观审慎评估体系更多的是针对商业银行，并未涵盖证券与保险等机构，难以保障整体金融体系的稳定性，距离真正意义上的宏观审慎政策还存在一定差距。此外，目前宏观审慎政策的制定与实施主体尚未明确，而宏观审慎框架与微观金融监管体制如何协调，事前、事中监管与事后救助机制如何结合等关键问题也仍待解决。

　　第一，必要性方面，考虑到 2016 年经济下行压力依旧较大，经济增速可能进一步放缓，因此理应提高预算赤字率，从而使用更加积极的财政政策发力"稳增长"。事实上，虽然 2015 年预算赤字率仅为 2.3%，但是全年的实际赤字率已经达到了 3.5%，这也进一步增加了 2016 年提高预算赤字率的必要性。从 2008 年全球金融危机后发达国家的政策实践来看，为应对经济的长期衰退，政府财政赤字率均比危机之前大幅上升（表 3）。例如，2009~2011 年美国、日本、英国等主要经济体的财政赤字率达到 10% 左右，即使到 2015 年美国财政赤字率依然达到了 3.7%，日本为 5.2%，英国为 4.4%，均显著高于危机前的水平[①]。

表 3　主要经济体近十年财政赤字率变化情况（单位：%）

年份	2006	2007	2008	2009	2010	2011	2012	2013	2014	2015
美国	2.0	2.9	6.7	13.2	10.9	9.6	7.9	4.4	4.1	3.7
英国	2.9	3.0	5.0	10.7	9.6	7.7	7.7	5.6	5.6	4.4
日本	3.7	2.1	4.1	10.4	9.3	9.8	8.8	8.5	6.2	5.2
发达经济体	1.4	1.1	3.5	8.7	7.6	6.3	5.4	3.7	3.2	3.0
欧元区	1.5	0.6	2.2	6.3	6.2	4.2	3.7	3.0	2.6	2.0
新兴经济体	-1.4	-0.9	-0.8	3.7	2.0	0.9	1.1	1.7	2.5	4.5

资料来源：IMF. World economic outlook database

　　第二，可行性方面，考虑到中国政府债务率水平相对较低且外债占比很小，财政预算赤字率有较大的提升空间。截至 2015 年年底，中国中央政府债务余额为 10.66 万亿元，地方政府债务余额为 16 万亿元，政府债务总计占 GDP 比重约为 40%，这在全球范围内处于较低水平。相比之下，日本政府债务占 GDP 比重已经接近 250%，美国、英国等欧美发达国家政府债务占 GDP 的比重也都超过了 100%[②]。不仅如此，中国政府债务中外债占比更是处于极低水平，截至 2015 年年底，国债余额中外债占比只有 1.1%。这使得政府债务的可持续性更强、风险更加可控，从而进一步拓宽了财政赤字率的上升空间[③]。

　　2. 13% 左右的 M2 增速预期值设定合理

　　2009 年以来，伴随着货币政策定位由适度宽松调整为稳健，每年 M2 增速预期值一直是与上一年持平或下调，已由 2009 年的 17% 下降至 2015 年的 12%。但是，2016 年出现了一个明显变化，根据政府工作报告内容，"广义货币 M2 预期增长 13% 左右"，比 2015 年预期值提高了 1 百分点，这是自 2009 年以来中国首次上调 M2 增速预期值。

　　中国人民银行前副行长吴晓灵曾指出，货币供应量计划"基本上按 M2 的增长幅度

---

　　① 尤其中国目前在现实中仍缺乏宏观审慎政策的有效配合，货币政策在"稳增长"与"防风险"两难困境下操作空间不断收窄，所以宏观政策只能更多依靠积极的财政政策发力，从而需要进一步提高预算赤字率。

　　② 一些观点认为目前 3% 的预算赤字率触及了国际警戒线，因而可能存在一定风险。但实际上，此类观点值得商榷。3% 的警戒线实际上仅是欧盟成员国签署的《马斯特里赫特条约》中一项条款，其规定欧盟成员国必须将财政赤字和公共债务占本国 GDP 的比重分别控制在 3% 和 60% 以下。这一"一刀切"规定并非科学标准，缺乏经济理论基础，财政赤字率的标准应根据各个国家的经济增长率、债务水平等因素进行调整（Benassy-Quere et al., 2010）。

　　③ 关于财政政策空间的论述具体参见分报告二。

等于 GDP 的增长率+CPI 计划调节率放大 2%~3%掌握的"[①]。按此规则，如表 4 所示，2013~2015 年 M2 增速预期值一直仅高出 GDP 增速目标和 CPI 涨幅目标之和 2%，处于 M2 增速预期值区间的下限。对于 2016 年 13%左右的 M2 增速预期值而言，若以 7%的 GDP 增速目标上限计算，高出 GDP 增速目标和 CPI 涨幅目标之和 3%，达到了 M2 增速预期值区间的上限；若以 6.5%的 GDP 增速目标下限计算，更是会高出 3.5%。由此表明，2016 年货币政策可能名义上定位于"稳健"，但实际上是"稳健略偏宽松"[②]。考虑到经济下行压力的加大，2016 年上调 M2 增速预期值是较为合理的选择[③]。

表 4　近年来 M2 增速预期值、GDP 增速目标与 CPI 涨幅目标变化情况（单位：%）

年份	货币政策定位	M2 增速预期值	GDP 增速目标	CPI 涨幅目标	M2-GDP-CPI
2009	适度宽松	17	8	4	5
2010	适度宽松	17	8	3	6
2011	稳健	16	8	4	4
2012	稳健	14	7.5	4	2.5
2013	稳健	13	7.5	3.5	2
2014	稳健	13	7.5	3.5	2
2015	稳健	12	7	3	2
2016	稳健	13	6.5~7	3	3~3.5

3. 首次增设社会融资规模余额增速预期值有助于在短期内监测资金流向，但长期而言社会融资规模不宜作为货币政策的中介指标

不同于历年政府工作报告中"保持社会融资规模合理增长"、"引导货币信贷和社会融资规模适度增长"或"保持货币信贷和社会融资规模平稳增长"等定性表述，2016 年政府工作报告首次明确地提出"社会融资规模余额增长 13%左右"。

之所以在公布 M2 增速预期值的同时提出社会融资规模余额增速预期值，可能主要有以下两方面考虑：一是随着金融创新的不断深化，企业不再依赖于银行信贷，更多地通过银行表外业务、股票和债券等其他渠道进行融资，M2 与实体经济的相关性不断减弱。社会融资规模则因为包含了对上述融资方式的统计，与实体经济的相关性已逐步优于 M2，从而可以更加准确地反映金融体系对实体经济的支持力度（元惠萍和刘飒，2013；周先平等，2013）。二是社会融资规模指标能反映实体经济通过不同金融工具融资的结

[①] 资料来源：吴晓灵. M2 的连续高增长是促发通胀的重要原因. 腾讯财经，http://finance.qq.com/a/20101211/001623.htm，2010-12-11. 这一机制背后反映的是货币数量论思想。根据货币数量论推导，得出 $\Delta M = \Delta Y + \Delta P - \Delta V$。其中，$\Delta M$ 为货币供应量增速；ΔY 为经济增速；ΔP 为物价水平涨幅；ΔV 为货币流通速度变化率。

[②] 2016 年 2 月底，中国人民银行行长周小川在 G20 首次财长和央行行长会议新闻发布会上曾表示，中国人民银行的货币政策处于稳健略偏宽松的状态。具体内容请参见：余雪菲. 周小川首提货币政策"稳健略偏宽松". 新华网，http://news.xinhuanet.com/finance/2016-02/27/c_128757564.htm，2016-02-27.

[③] 但从实际操作来看，货币政策仅在第一季度达到了预期目标，M2 增速达到了 13.4%。自第二季度以来，M2 增速均没有达到 13%，甚至在 5 月以后一直在 12%以下。M2 增速之所以难以达到预期值，主要是因为中国人民银行担心流动性充裕会导致房价等资产泡沫化趋势加剧。这也印证了本报告所做出的必要性要加强"稳健略偏宽松的货币政策+偏紧的宏观审慎政策"这一组合协调配合的判断。

构，以及不同地区与部门的融资结构变化，比 M2 更有助于监测资金的动态流向（盛松成，2012）。

鉴于社会融资规模的上述优势，有观点认为社会融资规模可以成为货币政策新的中介指标。但是，这一观点并不正确。当前社会融资规模与实体经济的相关性虽然好于 M2，但随着金融创新的深化，其与实体经济的相关性也在不断下降[①]（陈小亮等，2016）。而且，社会融资规模在可测性与可控性方面也存在一些不足，从而不符合货币政策中介指标所需满足的基本原则[②]（陈小亮，2016）。因此，社会融资规模只能作为货币政策由数量型向价格型转型中的短期过渡性目标，不能长期作为货币政策的中介指标。

4. 当前对货币政策价格型中介指标重视程度依然不够，应增加对其预期值的相关表述

伴随着近年来存贷款利率上限的逐步放开，中国的利率市场化改革持续推进[③]。从国际经验来看，利率市场化过程中金融创新会不断深化，从而导致数量型货币政策中介目标的有效性不断下降。与此同时，政策利率作为各项金融产品的定价基准，其重要性在不断上升。因此，大多数国家在利率市场化过程中往往选择放弃数量型中介指标，而转向锚定价格型中介指标（盛松成和翟春，2015）。以美国为例，20 世纪 70 年代的货币政策中介目标是 M1。伴随金融创新的推进，M1 与实体经济之间的稳定关系被打破，美联储尝试将更广义的货币总量 M2 作为新的中介目标。但是，随着金融创新的进一步深化，到 20 世纪 90 年代初期 M2 与经济活动的相关性也被打破。面对这一情形，美联储转变思路，彻底放弃数量型中介目标，从 1993 年正式开始使用联邦基金利率这一价格型中介指标。国内大量实证分析也表明，中国货币需求函数已经随着金融创新的深化而变得越来越不稳定，数量型中介指标相较于价格型中介指标的优越性基本不存在，货币政策更应高度关注价格型中介指标（胡志鹏，2012；伍戈和李斌，2016）。

但是，中国对利率等价格型中介指标的重视程度依然不足。相较于对 M2 等数量型中介指标的详细论述，2016 年政府工作报告对价格型中介指标的论述较为笼统，仅有"要统筹运用公开市场操作、利率、准备金率、再贷款等各类货币政策工具"和"降低融资成本"等定性表述，更是缺乏对价格型中介指标预期值的具体说明。相比之下，美国等国家均会对利率等价格型中介指标进行明确的说明。例如，2016 年 9 月在联邦公开市场委员会会议纪要中，美联储公开声明"继续将联邦基准利率保持在 0.25%~0.5%内"。因

---

① 陈小亮等（2016）的实证研究结果表明，在金融创新加速发展之前（2002~2009 年），GDP 对社会融资规模脉冲响应的峰值可达到接近 0.014 的水平。而在金融创新加速发展之后（2010~2015 年），GDP 对社会融资规模脉冲响应的峰值仅为 0.007，与 2002~2009 年相比下降了 50%。

② 理论表明，除与实体经济的相关性，货币政策中介指标还需要具有可测量性与可控性。就可测性而言，目前规模较大的民间借贷未被纳入社会融资规模，就是因为这一部分难以统计；而即使被纳入的互联网金融是金融创新的产物，其可测性本身就相对较差，而且随着金融创新的深入其可测性将越来越差。就可控性而言，货币政策的调控主体是中国人民银行，但是社会融资规模与中国银监会、中国证券监督管理委员会、中国保险监督管理委员会等诸多部门直接相关，在"分业经营、分业监管"的大环境下，中国人民银行调控社会融资规模将面临很高的协调成本。

③ 有观点认为放开存款利率上限是利率市场化的最后一步，但这一观点有些片面。利率市场化的前提条件是市场主体多元化、存款保险制度、金融机构退出制度、高层经营管理人员市场化任命制度等一系列基本制度的建立与完善。特别是，要打破银行的市场准入和破除国有银行垄断，让更多的民间资本来开办民营银行尤其是大型民营银行，从而推动市场主体多元化，推动利率市场化（郭豫媚，2014）。

此，中国应进一步补充与细化对价格型中介指标的相关表述，发挥价格型中介指标的引导作用。

四、结　　语

设定合理的政策目标并运用恰当的政策工具，是制定宏观政策的核心。基于此，本报告结合现代宏观经济理论与中国经济实际情况，对 2016 年宏观政策目标与工具进行全面系统的评价。

宏观政策目标方面，第一，2016 年宏观政策定位于"稳增长、调结构、惠民生、防风险"，虽然偏离了现代宏观经济理论所建议的经济与金融双重稳定的目标，但当前纳入"调结构"和"惠民生"主要是基于结构调整压力加大、贫富差距较高与扶贫任务较重等现实考虑，具有一定的必要性与合理性。第二，GDP 增速目标定在 6.5%~7%，符合中国经济运行的实际需要。7% 的增速上限与中国经济的潜在增速相适应，6.5% 的增速下限则与实现百年目标的刚性增长任务相契合，同时 6.5%~7% 的增速能保证就业形势的稳定。第三，2016 年将 CPI 涨幅目标设定在较高水平的意图是正确的，由此可以制造公众的通胀预期，以达到提振经济的目的。但是，当前 3% 左右的目标值略有偏高，使通胀目标的可信度下降，调整至 2.5% 左右或更为合适。

宏观政策工具方面，第一，宏观政策的工具组合并未达到最优，难以实现"稳增长"与"防风险"两大目标。应将"积极的财政政策+稳健的货币政策"调整为"积极的财政政策+稳健略偏宽松的货币政策+偏紧的宏观审慎政策"。具体而言，"积极的财政政策+稳健略偏宽松的货币政策"既能发挥货币政策对经济的逆向调节作用，又能强化财政政策与货币政策的协调配合，从而更好地"稳增长"。"偏紧的宏观审慎政策"的补充配合，则能有效降低"稳健略偏宽松的货币政策"可能引发的资产泡沫化风险，更有效地实现"防风险"。第二，具体到财政政策，财政预算赤字率由 2.3% 提高到 3%，符合财政政策的积极定位。而且由于中国政府债务率水平较低且外债占比很小，这一调整也具有可行性。第三，具体到货币政策，考虑到经济下行压力的持续加大，M2 增速预期值自 2009 年以来来首次上调，设定为 13% 左右是较为合理的。首次增设的社会融资规模余额增速 13% 左右的预期值短期内有助于监测资金流向，但长期内不宜作为货币政策的中介指标。此外，鉴于价格型中介指标重要性不断提升，应补充与细化对价格型中介指标的相关表述。

参 考 文 献

蔡昉，陆旸. 2015. 以潜在增长率确定增速目标. 中国经济报告，（1）：30-32.

陈小亮. 2016-04-04. 除了 M2，为什么还要看社会融资规模? 经济观察报，第 7 版.

陈小亮，陈惟，陈彦斌. 2016. 社会融资规模能否成为货币政策中介目标? ——基于金融创新视角的实证研究. 经济学动态，（9）：69-79.

陈彦斌，刘哲希. 2016. 经济增长动力演进与"十三五"增速估算. 改革，（10）：106-117.

郭豫媚. 2014. 提高银行业竞争程度是实现利率市场化的必要条件. 人文杂志,（10）: 32-34.

郭豫媚, 陈彦斌. 2015. 中国潜在经济增长率的估算及其政策含义: 1979—2020. 经济学动态,（2）: 12-18.

郭豫媚, 陈伟泽, 陈彦斌. 2016. 中国货币政策有效性下降与预期管理研究. 经济研究,（1）: 28-41, 83.

胡志鹏. 2012. 中国货币政策的价格型调控条件是否成熟? ——基于动态随机一般均衡模型的理论与实证分析. 经济研究,（6）: 60-72.

金鹏辉, 张翔, 高峰. 2014. 银行过度风险承担及货币政策与逆周期资本调节的配合. 经济研究,（6）: 73-85.

刘凯. 2016-10-11. 密切关注金融风险点之间的联动和传导. 中国经济导报, 第 A03 版.

盛松成. 2012. 社会融资规模与货币政策传导. 金融研究,（10）: 1-14.

盛松成, 翟春. 2015. 中央银行与货币供给. 北京: 中国金融出版社.

王元京. 2010. 1998 年以来财政资金与信贷资金配合使用的模式. 金融理论与实践,（2）: 44-50.

吴国培, 王伟斌, 张习宁. 2015. 新常态下的中国经济增长潜力分析. 金融研究,（8）: 46-63.

伍戈, 李斌. 2016. 货币数量、利率调控与政策转型. 北京: 中国金融出版社.

贤青. 2015-09-16. 未来 5 年潜在增长率为 6% 到 7%. 经济参考报, 第 007 版.

杨耀武, 杨澄宇. 2015. 中国基尼系数是否真地下降了? ——基于微观数据的基尼系数区间估计. 经济研究,（3）: 75-86.

元惠萍, 刘飒. 2013. 社会融资规模作为金融宏观调控中介目标的适用性分析. 数量经济技术经济研究,（10）: 94-108.

周先平, 冀志斌, 李标. 2013. 社会融资规模适合作为货币政策中介目标吗? 数量经济技术经济研究,（10）: 52-56.

Benassy-Quere A, Coeure B, Jacquet P, et al. 2010. Economic Policy: Theory and Practice. Oxford: Oxford University Press.

Bernanke B, Mishkin F S. 1997. Inflation targeting: a new framework for monetary policy? Journal of Economic Perspectives, 11（2）: 97-116.

Bernanke B, Gertler M. 2001. Should central banks respond to movements in asset prices? American Economic Review, 91（2）: 253-257.

Bernanke B, Woodford M. 2005. The Inflation-Targeting Debate. Chicago: University of Chicago Press.

Bernanke B, Gertler M, Gilchrist S. 1999. Financial accelerator in a quantitative business cycle framework. Handbook of Macroeconomics, 1: 1341-1393.

Bianchi F, Ilut C. 2014. Monetary/fiscal policy mix and agents' beliefs. National Bureau of Economic Research Working Paper, No. 20194.

BIS. 2014. 84th BIS annual report.

Blanchard O, Dell'Ariccia G, Mauro P. 2010. Rethinking macroeconomic policy. Journal of Money, Credit and Banking, 42（S1）: 199-215.

Borio C. 2014. The financial cycle and macroeconomics: what have we learnt? Journal of Banking & Finance, 45（8）: 182-198.

Borio C, Zhu H. 2008. Capital regulation, risk-taking and monetary policy: a missing link in the transmission mechanism? Bank for Internationl Settlements Working Paper, No. 268.

Cecchetti S G. 2016. On the separation of monetary and prudential policy: how much of the precrisis consensus remains? Journal of International Money & Finance, 66: 157-169.

Clarida R, Gali J, Gertler M. 1999. The science of monetary policy. Journal of Economic Literature, 37: 1661-1707.

DeLong J, Summers L. 2012. Fiscal policy in a depressed economy. Brookings Papers on Economic Activity, 44: 233-297.

Eggertsson G B, Woodford M. 2003. Policy options in a liquidity trap. American Economic Review, 94（2）: 76-79.

Friedman M. 1968. The role of monetary policy. American Economic Review, 58（1）: 1-17.

Gambacorta L. 2009. Monetary policy and the risk-taking channel. Bank for Internationl Settlements Quarterly Review, December.

Gertler M, Kiyotaki N, Queralto A. 2012. Financial crises, bank risk exposure and government financial policy. Journal of Monetary Economics, 59（33）: 17-34.

IMF. 2013. Unconventional monetary policies—recent experience and prospects. International Monetary Fund Staff Paper, Washington D C.

Krugman P. 1999. Deflationary spirals. http://web.mit.edu/krugman/www/spiral.html.

Krugman P. 2008. The Return of Depression Economics and the Crisis of 2008. New York: W. W. Norton & Company.

Minsky H P. 1986. Stabilizing an Unstable Economy. New Haven: Yale University Press.

Mishkin F S. 2010. The Economics of Money, Banking, and Financial Markets. Boston: Addison-Wesley.

Mishkin F S. 2011. Monetary policy strategy: lessons from the crisis. National Bureau of Economic Research Working Paper, No. 16755.

Orphanides A. 2003. The quest for prosperity without inflation. Journal of Monetary Economics, 50（3）: 633-663.

Reinhart C, Rogoff K. 2009. The aftermath of financial crises. American Economic Review, 99（2）: 466-472.

Taylor J. 2007. Housing and monetary policy. Paper for the Symposium on Housing, Housing Finance, and Monetary Policy, Federal Reserve Bank of Kansas City, Economic Symposium Conference Proceedings.

Woodford M. 2003. Interest and Prices: Foundations of a Theory of Monetary Policy. Princeton: Princeton University Press.

Yellen J L. 2014. Monetary policy and financial stability. The 2014 Michel Camdessus Central Bank Lecture, International Monetary Fund, July 2th.

分报告二 宏观政策力度、效率与空间评价[①]

政策力度和政策效率是决定宏观政策效果的两个重要因素。为了实现既定的调控目标，需要政策力度达到一定的水平。但是，如果政策效率不高，即使加大政策力度可能也难以实现调控目标。以欧元区为例，为应对 2008 年全球金融危机之后经济复苏疲软的困境，欧洲中央银行采取了持续大幅降息、定向长期再融资操作（targeted long term refinancing operation，TLTRO）、量化宽松甚至负利率等一系列常规和非常规的宽松货币政策，政策力度之大前所未有。但是，直到目前欧元区的经济增速仍然没有恢复到危机前的水平，通胀率也明显低于 2%的目标值。这主要是因为货币政策传导机制不畅通、政策效率较低，尤其是在宽松货币政策环境下，银行并未及时有效地增加对企业和家庭部门的贷款（李亮，2013；肖立晟，2014）。

除了政策力度和政策效率，政策空间也不容忽视，因为政策空间决定了未来政策的可持续性。在应对经济下行压力时，如果政策不可持续很容易打击市场信心，进而导致宏观调控的效果大打折扣。以日本为例，安倍经济学"第一支箭"（松财政）和"第二支箭"（宽货币）落地之后收到了一定成效。然而，安倍政府在 2014 年 4 月将消费税率从 5%提高到 8%，打击了市场信心，将刚刚好转的经济压了下去。究其原因，泡沫经济破灭之后的 20 余年里日本实施的积极财政政策导致政府债务规模日益扩大，政府债务占 GDP 的比重已经从 1990 年的 67%上升到了 2014 年的 246%，在全世界范围内几乎是最高水平。因此，日本的财政政策空间已经非常狭窄，财政政策不可持续。通过分析政策空间不仅可以更好地审视当年宏观政策力度的合理性，而且可以前瞻性地判断后续宏观政策的调整方向和政策力度。有鉴于此，本报告从力度、效率和空间三方面分析 2016 年中国宏观政策的效果。

一、2016 年宏观政策的效果欠佳

考虑到"稳增长"是目前宏观政策的首要目标，本报告重点关注宏观政策在"稳增

[①] 作者：陈小亮，中国社会科学院经济研究所《经济研究》编辑。

长"方面的效果。2016 年政府工作报告制定的增长目标是"国内生产总值增长
6.5%~7%"①,在"积极的财政政策和稳健的货币政策"②的作用下,2016 年中国 GDP
增速为 6.7%,其中前三个季度稳定在 6.7%,第四季度略微反弹至 6.8%。表面上宏观政
策基本完成了"稳增长"的目标,但是通过深入分析可以发现 2016 年宏观政策的效果并
不尽如人意。

1. 剔除房地产的拉动效应,2016 年的增长目标并没有实现

2016 年以来,四大一线城市和"二线四小龙"等部分城市的房价持续大幅上涨,前
三个季度 70 个大中城市中有 14 个城市的房价涨幅超过 20%,南京、合肥、厦门和深圳
的房价涨幅更是超过 40%③。房价上涨带动了房地产行业的繁荣发展,2015 年房地产行
业增加值增速为 3.8%,而 2016 年则升至 8.3%。通过测算可以发现,2016 年房地产拉动
GDP 增长 0.56 百分点,比 2015 年提高了多达 0.33 百分点(表 1)。但是,一线和二线
城市已经呈现出房价泡沫化风险,三线和四线城市则出现了住房供给过剩风险(陈小亮,
2016),因此类似于 2016 年这样的发展态势是难以持续的。如果房地产对 GDP 的拉动
效果维持在 2015 年的水平,那么 2016 年 GDP 增速将会降至 6.37%,跌出 6.5%~7%的目
标。需要注意的是,房地产具有很强的产业关联性,既与钢铁、水泥等上游产业相关联,
又与家电、室内装潢等下游产业相关联,还与金融业、商业等服务业相关联(王国军和
刘水杏,2004;陈彦斌和闫衍,2014)。如果再将房地产对这些行业的拉动效应剔除,
那么 2016 年中国的 GDP 增速将进一步下降。

表 1　房地产对经济增长的拉动效果估算

时间	GDP 增速/%	房地产增加值 同比增速/%	房地产 对 GDP 的贡献率/%	房地产拉动 GDP 的百分点数
2015 年 1~3 月	7.0	1.0	0.9	0.06
2015 年 1~6 月	7.0	2.9	2.6	0.18
2015 年 1~9 月	6.9	3.6	3.2	0.22
2015 年 1~12 月	6.9	3.8	3.4	0.23
2016 年 1~3 月	6.7	9.1	9.3	0.62
2016 年 1~6 月	6.7	9.0	8.9	0.59
2016 年 1~9 月	6.7	8.9	8.7	0.58
2016 年 1~12 月	6.7	8.6	8.3	0.56

注: 参考《中国统计年鉴》计算消费、投资和净出口对 GDP 贡献率和拉动百分点的方法,将房地产对 GDP 的贡献率定
义为房地产增加值的增量与 GDP 增量之比,将房地产拉动 GDP 的百分点定义为 GDP 增速与房地产对 GDP 贡献率的乘积

---

① 增长目标引自 2016 年政府工作报告的第三部分"2016 年重点工作"。

② 这是 2016 年政府工作报告对宏观政策的定位,引自 2016 年政府工作报告的第三部分"2016 年重点工作"。

③ 如无特别说明,本报告中的宏观经济数据均引自国家统计局或者 Wind 数据库。

2. 2016年中国经济仍然存在负产出缺口

宏观政策旨在使用货币政策和财政政策调节总需求，使经济体的实际增速向潜在增速靠拢，从而熨平产出缺口，正因如此宏观政策又被称为稳定化政策（stabilization policy）。理论上，宏观政策的最佳效果应该是产出缺口为零。为了更准确地评估2016年宏观政策的效果，"大宏观"团队对中国的潜在增速和产出缺口进行了测算。

测算潜在增速通常使用增长核算模型，其中对要素产出弹性的估计尤为关键，但是当前国内研究仍存在两点不足。一是已有研究大都简单地将生产函数对数线性化后进行普通最小二乘回归（ordinary least square，OLS），并将TFP视为残差项，但TFP与产出显著正相关，而产出又通过储蓄影响资本积累，所以残差项（TFP）与解释变量（资本）正相关，从而出现内生性问题。二是改革开放以来经济结构不断调整，要素产出弹性随之改变，但OLS方法估计的要素产出弹性是样本区间内的平均值，无法体现这一特征。针对第一点不足，Klenow和Rodriguez（1997）以及Hall和Jones（1999）等提出了资本密度法加以完善。针对第二点不足，有学者使用状态空间模型加以完善（Fuentes and Morales，2011；吴国培等，2015）。

有鉴于此，"大宏观"团队综合使用资本密度方法和状态空间方法对要素产出弹性进行估计，并在此基础上进行增长核算。首先，借鉴郭豫娟和陈彦斌（2015）等的做法，将生产函数设定为

$$Y_t = A_t K_t^{\alpha_t} H_t^{\beta_t} = A_t K_t^{\alpha_t} (L_t E_t)^{\beta_t} \tag{1}$$

其中，$\{Y_t, A_t, K_t\}$分别表示实际产出、TFP以及资本存量；H_t为劳动数量L_t与人力资本存量E_t的乘积，表示附加人力资本的劳动。参数α_t和β_t分别表示资本及附加人力资本劳动的产出弹性。然后，设定如下状态空间模型。

量测方程：

$$\ln Y_t / H_t = c + t + \lambda_t \ln K_t / Y_t + \gamma_t \tag{2}$$

状态方程：

$$\lambda_t = b + \theta \lambda_{t-1} + \xi_t \tag{3}$$

其中，λ_t为状态变量；θ为自回归系数；γ_t和ξ_t为独立且服从正态分布的随机扰动项；c和b为截距项；t为时间趋势项，以控制TFP的趋势变动[①]。

测算结果表明，2016年中国经济潜在增速约为7.4%，与蔡昉和陆旸（2015）以及吴国培等（2015）的测算结果较为一致[②]。由于2016年中国经济实际增速为6.7%，基于木报告测算的潜在增速可以得出，中国经济仍然存在0.7百分点的负产出缺口，而且与2015年相比负产出缺口也没有收窄[③]。这进一步表明，2016年中国宏观政策的效果欠佳。

---

① 有关模型及其测算过程的更详细论述参见陈彦斌和刘哲希（2016）。

② 蔡昉和陆旸（2015）测算发现2016年中国经济潜在增速为7.1%，吴国培等（2015）的测算结果为7.2%。

③ 2015年中国GDP实际增速是6.9%，潜在增速是7.6%，负产出缺口同样为0.7百分点。

二、货币政策力度有所不足，财政政策力度尚可

（一）货币政策力度评价

当前中国货币政策正在由数量型向价格型转型，而且实践中同时使用数量型工具和价格型工具，因此评价货币政策力度应该从数量型和价格型指标两方面入手。就数量型指标而言，2016 年政府工作报告中同时制定了 M2 增速和社会融资规模余额增速的目标值，因此本报告借助这两个指标来评价数量型货币政策的力度大小。就价格型指标而言，政府工作报告中并没有给出明确的指标及目标值，不过理论和国际经验都表明，利率是最重要的价格型指标，因此本报告使用利率来评价价格型货币政策的力度大小。从 2016 年的货币政策执行情况来看，货币政策力度有所不足。

1. 就数量型指标而言，M2 和社会融资规模的实际力度均没有达到目标值

2016 年政府工作报告制定的货币政策目标如下，"广义货币 M2 预期增长 13% 左右，社会融资规模余额增长 13% 左右"。其一，2016 年 M2 同比增速只有 11.3%，明显低于"13% 左右"的目标值。其二，2016 年社会融资规模余额增速为 12.8%，勉强实现了"13% 左右"的目标值。但是，2016 年 5~10 月社会融资规模余额增速一直低于 13%，11 月达到了 13.3%，12 月再次降至 13% 以下（图 1），考虑到货币政策从出台到发挥效果存在时滞[①]（一般认为货币政策的时滞为 6 个月），因此货币政策在本年度的实际力度将大打折扣。

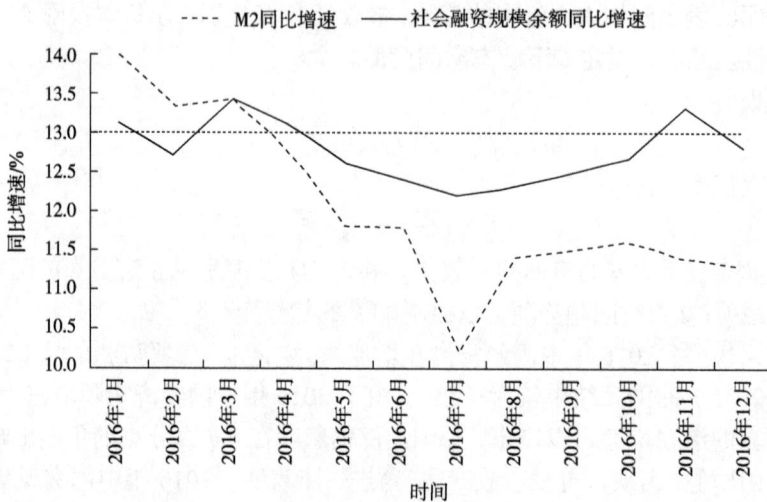

图 1　M2 增速和社会融资规模余额增速走势

---

① 政策时滞分为内在时滞和外在时滞，内在时滞是从冲击发生到应对冲击的政策出台所经历的时间，外在时滞是从政策出台到发挥效果所经历的时间。本报告重点关注的是政策出台之后是否有充分的时间发挥效果，因此主要分析外在时滞。下文所提及的财政政策时滞同样如此。

M2 由基础货币与货币乘数的乘积决定，2016 年以来货币乘数持续升高，已达近 10 年的最高水平，可见 M2 增速没有达到目标主要是因为基础货币增速偏低[①]。基础货币增速在前两个季度处于负增长局面，虽然从第三季度开始由负转正，但是增速仍然明显偏低。2012~2015 年基础货币增速平均为 8.4%，而 2016 年前三个季度只有 2.4%（图 2）。中国的基础货币主要以外汇占款的形式投放，当前基础货币增速偏低恰恰是外汇占款大幅下降所致，从"8·11 汇改"到 2016 年 10 月，外汇占款降幅多达 14.3%，其中 2016 年 1~10 月外汇占款减少了 2.2 万亿元。面对外汇占款的持续下滑，中国人民银行主要通过公开市场逆回购、中期借贷便利以及抵押补充贷款等工具补充基础货币[②]，但是目前来看基础货币投放量仍然不足。

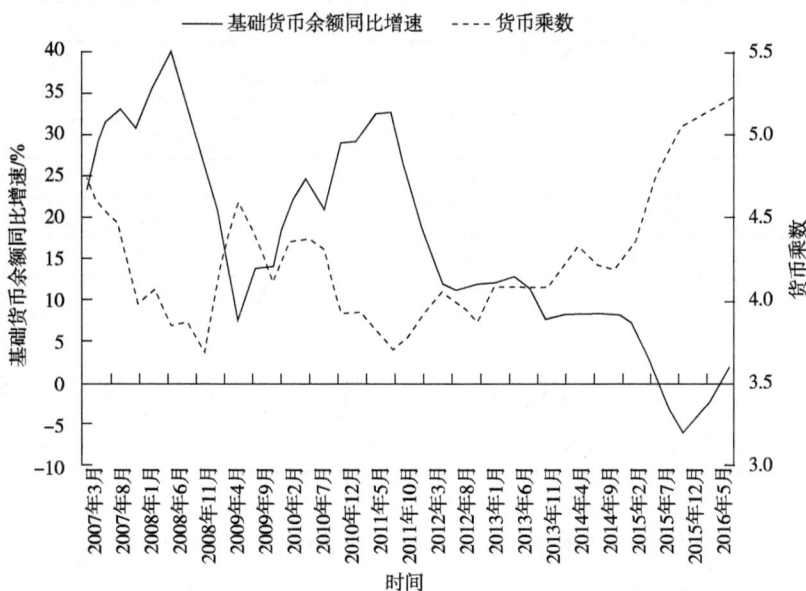

图 2　M2 增速分解——基础货币增速和货币乘数走势

社会融资规模余额增速不及目标值是银行贷款增速下降、未贴现银行承兑汇票和外币贷款持续负增长等因素共同导致的。考虑到人民币贷款在社会融资规模中占据主导地位，而且人民币贷款走势是货币政策操作的直接反映，因此重点关注人民币贷款的走势。从表 2 可以看出，人民币贷款在第一季度发力之后明显回落，2016 年全年人民币贷款余额增速只有 13.4%，比 2016 年一季度降低了 1.1 百分点之多，即便与 2015 年相比也低

---

① 关于 M2 增速未达预期目标的原因，有观点认为是以理财产品为主的金融创新导致 M2 作为货币政策中介目标的有效性下降，还有观点认为 2015 年股灾后救市导致 2015 年 M2 基数较大。对于前者，理财产品早已经发展多年，而且 2014 年与 2015 年理财产品余额增速分别高达 46.68% 和 56.46%，而 2016 年上半年理财产品余额增速为 41.9%，反而有所降低。对于后者，2015 年股灾及救市行为主要发生在 5~7 月，而 2016 年 7 月以后的 M2 增量与 2015 年同期相比仍然偏低，比 2016 年 1~4 月也要低，这说明基数效应也不是决定性因素。因此，本报告认为 M2 增速偏低的根本原因还是货币政策力度不足。

② 引自中国人民银行发布的《2016 年第三季度中国货币政策执行报告》。

了 0.5 百分点①。考虑到 2016 年全年只有一次降准操作，可知货币政策并没有为提高社会融资规模余额增速做出足够的努力。

表 2　社会融资规模余额及其各分项增速（单位：%）

时间	社会融资规模余额	人民币贷款	外币贷款	委托贷款	信托贷款	未贴现银行承兑汇票	债券	股票
2015 年 3 月	13.1	14.0	-7.2	23.6	4.6	-7.6	25.0	13.7
2015 年 6 月	12.0	13.8	-6.2	18.4	1.7	-10.4	19.1	17.3
2015 年 9 月	12.5	14.0	-7.5	18.8	4.2	-10.8	20.4	17.4
2015 年 12 月	12.5	13.9	-13.0	17.2	0.8	-14.8	25.1	20.2
2016 年 1 月	13.1	14.9	-17.8	19.1	2.9	-15.8	25.3	22.3
2016 年 2 月	12.7	14.3	-19.3	19.2	3.4	-20.3	26.9	22.7
2016 年 3 月	13.4	14.5	-20.2	19.6	4.9	-19.0	30.6	22.2
2016 年 4 月	13.1	14.1	-21.3	20.9	5.5	-22.9	31.6	22.7
2016 年 5 月	12.6	14.0	-21.7	22.1	6.1	-31.2	30.0	23.6
2016 年 6 月	12.4	13.8	-23.0	22.1	6.6	-34.1	29.7	23.2
2016 年 7 月	12.2	13.6	-23.7	22.5	7.1	-38.5	29.8	24.3
2016 年 8 月	12.3	13.5	-25.0	22.5	7.5	-37.6	29.6	25.4
2016 年 9 月	12.5	13.6	-21.0	21.0	9.8	-39.8	28.5	27.6
2016 年 10 月	12.7	13.5	-17.6	20.1	11.2	-39.1	27.6	29.8
2016 年 11 月	13.3	13.4	-14.6	20.9	14.8	-34.4	27.6	30.1
2016 年 12 月	12.8	13.4	-12.9	19.8	15.8	-34.4	22.5	27.6

2. 就价格型指标而言，实际利率不降反升，政策力度同样有所不足

评价价格型货币政策松紧程度应该使用实际利率而非名义利率。因为影响企业投资和家庭消费决策的是实际利率。尤其是，经济下行时期价格水平通常较低甚至出现通缩，即使名义利率很低，实际利率也可能处于较高水平。美国大萧条和日本大衰退的案例都充分表明，如果用名义利率走势来判断货币政策松紧，很有可能出现错误。以大萧条为例，早期的凯恩斯主义者认为，当时名义利率（国库券利率）已经降到 1% 以下，达到极低的水平，说明货币政策已经非常宽松。以弗里德曼为代表的货币主义者则指出，虽然名义利率已经降至较低水平，但是大萧条时期处于严重通缩状态，导致实际利率持续居于 8% 左右的高位。据此，货币主义者强调，大萧条时期货币政策不仅不是宽松的，而且货币政策的紧缩程度超过了美国历史上以往任何时期（Mishkin，2012）。如果当时

---

① 有观点认为，社会融资规模余额增速未达目标值的主要原因是没有将债务置换考虑在内，而且 2016 年贷款增速相对较低同样是因为债务置换。其背后逻辑是，置换时需要银行购买地方政府债券，置换之前的"贷款"会变成置换之后的"金融机构购买债券"，由此导致贷款余额减少。这在统计上是成立的，但是债务置换过程中置换的是以往的债务，这部分债务和相应银行贷款角色的转换不会影响到家庭与企业的行为，因为对家庭和企业而言新增贷款更有意义。数据显示，2016 年 1~3 月、1~6 月、1~9 月新增贷款同比增速分别为 25.5%、14.7% 和 2.6%，由此可以看出，在经历了年初大规模信贷投放之后，第二季度和第三季度人民币贷款新增规模有限，说明货币政策力度不足。

美联储以实际利率为判断标准,采取更加宽松的货币政策,将会显著减弱大萧条的危害。

通过计算可以发现,2016 年第一季度中国的实际利率为 3.37%,而第二季度与第三季度则分别升高到了 3.68% 和 3.74%(图 3)。在通胀压力较小、民间投资增速持续大幅下滑的背景下,2016 年中国人民银行始终没有采取降息操作,反映出价格型货币政策的力度明显偏小。此外,根据经济增长理论,实际利率与经济增长率之间应该正相关。因为经济增长率越高,投资的预期回报率越高,那么企业对资金的需求也就越多,从而使实际贷款利率升高。反之,如果经济增长率降低,那么实际贷款利率也应该降低。中国的经济增速已经从 2011 年的 9% 降到了 2016 年的 6.7% 左右,然而实际利率却仍然处于2011 年以来的相对较高水平,这同样表明当前货币政策力度有所欠缺。

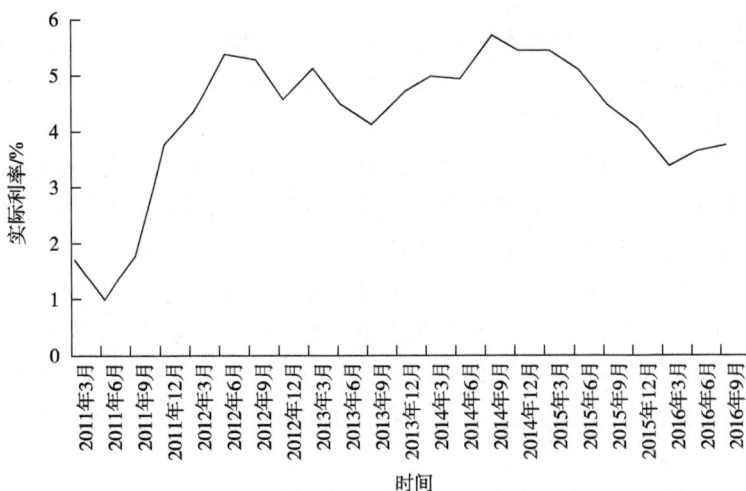

图 3 近年来中国实际利率的走势

目前一般使用金融机构一般贷款加权平均利率减去通货膨胀率来计算实际利率。关于通胀率的衡量指标,部分文献使用 CPI(王少平和陈文静,2008;刘金全和张小宇,2012),还有部分文献使用 PPI(方昕,2016;纪洋等,2016)。从历史数据来看,PPI 受大宗商品影响较大,波动性非常大。以 2016 年为例,PPI 由负转正主要是受煤炭等大宗商品的拉动,但是很多企业的融资成本并不受煤炭价格的影响,而且现实中企业融资成本的变化也没有像 PPI 反映出来的那么大(以 PPI 计算,实际利率已经从 2015 年第四季度的 11.5% 下降到 2016 年第三季度的 5.5%)。基于此,本报告使用 CPI 计算实际利率

2016 年货币政策力度不足主要是因为缺少宏观审慎政策的配合,货币政策在面临"衰退式泡沫"时受到掣肘。在经济下行时期,虽然宽松货币政策能够刺激经济增长,但是在实体经济投资回报率较低的情况下,宽松货币政策很容易导致"衰退式泡沫"的发生(刘凯,2016)。为了避免"衰退式泡沫",应该使用宏观审慎政策配合货币政策。宏观审慎政策能够对银行资本充足率和杠杆率等方面进行调节,降低金融体系的过度风险承担激励,从而有效抑制泡沫的形成(Gertler et al.,2012;Bianchi and Mendoza,2013)。2016 年一线和二线城市房价泡沫化趋势明显,这是典型的"衰退式泡沫",7 月和 10 月的中央政治局会议均提及要"抑制资产泡沫"。由于宏观审慎政策体系尚不健全,货币政策在一定程度上承担起防范泡沫的职责,《2016 年第三季度中国货币政策执行报告》明确提出,"要坚持稳健的货币政策","注重抑制资产泡沫和防范经济金融风险"。由此可以推知,中国人民银行为了"抑制资产泡沫"(目前主要是房价泡沫)正在有意

识地控制货币政策的力度。

（二）财政政策力度评价

从一系列重要会议和报告的表述来看，中央对 2016 年财政政策的定调较为积极。2015 年 12 月召开的中央经济工作会议指出，"积极的财政政策要加大力度"，"阶段性提高财政赤字率"。2016 年 3 月的政府工作报告表示，"积极的财政政策要加大力度"，"适度扩大财政赤字"①，通过 2016 年的财政政策执行情况可以发现，财政政策力度的确相对较大。

1. 赤字率达到近 20 年来的最高水平

为了完成"稳增长"的调控目标，政府工作报告将预算赤字率②从 2015 年的 2.3%提高到 2016 年的 3%，这是政府公布预算赤字率年份中首次达到 3%。即便 2009 年应对金融危机时，中国也只是提出"财政赤字合计 9 500 亿元，占国内生产总值比重在 3%以内"。

不过，政府公布的预算赤字率还不能准确反映财政政策的力度。政府公布的预算赤字率=［（一般公共预算支出+补充预算稳定调节基金和结转结余下年支出）-（一般公共预算收入+预算稳定调节基金调入和以前年度结转结余）］/GDP。其中，"预算稳定调节基金调入和以前年度结转结余"实际上是本年度的财政支出，但是计入了收入端；"补充预算稳定调节基金和结转结余下年支出"并不是本年度的实际支出，但是却算入了支出端，因此得出的赤字率并不能准确反映财政政策力度。按照赤字率的定义和国际通行做法，预算赤字率=（预算支出-预算收入）/GDP。类似地，实际赤字率=（实际支出-实际收入）/GDP。

根据国际通行做法修正赤字率计算公式，可以得出：2016 年的预算赤字率达到了 3.2%，比 2015 年大幅提高 0.7 百分点，是近 20 年以来的最高水平。就实际赤字率而言，2016 年实际赤字率达到了 3.8%，比 2015 年的实际赤字率（3.5%）再度提高了 0.3 百分点（图 4），因此 2016 年实际赤字率同样达到近 20 年来的最高水平③。

① 各个会议对财政政策的定调和表述分别引自对应会议的公告或者发布的报告。
② 本报告所指的赤字率是一般公共预算赤字率。根据 2014 年修订之后的《中华人民共和国预算法》（简称《预算法》），预算包括一般公共预算、政府性基金预算、国有资本经营预算、社会保险基金预算四部分，因此有学者认为衡量财政政策力度应该将它们全部考虑在内。本报告之所以没有加入其他三部分，主要基于如下几点考虑。第一，社会保险基金"专项用于社会保险"，与"稳增长"的直接关系不大。第二，国有资本经营预算虽然"安排资金调入一般公共预算"，但是规模非常小，2016 年的资金规模只占一般公共预算支出的 0.2%。第三，政府性基金支出的规模比较大，按照以往规律来看，80%左右是征地补偿等成本性支出，剩余部分"专项用于特定公共事业发展"，的确起到"稳增长"效果。但是，历史数据表明，绝大多数年份的政府性基金处于盈余状态。具体到 2016 年，政府性基金预算支出增速为 5.5%，2016 年 1~10 月实际支出增速达到了 8.5%，但是收入增速高达 12.3%，因此在政府性预算基金支出超出预算的同时出现了 2 478 亿元盈余。如果将政府性基金收支差额与一般公共预算收支差额合并，反而导致赤字规模变小。基于上述考虑，再加上政府报告和会议文件里使用的都是一般公共预算赤字率，本报告用一般公共预算赤字率衡量财政政策的力度。
③ 需要注意的是，当前中国赤字率的提升是主动提升而非财政收入下滑导致的被动提升。一个证据是，2015 年年底的中央经济工作会议和 2016 年政府工作报告都强调要加强财政策力度，由此足以体现出当前财政政策的积极态度。另一个证据是，2016 年财政支出进度明显加快，6 月就开始出现财政赤字，这是近 20 年来首次在上半年就出现赤字，同样表明赤字率是主动提升而非被动提升。

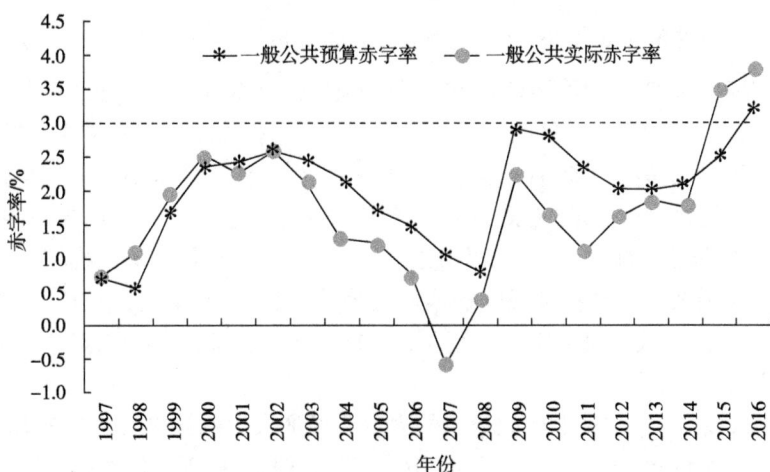

图4 近20年来一般公共财政预算赤字率和实际赤字率的走势

资料来源：作者根据财政部历年发布的报告计算得到

2. 政策执行进度明显加快，加大了财政政策的实际力度

仅使用赤字率尚不能全面评价财政政策的力度，还应借助政策执行进度加以评价，因为财政政策存在时滞，而时滞会影响到政策的实际力度。以往，中国财政年底"突击花钱"的现象较为普遍，1997~2010年，各年12月财政支出占全年预算财政支出的比重平均高达25.4%。近几年虽有明显改观，但是2015年12月财政支出占全年财政预算支出的比重仍然达到了15%①。考虑到政策时滞，突击花掉的这部分财政资金对经济的刺激效果将难以在当年显现出来，因此会使财政政策在当年的实际力度有所下降。值得欣慰的是，2016年中国的财政执行进度明显加快，到第三季度末财政支出已经超过全年的3/4（表3），这是2008年全球金融危机以来财政支出进度最快的一年，也是2016年财政政策力度加大的又一重要佐证。

表3 2008年全球金融危机以来财政预算执行进度的对比（单位：%）

年份	第一季度	第二季度	第三季度	第四季度
2009	16.8	37.9	59.3	99.5
2010	17.0	40.0	64.5	106.0
2011	18.0	44.3	69.3	108.7
2012	19.4	43.4	67.7	101.1
2013	19.6	43.2	66.2	101.1
2014	19.9	45.2	67.7	99.1
2015	19.1	45.1	70.4	102.5
2016	21.0	49.3	75.2	103.9

注：财政预算执行进度为某个时间点实际财政支出占该年度预算财政支出的比重，根据财政部公布的数据计算得到。执行进度大于100%表示实际财政支出超过预算财政支出

① 如果将一年的财政预算在12个月平均支出，那么每个月的财政支出占比大约相当于预算支出的8.3%。

3. 多项"准财政政策"共同发力，强化了财政政策的整体力度

除了常规财政政策，政府还使用 PPP 和专项建设基金等"准财政政策"辅助"稳增长"。关于"准财政政策"，目前尚无权威定义，不过根据政府相关文件表述可以看出，"准财政政策"是指借助于政府资金的导向作用，引导民间资本更好地参与公共服务领域的经济活动。例如，财政部《关于 2015 年中央和地方预算执行情况与 2016 年中央和地方预算草案的报告》指出，"强化财政资金政策的导向作用。大力推广政府和社会资本合作（PPP）模式"，"拉动民间资本进入公共服务领域"。关于政府引导资金，相关文件强调要"发挥政府投资引导作用"，"以易地扶贫搬迁等为重点科学合理使用专项建设基金"。

总体而言，2016 年"准财政政策"的力度明显加大。就 PPP 而言，2016 年 10 月财政部公布了第三批 PPP 示范项目，共有 516 个项目获批，投资总额达到 1.17 万亿元。与 2015 年公布的第二批示范项目相比，项目数量翻番，投资额达到 2015 年的 1.8 倍[1]。就专项建设基金而言，2015 年专项建设基金投放总额为 8 000 亿元，而 2016 年上半年两批项目的投放总额就已经达到了 1 万亿元，第三批项目的申报在 10 月就已经开始，因此 2016 年专项建设基金的规模也大幅超过 2015 年。PPP 项目和专项建设基金等"准财政政策"致力于拉动基础设施等公共服务领域的投资[2]，而这些领域恰好是常规财政政策"稳增长"的主要发力点，因此"准财政政策"能够强化财政政策的整体力度。

三、货币政策和财政政策的效率有所偏低

货币政策与财政政策需要通过特定的传导机制才能作用于实体经济，传导机制是否通畅决定了政策效率的高低，进而决定了政策效果的好坏。就货币政策而言，政策力度本身就有所不足，再加上传导机制不畅通，进一步降低了货币政策的效率。就财政政策而言，虽然 2016 年政策力度尚可，但是传导机制并不通畅，导致财政政策的效率有所偏低。两方面因素共同作用使 2016 年宏观政策的效果欠佳[3]。

1. 新增贷款大量流向房地产，货币政策对实体经济支持力度较弱

目前，银行信贷仍然是中国最主要的融资手段，因此货币政策效率的高低取决于银行释放的信贷是否能够顺畅地流入实体经济。在产能过剩和外需低迷等因素的影响下，实体经济投资回报率普遍偏低，一线和二线城市房地产市场的强势回暖吸引大量资金涌入。从图 5 可以发现，新增贷款中流向房地产行业的比重从 2014 年的 28%左右持续大

---

[1] 引自财政部发布的《第三批政府和社会资本合作示范项目分析报告》。
[2] 关于 PPP 的投资领域，财政部发布的《第三批政府和社会资本合作示范项目分析报告》显示，交通运输、市政工程、城镇综合开发、生态建设和环境保护行业的 PPP 项目金额占比高达 87%。关于专项建设基金的投资领域，国家发改委发布的《关于做好 2016 年第三批专项建设基金项目申报工作的通知》指出，项目申报范围包括棚户区改造等民生改善建设、重大水利工程等三农建设、轨道交通等城市基础设施建设、交通能源等重大基础设施、增强制造业核心竞争力等转型升级项目五大类，其中前四类都属于公共服务领域。
[3] 除了货币政策与财政政策各自传导机制不畅，还有一个原因是两类政策协调不到位，具体参见分报告四。

幅提高到了 2016 年第三季度的 42.5%，达到新常态以来的最高水平[①]。在房地产市场的分流之下，流向企业部门（扣除房地产开发企业）的新增贷款占所有新增贷款的比重已经从 2016 年第一季度的 64.3%骤降至第三季度的 43.3%。在贷款增速本来就不高的前提下，流向企业部门的贷款占比又越来越低，导致货币政策对实体经济的支持力度有所减弱。

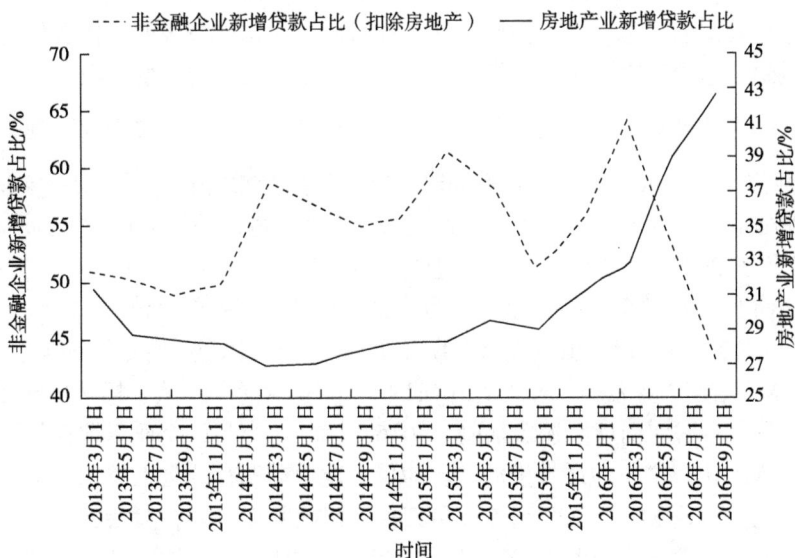

图 5　2016 年房地产业新增信贷占比大幅提高

房地产业新增贷款主要包括房产开发贷款、地产开发贷款和个人购房贷款三部分。2016 年，个人购房贷款是房地产贷款的主体部分，前三个季度个人购房贷款占比达 86.8%。非金融企业新增贷款是扣除了房地产开发企业之后得到的数据，从而更好地体现信贷对实体经济的支持力度

　　虽然房地产在一定时期内可以拉动经济增长[②]，但是本报告认为房地产并不是当前中国"稳增长"的理想选择。其一，依靠房地产"稳增长"容易引发房价泡沫，一旦泡沫破灭将给经济带来沉重打击甚至引发危机。1929~1933 年美国的大萧条、20 世纪 90 年代日本的大衰退和 2008 年全球金融危机等重大危机很大程度上都是由房价泡沫的形成和破灭导致的。而且，这三轮危机的共同特点是，房价泡沫破灭引发了"债务—通缩"恶性循环。目前，中国一线和二线城市已经呈现出房价泡沫化风险，再加上债务负担尤其是企业债务较为沉重，一旦房价泡沫破灭，极有可能引发"债务—通缩"风险，从而给经济带来沉重打击。其二，房价上涨会加剧贫富差距，影响社会稳定。目前全世界的贫

[①] 其中，2016 年房地产贷款上涨态势尤为明显，这主要是因为个人购房贷款骤然增加，2016 年前三个季度新增个人购房贷款占所有新增贷款的比重高达 36.9%。

[②] 例如，1998 年"房改"之后的十余年，中国房地产市场总体上处于供不应求的局面，房地产市场经历了黄金发展阶段。期间，房地产不仅通过拉动房地产投资直接促进了经济增长，而且通过拉动上下游相关产业发展间接促进了经济增长。据测算，这一时期房地产及其相关产业对中国经济增长的贡献率达到 30%左右，平均每年能拉动 GDP 增长 3 百分点左右（陈彦斌和陈伟，2014）。

富差距都在不断扩大，中国的贫富差距问题尤为严重，其中房产持有不平等是中国贫富差距的重要原因。房价上涨一方面使富裕家庭本身持有的房产不断增值，另一方面激励富裕家庭更多地购买房产，两方面因素使房产越来越向富裕家庭集中，从而加剧贫富差距。无房家庭将因此而产生不公平和被剥削的心理落差，长此以往，他们对社会的不满情绪会逐渐加重，不利于社会稳定。事实上，2016 年 7 月和 10 月的中央政治局会议都提到要"抑制资产泡沫"，12 月的中央政治局会议进一步提出"要加快研究建立符合国情、适应市场规律的房地产平稳健康发展长效机制"，这充分表明中国已经意识到房地产市场的风险，也意味着中国不会将房地产作为"稳增长"的主要手段。

2. M1 与 M2 增速"剪刀差"达到历史最高水平，资金"脱实向虚"迹象加剧

2016 年以来，在 M2 增长乏力的同时，M1 增速大幅攀升，导致 M1 与 M2 增速之间出现了明显的"剪刀差"。事实上，M1 与 M2 增速"剪刀差"在中国并不是首次出现，1999~2000 年和 2009~2010 年也曾出现过明显的"剪刀差"［图 6（a）］。与前面几轮相比，2016 年的货币政策"剪刀差"尤为突出：本轮剪刀差的峰值为 15.2%，而前两轮的峰值分别为 10% 和 9.8%；虽然 8 月"剪刀差"开始有所回落，但是仍然居于历史高位。

M1 与 M2 增速"剪刀差"表面上由 M1 项下的企业活期存款大幅增加导致，根本而言则反映出资金"脱实向虚"迹象加剧。2016 年前 10 个月，企业活期存款同比增速高达 32%，是 M1 快速增长的最大推动力。为什么企业活期存款会大幅增加呢？通过深入分析可以发现，本轮 M1 与 M2 增速"剪刀差"与前几轮一样，背后的一个重要因素是房地产市场的蓬勃发展。如图 6（b）所示，每一轮 M1 与 M2 增速"剪刀差"背后都是商品房销售总额的持续飙升，房地产企业的活期存款随之增加，并推动 M1 增速上升。然而，家庭部门购房需求增加使个人购房贷款快速增长，并最终导致银行贷款中流向实体经济的比例降低。在经济下行压力较大的情况下，银行信贷本应该用于支持实体经济中企业的投资活动，但是房地产市场的高投资回报率吸引资金"脱实向虚"，导致货币政策"稳增长"的效果较差。

3. 在积极财政政策支持下国有及国有控股投资增速大幅提升，但是未能有效带动民间投资复苏

在财政资金和多项"准财政政策"的大力支持下，国有及国有控股投资增速大幅提高，是 2016 年全国固定资产投资的重要拉动力。国有及国有控股投资从 2015 年的 10.9% 大幅提高到了 2016 年的 18.7%，比全国固定资产投资增速高出多达 10.6 百分点。通过计算可以进一步发现，如果国有及国有控股投资仍然保持 2015 年的增速，那么全国固定资产投资增速将会降至 4.7%，大大低于现实中的 8.1%。但是，在国有及国有控股投资增速大幅提升的同时，民间投资增速仍然持续下滑，到 2016 年 7 月末下降到 2.1% 的低谷，此后虽然略有反弹，不过截至 12 月末民间投资增速仍然只有 3.2%，这是近 10 年来民间投资增速的低位（图 7）。可见，积极财政政策未能有效带动民间投资复苏。

- - - M1增速 —— M2增速

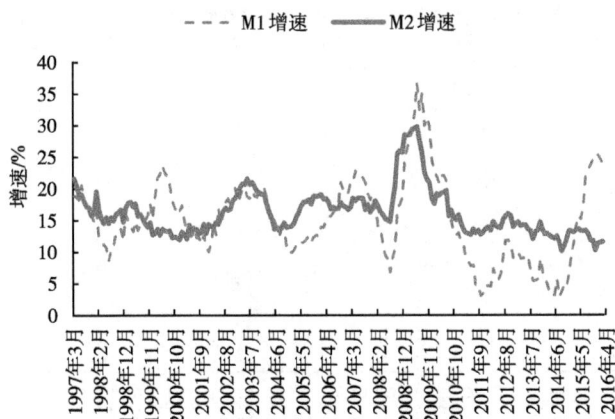

（a）M1和M2增速走势对比

—— M1-M2 - - - 商品房销售额增速

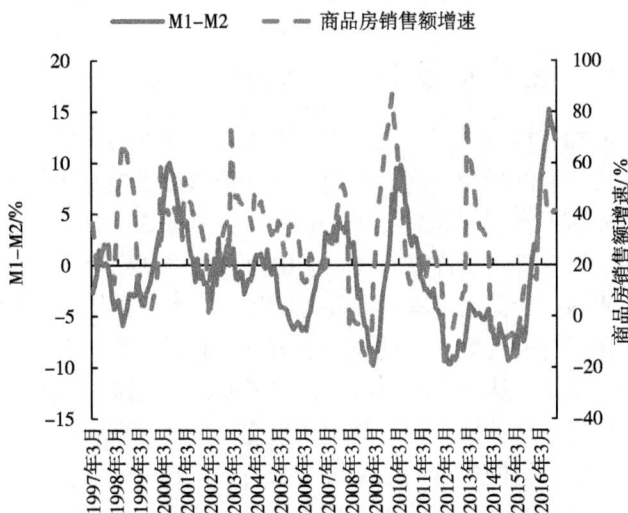

（b）M1和M2的增速"剪刀差"与商品房销售额增速走势对比

图6 M1、M2 的增速"剪刀差"与房地产市场走势高度相关

　　积极财政政策对民间投资的拉动效果较弱，是因为民间投资面临诸多障碍。相关部门的调查结果显示，民间投资增速下滑的原因包括"部分法规政策不配套、不协调、落实不到位；民营企业在市场准入、资源配置和政府服务等方面难以享受与国企同等待遇；融资难融资贵、缴费负担重"等。融资难、融资贵和税费负担过重等因素长期存在，2016年并没有明显加重，因此这些因素难以解释2016年民间投资增速为什么大幅下降。本报告认为，民间投资大幅下滑的主要原因在于"民营企业在市场准入、资源配置和政府服务等方面难以享受与国企同等待遇"，导致去产能背景下民营企业难以在第三产业顺利发展。

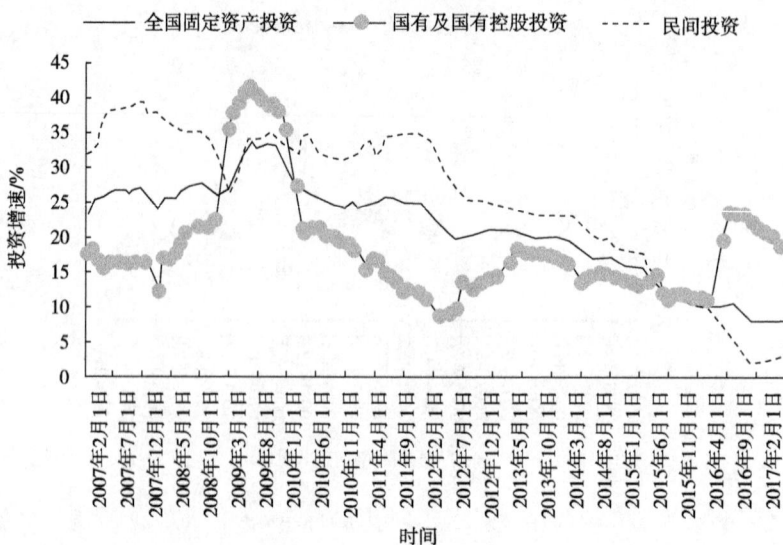

图 7　不同类型固定资产投资增速的走势对比

其一，去产能的加速推进压缩了民间投资在第二产业的投资空间，但是市场准入制约了民间资本在第三产业的投资空间，因此第三产业难以承接从第二产业撤出的民间资本。虽然中国曾经先后出台了"非公经济 36 条"、"新 36 条"和"鼓励社会投资 39 条"等政策，但是民间投资仍然普遍面临"玻璃门"、"弹簧门"和"旋转门"的阻碍。例如，"新 36 条"明确支持民间资本兴办高等学校，但是《中华人民共和国高等教育法》规定，实施高等学历教育的民办学校的设立、分立、合并、变更和终止等重要事项由国家高等教育行政部门审批，从而给民间资本设定了障碍。又如，"新 36 条"允许民间资本兴办金融机构，但是《商业银行法》规定"设立全国性商业银行的注册资本最低限额为十亿元人民币"，这对民间资本而言无疑是很高的门槛。而且，《商业银行法》还规定"设立商业银行，还应当符合其他审慎性条件"，从而给予中国银监会等部门较大的自由裁量权，进一步加大了民间资本的投资难度。

其二，国有及国有控股投资凭借自身优势进一步挤占了民间资本在第三产业的投资空间。去产能不仅限制了民间投资在第二产业的投资空间，同样限制了国有及国有控股投资在第二产业的投资空间。为了"稳增长"，国有及国有控股投资的主要发力点集中在第三产业。由于国有及国有控股企业在资金实力、企业信誉等方面通常优于民营企业，再加上国有及国有控股企业在资源配置等方面享有的待遇，它们在第三产业获得了更多的投资机会。正如图 8 所示，虽然 2016 年民间投资增速大幅下滑，但是第二产业中民间投资所占比重变化并不大（2016 年年末与 2015 年年末相比降幅只有0.2 百分点），而第三产业民间投资所占比重却明显下降，降幅达 4.2 百分点。从第三产业细分行业的数据可以更加清晰地看出，在交通运输、仓储和邮政业，水利、环境和公共设施管理业，教育，卫生和社会工作，文化、体育和娱乐业，公共管理、社会保障和社会组织等行业，国有投资增速提升的同时几乎都伴随着民间投资增速的大幅下滑，甚至是负增长（图 9）。

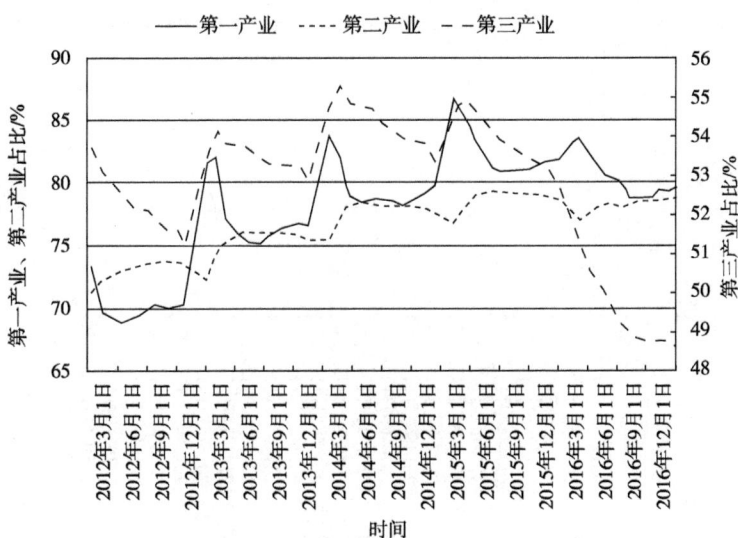

图8　民间投资在三大产业所占比重

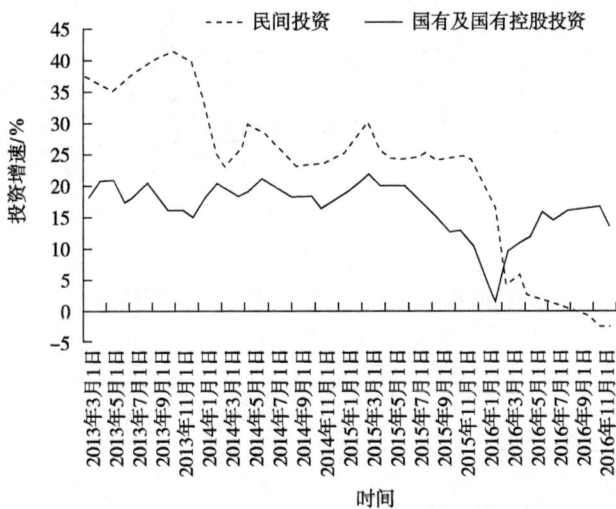

（a）交通运输、仓储和邮政业

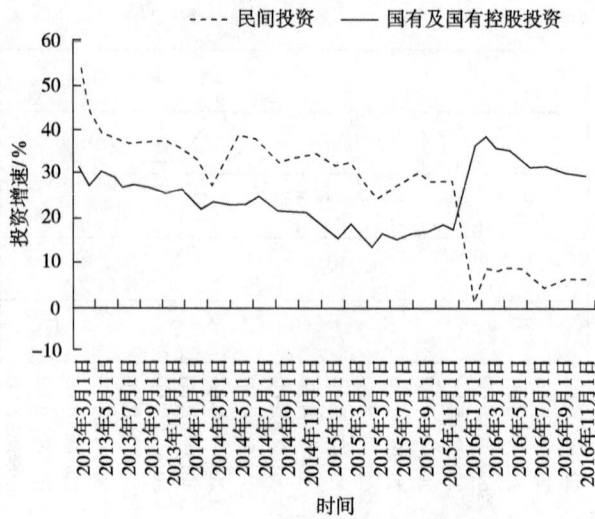

（b）水利、环境和公共设施管理业

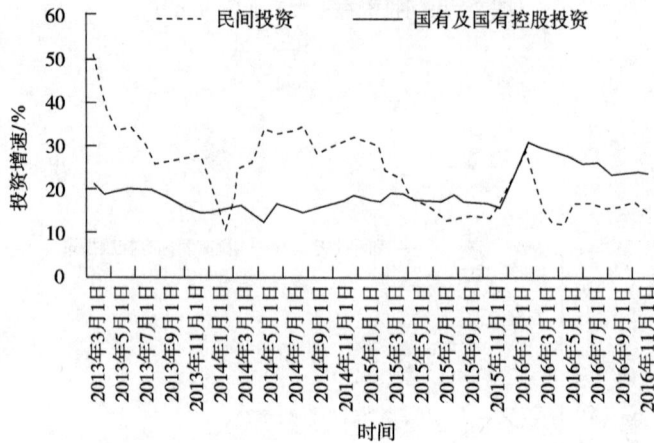

（c）教育

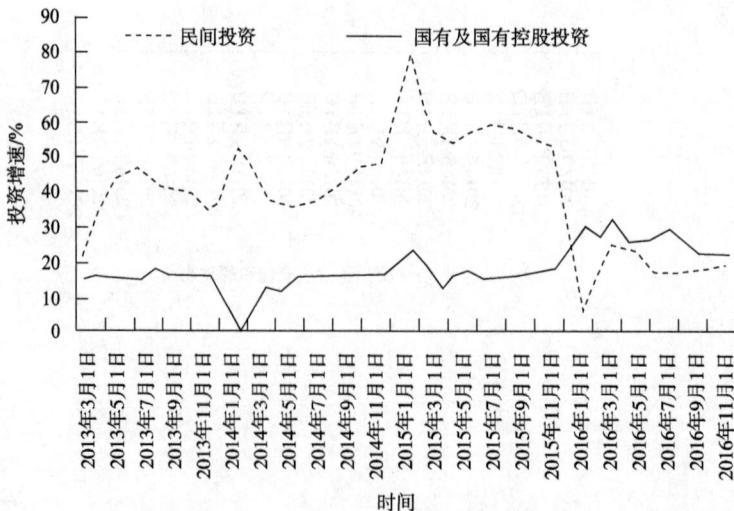

（d）卫生和社会工作

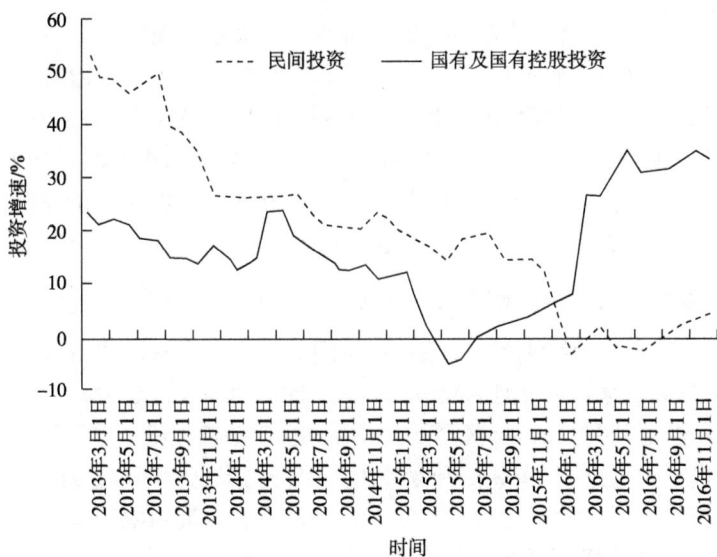

（e）文化、体育和娱乐业

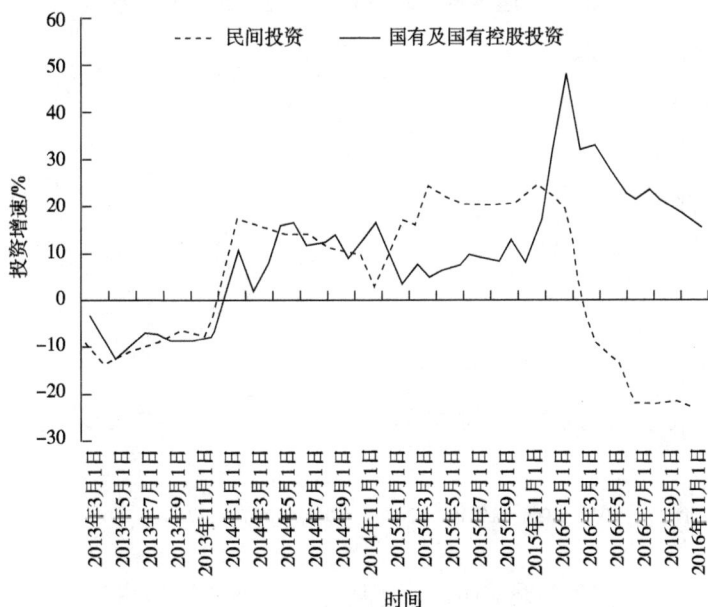

（f）公共管理、社会保障和社会组织

图9　第三产业中各行业的国有及国有控股投资和民间投资增速对比

国家统计局没有公布细分行业的国有及国有控股投资增速数据，考虑到国有及国有控股投资和民间投资二者合计占到了全国
固定资产投资的95%左右，本报告将全国固定资产投资扣除民间投资剩余的部分近似代替国有及国有控股投资，并据此计算
得出各个细分行业的国有及国有控股投资增速

四、与发达国家相比政策空间较为充裕

由于政策空间决定政策的可持续性，而中国仍然面临较为严峻的"稳增长"压力，

需要宏观政策持续发力，因此有必要判断政策空间的大小。在经历了 2009 年"四万亿"强刺激和 2012 年以来的多轮微刺激之后，无论是货币政策还是财政政策的空间都有所收窄。以降准为例，大型金融机构的存款准备金率[①]已经从 2011 年最高时的 21.5%降低到了 2016 年年底的 16.5%，中小型金融机构的存款准备金率也从 18%降到了 2016 年年底的 13%，降幅达 1/4 左右。但是，与美国、日本、欧元区等发达经济体相比，中国的货币政策和财政政策的政策空间相对仍然较为充裕。

1. 政策利率明显高于美日欧等发达经济体，降息空间尚存

要想判断一个国家价格型货币政策操作空间的大小，通常需要看该国的政策利率距离零下限还有多远[②]。为了应对泡沫经济的破灭，日本中央银行在 1991~1995 年将政策利率（无担保隔夜拆借利率）从 8%降至 0.5%，并在 1999 年推出"零利率政策"，此后政策利率便一直在零附近徘徊。美联储和欧洲中央银行的降息空间则是在应对 2008 年全球金融危机期间消耗殆尽：截至 2016 年年末，美联储的政策利率（联邦基准利率）处于 0.5%~0.75%，欧洲中央银行的政策利率（主要再融资利率）则已经降至零（图10）。可见，美国、日本、欧元区等发达国家和地区已经几乎没有降息空间。

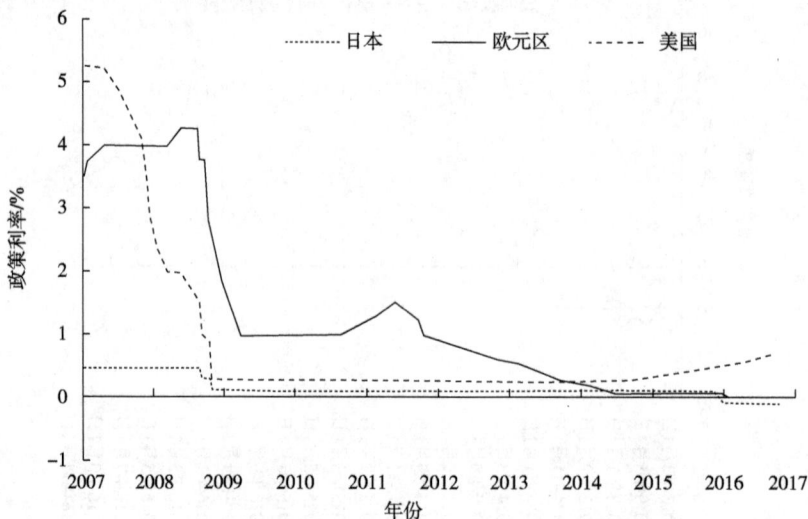

图 10　美国、日本、欧元区中央银行的政策利率走势

中国人民银行降息时针对的是存贷款基准利率，而非与发达经济体类似的政策利率。截至 2016 年年底，中国的存款基准利率（一年期）为 1.5%，贷款基准利率（一年期）为 4.35%，距离零下限尚有较大空间。即使是考虑与发达经济体更具有可比性的货币市场利率，2016 年年底中国人民银行 7 天逆回购利率为 2.25%，同样远高于零。中国人民

[①] 本报告中的存款准备金率指的是法定存款准备金率。

[②] 虽然日本、欧元区、丹麦、瑞士、瑞典都已经开始实施负利率，但是负利率主要针对存款准备金而非政策利率，而且各国实施负利率的幅度以及未来可能的负利率空间都比较有限，效果也不甚理想（徐奇渊，2016）。因此，本报告仍然借助于政策利率与零下限的距离来判断降息空间的大小。

银行仍然可以借助于降息操作，更好地实现"稳增长"的调控目标。

降息的主要目的是降低企业融资的实际利率，考虑到中国具有相对较高的通胀率与通胀预期，因此可以更有效地降低实际利率。2008年全球金融危机以来，美国、日本、欧元区等发达经济体的CPI处于1%左右甚至更低水平，再加上居民通胀预期难以有效提升，因此很难通过提高通胀率来降低实际利率。相比之下，近年来虽然中国经济增速持续放缓，但是CPI涨幅维持在2%左右，而且居民仍具有较强的通胀预期。中国人民银行调查数据显示，2014年以来"未来物价预期指数"稳定在60%左右，2016年以来还呈现出上升趋势，已经从第一季度的57.3%升高到第三季度的62.6%，可见居民通胀预期相对较强。除此之外，中国在农业和能源等领域的一些重要产品价格仍处于管制状态，而且对价格水平的调节能力比发达经济体更强。这意味着，中国可以通过提高通胀率，更有效地降低实际利率（陈彦斌，2016）。虽然中国拥有比发达国家更独特的降息空间，但是也要谨慎使用（主要用来应对经济下行压力），如果过度使用，将会加大贫富差距，影响社会稳定。

2. 法定存款准备金率居于国际较高水平，降准空间较大

降准是中国人民银行常用的数量型货币政策调控手段，要想采用降准操作，需要存款准备金率保持在一定的水平，这样才能有操作空间。截至2016年年底，中国大型金融机构适用的存款准备金率为16.5%，中小型金融机构适用的存款准备金率为13%。相比之下，目前美联储设定的存款准备金率为0~10%，欧洲中央银行为0~2%，日本中央银行为0.05%~1.3%[①]。即使放眼全世界，中国的存款准备金率仍然处于相对较高的水平。IMF调查报告显示，全世界大部分国家的存款准备金率在0~5%，还有部分国家存款准备金率在6%~15%，只有极少数国家的存款准备金率高于16%（Gray，2011）。

过去，中国制定较高的存款准备金率主要基于两点考虑：一是随着对外贸易的扩张，外汇储备不断增加，如果不加干预将导致基础货币投放过多，为此中国人民银行不断提高存款准备金率以对冲外汇储备对基础货币的影响。二是2015年以前中国没有设立存款保险制度，偏高的存款准备金率起到了"隐性存款保险"的作用。然而，近年来外汇占款不断减少，在此情形下中国应当通过适度降准来增加必要的基础货币供给（郭豫媚，2015）。此外，中国已经于2015年5月正式建立存款保险制度，新形势下银行需要缴纳保费，如果继续保持较高的存款准备金率，会给银行造成双重负担，这同样要求中国人民银行降准。基于上述理由，中国仍具备比较充裕的降准空间。

3. 政府尤其是中央政府举债空间较大，为积极财政政策预留了空间

积极财政政策的执行情况主要取决于政府债务的可持续性，一旦债务负担过重，将会引发债务危机等严重恶果。因此，可以借助政府债务水平高低来判断财政政策的空间大小。通过国际对比可以得到两点重要结论：第一，与发达国家相比，中国政府债务总

---

① 与中国按照金融机构类型设定准备金率不同，美国、日本、欧元区等发达经济体均按照存款类型来设定存款准备金率，因此存款准备金率分为多个档次。

额占 GDP 的比重相对较低。2016 年中国政府债务总额占 GDP 的比重约为 40%①，而日本政府债务占 GDP 的比重已经接近 250%，美国和英国政府债务占 GDP 的比重也都超过了 100%。第二，中国地方政府债务占 GDP 的比重并不低，地方政府债务的拓展空间相对有限。2016 年中国地方政府债务占 GDP 的比重为 23.4%，比美国、英国、法国和意大利等发达国家都要高（表 4）。有鉴于此，本报告认为，未来中国应该主要通过增加中央政府债务来为积极财政政策创造空间。

表 4　中国与美日欧发达国家和地区政府债务占 GDP 比重的对比（单位：%）

国别	政府债务/GDP	中央政府债务/GDP	地方政府债务/GDP
日本	246.6	207.4	39.2
意大利	158.2	149.3	8.8
比利时	126.5	109.5	17.0
法国	120.9	98.4	22.4
西班牙	116.3	101.8	14.5
英国	112.3	107.4	4.9
美国	104.2	86.7	17.5
加拿大	98.5	42.6	55.9
德国	82.2	53.5	28.8
中国	40.0	16.6	23.4

注：日本、德国为 2014 年数据，中国为 2016 年数据（根据财政部数据计算得到），其余国家为 2015 年数据；表中数字存在四舍五入的关系，所以结果存在略微差别

资料来源：发达国家债务/GDP 数据来源于 OECD 数据库，其中地方政府债务/GDP 是从政府债务/GDP 扣除中央政府债务/GDP 得到的

需要补充说明的是，中国政府债务中外债占比很低，降低了债务风险，进一步增强政府债务可持续性。通常而言，一国政府对外债的把控能力要弱于对内债的把控能力，因为外债受汇率波动的影响较大，而且国外债权人通常会在债务国经济状况恶化的时候收缩借贷规模或者提前收回债务（谢世清，2011），这对债务国而言无疑是雪上加霜。从表 5 可以看出，爆发欧债危机的国家有一个共同特点，即政府债务中外债占比较高，希腊和葡萄牙政府债务中外债占比更是高达 75% 左右。相比之下，虽然日本政府债务远高于爆发欧债危机的国家，但是目前日本仍然没有爆发债务危机，很重要的一个原因就是日本政府债务主要是内债（熊鹭，2011；张季风，2012）。截至 2015 年，中国的国债余额中外债占比只有 1.1%，如果将地方政府债务考虑在内，政府债务中的外债占比更低，这有助于降低政府债务风险，进一步增强政府债务可持续性。

---

① 有观点认为，应该将地方投融资平台债务甚至是国有企业的债务都视为政府债务，这样就会发现中国的政府债务占 GDP 比重在世界上也已经处于极高水平。本报告认为，一方面，政府在"43 号文"已经明确剥离了地方投融资平台为地方政府融资的职能，并且通过债务置换等手段减轻地方投融资平台债务的风险。另一方面，如果将国企债务视为政府债务，那么应该考虑到国企的资产也是政府资产，这会明显提高政府的偿债能力。有鉴于此，本报告暂不考虑地方投融资平台债务和国有企业债务。

表5　部分国家政府债务中外债所占的比重（单位：%）

国别	2005年	2006年	2007年	2008年	2009年
希腊	68.4	68.8	74.0	72.9	75.1
爱尔兰	61.5	62.2	63.1	73.2	59.8
西班牙	48.1	50.7	47.1	46.3	46.3
意大利	38.2	39.3	38.0	41.2	42.2
葡萄牙	72.7	73.6	75.0	76.3	75.1
日本	4.1	4.5	6.0	6.8	6.5

资料来源：易千（2013）

五、结　　语

在"积极的财政政策和稳健的货币政策"的调控之下，2016年中国GDP增速为6.7%，基本实现了政府工作报告制定的增长目标。但是，扣除房地产的"超常"拉动效果之后，GDP增速将会跌出目标区间，而且2016年中国经济仍然存在负的产出缺口。这些问题表明，2016年中国宏观政策的效果并不尽如人意。本报告通过全面评价政策力度、政策效率和政策空间，分析了2016年宏观政策效果不佳的原因。

就政策力度而言，传统财政政策和"准财政政策"共同发力，因此财政政策力度尚可，但是货币政策力度有所不足，这是2016年政策效果不佳的重要原因之一。数量型货币政策方面，截至2016年年末，M2同比增速只有11.3%，明显低于"13%左右"的目标值。社会融资规模余额增速为12.8%，勉强达到了"13%左右"的目标值，但是5~10月社会融资规模余额增速都没有达到13%。而且，社会融资规模中的信贷增速与2015年相比明显降低，这反映出数量型货币政策力度有所不足。价格型货币政策方面，2016年以来实际利率水平持续升高，已经从第一季度的3.37%升高到第三季度的3.74%。在通胀压力较小、民间投资增速持续大幅下滑的背景下，2016年中国人民银行始终没有采取降息操作，反映出价格型货币政策的力度同样有所欠缺。

就政策效率而言，货币政策和财政政策的效率普遍偏低，这是2016年政策效果不佳的又一重要原因。其一，在房价大幅持续上涨的态势下，货币政策所释放的信贷资金大部分流向了房地产而非实体经济，导致货币政策未能有效支持实体经济的发展。虽然房地产也能够拉动经济增长，但是会导致房价泡沫化风险，进而引发"债务—通缩"风险，而且房价上涨会加剧贫富差距进而影响社会稳定，因此房地产并不是当前中国"稳增长"的理想选择。其二，在积极财政政策支持下，国有及国有控股投资增速大幅升高，但是并未能有效拉动民间投资回暖，因此财政政策的效率也不高。

就政策空间而言，与美国、日本、欧元区等发达国家和地区相比，中国的货币政策和财政政策的空间仍然相对充裕，中国还可以进一步加大政策力度"稳增长"。需要强调的是，未来一定要提高政策效率才能事半功倍，否则宏观政策可能收效甚微。具体而言，货币政策需要适当加大力度，但是要辅以宏观审慎政策的配合。只有强化宏观审慎政策，才能使货币政策摆脱房地产等资产泡沫的掣肘，破解资金"脱实向虚"的困境，从而真正让信贷资金流向实体经济。如果经济下行压力继续加大，财政政策也需要进一步加大力度，而且应该同时出台以放松管制为核心的产业政策加以配合。通过放松管制，尤其是减少民间投资在第三产业的准入限制，给民间投资提供更多的生存空间，才能发挥财政资金的引导作用，有效带动民间投资复苏。

参 考 文 献

蔡昉，陆旸. 2015. 以潜在增长率确定增速目标. 中国经济报告，（1）：30-32.

陈小亮. 2016-09-19. 化解房价泡沫化风险，如何避免"越调越高". 经济观察报，第 7 版.

陈彦斌. 2016-11-02. 萨默斯长期停滞理论不适用于中国经济. 光明日报，第 15 版.

陈彦斌，闫衍. 2014. 2014 下半年中国房地产走势预判. 人民论坛，（22）：52-55.

陈彦斌，刘哲希. 2016. 经济增长动力演进与"十三五"增速估算. 改革，（10）：106-117.

方昕. 2016. 警惕通缩风险，完善宏观调控. 金融研究，（2）：121-127.

郭豫媚. 2015. 货币政策无法根治融资贵. 人文杂志，（9）：42-45.

郭豫媚，陈彦斌. 2015. 中国潜在经济增长率的估算及其政策含义：1979—2020. 经济学动态，（2）：12-18.

纪洋，谭语嫣，黄益平. 2016. 金融双轨制与利率市场化. 经济研究，（6）：45-57.

李亮. 2013. 欧债危机中欧央行货币政策应对和实施效果. 国际金融研究，（3）：12-21.

刘金全，张小宇. 2012. 时变参数"泰勒规则"在我国货币政策操作中的实证研究. 管理世界，（7）：20-28.

刘凯. 2016-10-11. 密切关注金融风险点之间的联动与传导. 中国经济导报，第 A03 版.

王国军，刘水杏. 2004. 房地产业对相关产业的带动效应研究. 经济研究，（8）：38-47.

王少平，陈文静. 2008. 我国费雪效应的非参数检验. 统计研究，（3）：79-85.

吴国培，王伟斌，张习宁. 2015. 新常态下的中国经济增长潜力分析. 金融研究，（8）：46-63.

肖立晟. 2014. 解读欧央行量化宽松货币政策. 金融市场研究，（10）：114-120.

谢世清. 2011. 从欧债危机看"中国式主权债务危机". 亚太经济，（5）：21-25.

熊鹭. 2011. 日本政府债务问题剖析. 金融发展评论，（4）：83-87.

徐奇渊. 2016. 负利率政策：原因、效果、不对称冲击和潜在风险. 国际经济评论，（4）：108-114.

易千. 2013. 主要发达国家政府债务规模和风险问题研究. 财政部财政科学研究所博士学位论文.

张季风. 2012. 野田内阁面临经济难题与经济政策探析. 现代日本经济，（4）：1-10.

Bianchi J, Mendoza E G. 2013. Optimal time-consistent macroprudential policy. National Bureau of Economic Research Working Paper，No. 19704.

Fuentes J R, Morales M. 2011. On the measurement of total factor productivity：a latent variable approach. Macroeconomic Dynamics，15（2）：45-159.

Gertler M, Kiyotaki N, Queralto A. 2012. Financial crises, bank risk exposure and government financial policy. Journal of Monetary Economics，59（33）：17-34.

Gray S. 2011. Central bank balances and reserve requirements. International Monetary Fund Working Paper，WP/11/36.

Hall R E, Jones C I. 1999. Why do some countries produce so much output per worker than others. Quarterly Journal of Economics，114（1）：83-116.

Klenow P J, Rodriguez C A. 1997. Economic growth：a review essay. Journal of Monetary Economics，40（3）：597-617.

Mishkin F S. 2012. The Economics of Money, Bank and Financial Markets. New York：Pearson Education.

分报告三　预期管理评价①

　　预期管理的核心在于通过信息沟通提高货币政策透明度，对公众预期予以引导，从而使货币政策调控事半功倍②。国际经验表明，预期管理在实践中确实有助于提高货币政策有效性。例如，20 世纪 90 年代以来，新西兰、加拿大、英国、瑞典和澳大利亚等国家采用通货膨胀目标制为公众提供了更为清晰和准确的货币政策目标，有效引导了公众的长期通货膨胀预期，更好地达到了稳定通货膨胀的目的③。又如，2008 年全球金融危机以来，美联储通过持续使用前瞻性指引政策引导预期利率下行，从而降低了长期利率水平，有效地稳定了经济（Campbell et al.，2012；Yellen，2016）。

　　对中国而言，预期管理同样非常重要，因为预期管理能够成为现有货币政策体系的有益补充。目前，中国货币政策正处于转型期，数量型货币政策的调控效率逐渐降低而价格型货币政策调控框架尚未完全建立④，货币政策有效性出现明显下降。在此情形下，中国非常有必要采用预期管理来提高货币政策的有效性。据"大宏观"团队的测算，强化预期管理能够将目前中国货币政策有效性提高 40%左右⑤。

　　2016 年以来，中国对预期管理也愈加重视。国家"十三五"规划纲要明确提出要"改善与市场的沟通，增强可预期性和透明度"，以加强宏观调控的预期管理。2016 年 5 月 9 日，《人民日报》刊登《权威人士再谈当前经济》，文章中指出"要善于进行政策沟通，加强前瞻性引导，提高透明度，减少误读空间，及时纠偏，避免一惊一乍，不搞'半夜鸡叫'"。可见，预期管理已成为宏观政策的重要组成部分。因此，对预期管理进行

---

　　① 作者：郭豫媚，中央财经大学金融学院讲师。

　　② 李拉亚（1994）指出，预期形成与信息有重要关系，信息是经济人所利用资源中的一种无形但有价值的资源，经济人作预期时会充分利用他已掌握的信息，不会浪费信息。陈彦斌（2016）认为，现代预期管理是指通过信息沟通引导公众预期，从而实现货币政策稳定经济的目的。

　　③ Gerlach-Kristen（2004）和 Jeanneau（2009）指出，相比没有采用通货膨胀目标制的国家，采用通货膨胀目标制国家的货币政策可预测性更高，这对引导市场预期非常有益。而且，在实施通货膨胀目标制的国家中，几乎所有国家在实施通货膨胀目标制后通货膨胀率都出现了显著下降。尤其是新西兰、加拿大、英国、瑞典和澳大利亚，通货膨胀率维持在了2%左右的温和通货膨胀水平。

　　④ 尽管 2016 年政府工作报告中提出了社会融资规模的定量增长目标，意在将社会融资规模作为参考中介目标以弥补 M2 有效性的下降，但这仍将不能改变数量型货币政策有效性下降的局面。这是因为，随着金融创新的深入，P2P 网贷、私募股权基金和风险投资等新型融资方式不断涌现，社会融资规模统计口径出现遗漏，有效性也出现明显下降（陈小亮等，2016）。

　　⑤ 具体参见郭豫媚等（2016）。

评价具有重要的意义，将有助于加强预期管理和提高宏观政策效率。

一、预期管理的两个重要方面

从发达国家预期管理的历史经验来看，预期管理一直以来都很强调提高货币政策透明度，2008 年全球金融危机之后则相对更加专注于使用前瞻性指引。因此，有必要先了解货币政策透明度和前瞻性指引的概况，尤其是货币政策透明度和前瞻性指引能够有效管理公众预期的理论机制，进而更好地从这两方面对中国预期管理进行评价。

1. 货币政策透明度是预期管理的重要方面

现代中央银行与历史上早期中央银行最大的差别在于货币政策更加透明（Dincer and Eichengreen，2007）。基于 Lucas（1972）提出的理性预期假说，新古典宏观经济学认为只有未预期到的货币政策才有效。因此，在 20 世纪 90 年代以前世界上各个国家的中央银行都非常神秘，货币政策透明度很低。然而，由于市场不完全和信息不对称，公众一般无法形成理性预期，而只有有限理性。在此情形下预期到的货币政策能够发挥有效作用。Brunner（1981）、Blinder（1998）和 Woodford（2001）等就对中央银行货币政策不透明进行了批判，他们认为一个更加透明的中央银行能够给市场提供更多的信息，并能通过影响公众信息集来改善货币政策有效性①。

提高货币政策透明度能够有效引导预期并提高货币政策有效性的理由主要有三点：一是透明的货币政策有助于降低市场的不确定性以及这些不确定性对预期的影响（Blinder，1998；Eijfinger et al.，2000），从而稳定预期。通货膨胀目标制正是通过确立通货膨胀率的目标，向公众提供了一个"名义锚"，公众通货膨胀预期不会因某些市场因素的变化而出现急剧上升（Bernanke et al.，1999）。二是货币政策信息会通过改变私人部门的信息准确度和预测能力，进而影响货币政策传导机制，因此透明的货币政策能够提供更多的信息从而疏通货币政策传导机制（Morris and Shin，2002；Hamilton et al.，2011；Del Negro et al.，2012；Papadamou，2013）。三是透明的货币政策能够提高中央银行信誉，增进市场信心（Geraats，2002；van der Cruijsen and Demertzis，2007）。Mishkin（2010）指出，通货膨胀目标制成功稳定通货膨胀的一个重要原因就是透明的通货膨胀目标使中央银行对公众高度负责，进而有助于构建公众对中央银行的信任和对货币政策的支持。

因此，提高货币政策透明度成为全球各国中央银行货币政策实践中的重要任务之一。Dincer 和 Eichengreen（2007）调查了 1998~2005 年全球 100 家中央银行的网站建设、报告发布和出版物等情况，发现其中 89 家中央银行的透明度有明显提高，其余 11 家的透明度没有明显变化，但没有一家中央银行的透明度表现出下降的趋势。

---

① 李拉亚（2011）指出，预期管理理论继承了 20 世纪 90 年代以来的政策透明思想，促使预期管理成为货币政策的核心问题。相关研究还包括 Howells 和 Mariscal（2002）、Chortareas 等（2002）、Mariscal 和 Howells（2010）等。

2.2008年全球金融危机以来，前瞻性指引也成为预期管理的重要方面

前瞻性指引是中央银行为实现货币政策目标而使用的重要政策工具之一，核心在于通过发布未来货币政策路径(一般是利率路径)等前瞻性信息来引导公众预期(Svensson，2015；万志宏，2015)。2008年全球金融危机爆发后，越来越多发达国家的名义利率逼近了零下限，导致以引导短期政策利率为主要手段的传统货币政策几乎没有调控空间。在此背景下，美联储于2008年12月率先实施了前瞻性指引政策，就未来货币政策利率路径进行沟通①。此后，加拿大中央银行、瑞典中央银行、欧洲中央银行、日本中央银行和英格兰银行也纷纷对货币政策进行了前瞻性指引。

前瞻性指引主要通过以下两个渠道起到引导市场预期和稳定经济的作用。一是利率渠道(Bank of England，2013)。影响投资和消费决策的是长期利率，因此货币政策调控的一个重要环节是运用货币政策工具来影响长期利率。根据利率期限结构理论，长期利率等于当期短期利率与预期短期利率的加权平均。因此，通过前瞻性指引引导公众对未来短期利率的预期，可以达到影响长期利率的目的。上述渠道在短期名义利率降为零后显得尤为重要。二是信心渠道。信心反映的是市场对未来经济运行状况的预期，在消费和投资决策中起到至关重要的作用。前瞻性指引所描述的未来政策利率路径，能够使市场了解到货币政策稳定经济的决心，在经济低迷时期有助于提振市场信心。

相关的理论和实证研究表明，发达国家的前瞻性指引政策确实起到了引导市场预期的作用。Campbell等(2012)运用事件分析法和动态随机一般均衡(dynamic stochastic general equilibrium，DSGE)方法发现，美国的前瞻性指引政策能够有效引导市场预期，起到减少经济波动的作用。Svensson(2015)总结了美国、新西兰和瑞典前瞻性指引的实施情况，指出前瞻性指引在大多数情况下都成功地引导了市场预期②。

二、中国货币政策透明度不高

结合关于货币政策透明度的已有研究(Eijffinger and Geraats，2006；徐亚平，2006；张鹤等，2009；Dincer and Eichengreen，2014)，本报告通过定量测算发现2016年中国货币政策透明度仍然不高。若以满分100分来度量货币政策透明度(分值越大透明度越

---

① 前瞻性指引早在1999年4月就被日本中央银行采用，随后美联储在2003年8月也曾使用。但是，当时的前瞻性指引政策并不成熟，也未被普遍采纳。前瞻性指引是在2008年全球金融危机爆发后才被全球中央银行广泛采用，并得到逐步完善。

② 也有部分文章指出已有研究高估了前瞻性指引的效果，但从其结论来看依然肯定了前瞻性指引的有效性，只是对于前瞻性指引效果的大小存在不同意见。例如，Carlstrom等(2015)和Kiley(2016)指出，若考虑信息黏性，前瞻性指引的效果会有所下降，这是因为信息黏性会使菲利普斯曲线的前瞻性有所下降。McKay等(2016)指出已有研究均在一个完全市场中检验前瞻性指引的作用，这会高估前瞻性指引的效果，并指出若考虑不完全市场因素前瞻性指引的效果会下降60%。但实际上，上述研究并没有完全否认前瞻性指引在影响预期和调控经济方面的积极作用。

高），2016 年中国货币政策透明度仅 45 分①。相比之下，美国、加拿大、日本、英国和澳大利亚等国家货币政策透明度均在 70 分以上，瑞典和新西兰更是在 90 分以上②。下面将从目标透明度、信息透明度、决策透明度和操作透明度四个方面详细地对 2016 年中国货币政策透明度进行具体分析与评价。

1. 货币政策承担的目标过多，削弱了货币政策目标透明度

目标透明度主要考察货币政策的目标是否透明、是否明确且容易让公众理解，具体可从以下三个方面来考察。一是中央银行是否对货币政策目标进行正式声明。对目标进行正式声明有助于明确货币政策目标，提高目标透明度。二是货币政策是单一目标还是多重目标，若货币政策有多重目标，是否确定优先目标。不同的目标之间可能存在不可调和的矛盾，因此可能造成公众难以判断货币政策会在矛盾的目标中如何取舍，从而降低目标透明度。而多重目标下给定优先目标或者直接采用单一目标的货币政策体系有助于防止目标间产生冲突，能够使目标更加清晰明确，即目标更加透明。三是目标是否量化。量化目标有助于公众更好地理解政策目标，使目标透明度上升。

自 20 世纪 90 年代以来，被全球中央银行广泛采纳的通货膨胀目标制是改善货币政策目标透明度最为有效的工具之一。其一，通货膨胀目标制不仅在制度上承诺实现通货膨胀目标，而且向公众传递货币政策制定者所设定的目标和相关计划，这反映出采用通货膨胀目标制的国家会对货币政策目标进行正式声明。其二，通货膨胀目标制在制度上承诺将通货膨胀作为货币政策的首要目标，因此符合单一目标或多重目标下确定优先目标的要求。其三，通货膨胀目标制体系下中央银行均公布中期通货膨胀率目标的数值，即对目标进行量化。可见，通货膨胀目标制较好地满足了目标透明度的三方面要求，能够显著提高目标透明度。

2016 年，中国在目标透明度的第一个和第三个方面做得相对较好。就第一个方面而言，中国货币政策目标均会在官方报告中进行声明。每季度《中国货币政策执行报告》的"下一阶段货币政策思路"中都会声明下一阶段货币政策目标。例如，中国人民银行在 2015 年第四季度《中国货币政策执行报告》中指出要"有效防范和化解系统性金融风险，切实维护金融体系稳定"，从而明确将"金融稳定"纳入 2016 年货币政策目标中（表 1）。就第三个方面而言，尽管《中国货币政策执行报告》中没有给出量化目标，但政府工作报告对于能够量化的目标明确设定了量化目标值。2016 年政府工作报告提出了"国内生产总值增长 6.5%~7%"和"居民消费价格涨幅 3% 左右"的年度政策目标。

---

① 2016 年中国对政策透明度的重视程度已有明显提升，7 月 26 日召开的中共中央政治局会议明确指出，"要坚持引导市场预期，提高政策质量和透明度，用稳定的宏观经济政策稳住市场预期"。

② 发达国家货币政策透明度指数为 2010 年的测算结果，来源于 Dincer 和 Eichengreen（2014）。在他们的测算中，货币政策透明度指数满分为 15，美国、加拿大、日本、英国、瑞典、澳大利亚和新西兰的货币政策透明度分别为 11、11、10.5、12、14.5、11 与 14。为便于与本报告测算的 2016 年中国货币政策透明度进行对比，本报告将其转换为百分制，转换后的结果显示这些国家货币政策透明度均在 70 分以上。

表1　2016年中国货币政策目标

货币政策目标	《中国货币政策执行报告》中原文表述
稳定增长	促进经济科学发展、可持续发展
结构调整	盘活存量、优化增量，支持经济结构调整和转型升级
汇率稳定	保持人民币汇率在合理、均衡水平上的基本稳定
金融稳定	有效防范和化解系统性金融风险，切实维护金融体系稳定
去产能	
去库存	
去杠杆	去产能、去杠杆、去库存、降成本、补短板
降成本	
补短板	

注：2016年中国货币政策目标来源于2015年第四季度《中国货币政策执行报告》

　　但是，中国在目标透明度的第二个方面仍有所不足，即货币政策目标过多且缺乏优先目标[①]。2016年的货币政策不仅延续了2015年"稳定增长、结构调整、降成本、汇率稳定和金融稳定"这五个调控目标，而且在中国提出"着力加强供给侧结构性改革"后进一步纳入了供给侧结构性改革的核心目标——"去产能、去库存、去杠杆、降成本、补短板"。由于在上述目标中并未明确设定优先目标，导致货币政策目标透明度显著下降[②]。

　　2. 货币政策的信息透明度整体较差

　　信息透明度是指与货币政策有关的经济信息是否公开透明，主要涉及以下三类信息：

---

　　① 根据《中华人民共和国中国人民银行法》的规定，中国"货币政策目标是保持货币币值的稳定，并以此促进经济增长"。但从《中国货币政策执行报告》来看，货币政策在实际调控中的目标并不仅仅局限于货币币值稳定（包括物价稳定和汇率稳定两个方面）和增长目标。2007~2016年中国货币政策目标中先后共出现过13个目标（包括稳定增长、结构调整、汇率稳定、国际收支平衡、物价稳定、稳定通胀预期、金融稳定、惠民生、降成本、去产能、去库存、去杠杆和补短板）。例如，2008年全球金融危机爆发后，基于金融稳定对经济稳定的重要性，中国货币政策目标中首次加入了金融稳定目标；2014年为缓解经济持续下行与"增长依赖症"之间的矛盾，政府宏观政策更加注重"惠民生"，货币政策目标中也随即加入了该目标，试图引导信贷流入"惠民生"的领域。可见，中国人民银行缺乏独立性，货币政策目标在大多数情况下都随着中国经济发展与改革目标的变化而变化，这正是导致中国货币政策目标过多的根本性原因。

　　② 过多的目标确实引发了目标间的冲突，损害了预期管理效率。2016年中期，货币政策的稳增长目标和金融稳定目标标间产生了明显冲突。一方面，中国经济下行压力的加大要求货币政策应转向稳健略偏宽松。2016年前两个季度GDP增长率仅为6.7%，远低于2010年10.6%的增长率。为完成"到2020年实现国内生产总值和城乡人均收入比2010年翻一番"等经济发展目标，"十三五"期间面临严峻的保增长任务。另一方面，中国房地产泡沫化的风险正在加剧（陈彦斌和陈小亮，2016）。2016年第一季度和第二季度，房地产开发贷款同比分别增长22%和24%，个人购房贷款同比增速更是高达26%和31%，比其他各项贷款高出10%以上。这要求货币政策应控制信贷过快增长以实现金融稳定。可见，稳增长目标与金融稳定目标间产生了冲突。由于中国经济存在增长依赖症，稳增长长期以来都是货币政策调控的重要目标，市场普遍认为中国人民银行会更加注重稳增长，所以预期2016年下半年或有1~2次降息和降准。而实际上，2016年下半年中国人民银行并未对基准利率和准备金率做出调整，表明金融稳定目标的重要性远比市场所预期的重要，而且继7月和10月中央政治局会议提出要"抑制资产泡沫"后，《2016年第三季度中国货币政策执行报告》中也明确指出要"注重抑制资产泡沫和防范经济金融风险"。由于多重目标下货币政策目标并不明确，市场对于货币政策的预期产生了明显的偏差。

第一类是中央银行用于政策分析的宏观经济模型。第二类是反映货币政策力度和效果的基本经济数据，如货币供应量、通货膨胀、GDP、失业率和产能利用率等。第三类是中央银行对通货膨胀和 GDP 等经济变量的定量预测。预测数据包含了大量有关当前经济状况和未来经济形势的信息（European Central Bank，2001；Gali，2010），中央银行作为权威部门所公布的经济预测更是对市场具有不可替代的引导作用。因此，中央银行经济预测信息是影响透明度非常重要的因素。

发达国家货币政策已具有较高的信息透明度。首先，发达国家中央银行详细公布了用于政策分析的模型。以美联储为例，美联储官网公布了其所使用的估计动态最优化等模型。该模型主要用于经济预测和政策分析。美联储不仅给出了该模型的具体设定，还发布了完整的程序代码①。其次，发达国家中央银行均定期公布反映货币政策力度和效果的基本经济数据。以美联储为例，美联储官网定期更新货币供应量、通货膨胀、GDP、失业率和产能利用率等与货币政策密切相关的数据。最后，发达国家中央银行还对未来经济运行状况进行了定量预测并予以公布。预测变量主要包括 GDP、通货膨胀、失业率和汇率等。预测频率基本都为每年 4 次，预测的前瞻跨度为 2~3 年（表 2）。

表 2　主要发达国家和地区中央银行的经济预测概况

主要发达国家和地区的中央银行	主要预测变量	频率/（次/年）	前瞻跨度/年
美联储	实际 GDP、通货膨胀、失业率	4	3
欧洲中央银行	GDP、通货膨胀	4	2
英格兰银行	GDP、通货膨胀	4	2~3
日本中央银行	GDP、CPI	2	2
新西兰中央银行	GDP、通货膨胀、失业率	4	3
瑞典中央银行	GDP、通货膨胀、失业率	3	3
挪威中央银行	GDP、通货膨胀、汇率	4	3
加拿大中央银行	GDP、通货膨胀	4	2~3
澳大利亚中央银行	GDP、通货膨胀	4	1~2

资料来源：万志宏（2015）

但是，2016 年中国货币政策信息透明度总体仍较差。首先，中国人民银行仍未公布用于宏观经济分析和政策分析的理论模型。其次，对于反映货币政策力度和效率的重要经济指标依然没有全部发布。例如，产能利用率在一定程度上比 GDP 更能反映经济冷热和货币政策调控效果，但中国仍未发布产能利用率的具体值。最后，中国人民银行仍没有发布官方经济预测。尽管 2014 年以来中国人民银行工作论文对 GDP、CPI、消费和投资等经济指标进行了定量预测，但该预测结果并不代表中国人民银行，工作论文首页即明确声明"论文内容仅代表作者个人学术观点，不代表中国人民银行"。而在《中国货币政策执行报告》的"中国宏观经济展望"中也只有描述性的分析，几乎没有提供给市场额外的有用信息。以 2016 年第二季度为例，不难发现，中国人民银行提供的信息基本都是市场早已从政府工作报告或其他文件中所知悉的：

① 具体参见：https://www.federalreserve.gov/econresdata/workingpapers.htm.

"当然还须看到，未来一段时期内外部形势仍很复杂，经济发展和结构调整还面临不少挑战。……从国内经济运行看，结构性矛盾仍然突出，经济对房地产和基建投资的依赖较大，金融等资源进一步集中，民间投资增速及其占比继续下降，经济内生增长动力仍待增强，传统动能转型和新动能培育的任务依然艰巨。供给过剩和供给不足并存，一些新领域增长潜力释放不足，影响了经济活力，债务杠杆还在较快上升，区域经济分化较为明显，经济金融领域风险暴露逐步增多……"（《2016年第二季度中国货币政策执行报告》）

3. 货币政策决策过程不透明，降低了决策透明度

决策透明度是指中央银行货币政策决策的形成过程是否公开透明。发达国家货币政策决策过程的透明度比较高。以美国为例，美联储在官方网站不仅对联邦公开市场委员会组织架构、决策程序和决策规则进行了明确说明①，而且每次联邦公开市场委员会会议声明中均会公布货币政策决策过程中各个委员的投票情况。

2016年，中国人民银行货币政策决策过程仍处于不透明状态。中国货币政策委员会会议纪要除了公布会议召开时间、地点和参会人员外，所涉及的核心内容主要有两部分：一是会议对当前国内外经济金融形势的看法，二是未来货币政策的调控思路。这两方面内容不仅与《中国货币政策执行报告》中的相关内容重合度较高，而且并没有涉及货币政策决策的具体过程，尤其是没有像美联储一样公布各位参会人员对货币政策决策的投票情况。以2016年第二季度为例：

"会议分析了当前国内外经济金融形势。会议认为，当前我国经济金融运行总体平稳，但形势的错综复杂不可低估。世界经济仍处于国际金融危机后的深度调整期。主要经济体经济走势进一步分化，美国经济温和复苏，欧元区复苏基础尚待巩固，英国公投决定退欧引发市场波动，日本经济低迷，部分新兴经济体实体经济面临较多困难。国际金融市场风险隐患增多。

会议强调，要认真贯彻落实党的十八大和十八届三中、四中、五中全会、中央经济工作会议和全国"两会"精神。密切关注国际国内经济金融最新动向和国际资本流动的变化，坚持稳中求进工作总基调，适应经济发展新常态，继续实施稳健的货币政策，更加注重松紧适度，灵活运用多种货币政策工具，保持适度流动性，实现货币信贷及社会融资规模合理增长。改善和优化融资结构和信贷结构。提高直接融资比重，降低社会融资成本。按照加强供给侧结构性改革的要求，继续深化金融体制改革，增强金融运行效率和服务实体经济能力，加强和完善风险管理。进一步推进利率市场化和人民币汇率形成机制改革，保持人民币汇率在合理均衡水平上的基本稳定。"（中国人民银行货币政策委员会召开2016年第二季度例会）

可以看到，中国货币政策委员会会议纪要的内容与货币政策的决策过程关系不大，

① 具体参见：https://www.federalreserve.gov/monetarypolicy/rules_authorizations.htm.

没有为公众提供有关货币政策决策过程的信息，导致决策透明度不足。

中国货币政策决策过程缺乏透明度的主要原因是货币政策委员会对货币政策不具有决策权。根据《中国人民银行货币政策委员会条例》的规定，货币政策委员会的职责是，讨论货币政策的制定和调整、一定时期内的货币政策控制目标、货币政策工具的运用……涉及货币政策等重大事项，并提出建议。从中不难发现，货币政策委员会只能讨论并建议货币政策如何实施，并不涉及货币政策决策。正因如此，货币政策会议后的纪要中也不会公布有关货币政策决策的实质性内容。

4. 货币政策操作透明度相对较高，但仍有不足之处

操作透明度是指中央银行是否能让公众及时了解到货币政策工具的操作并理解其意图，可从以下三个方面进行考察。第一个方面是货币政策工具的定义是否明确，如中央银行推出的新型货币政策调控工具的定义、操作方式和操作目的是否有明确说明。第二个方面是货币政策工具操作后是否及时公布操作情况。第三个方面是对货币政策操作的意图是否进行详细解释。

2016 年，中国人民银行在操作透明度方面做得相对较好。首先，中国人民银行对货币政策工具操作都予以及时公布。例如，中国人民银行决定自 2016 年 3 月 1 日起普遍下调金融机构人民币存款准备金率 0.5 百分点，中国人民银行在 2 月 29 日就已发布这一操作；2016 年 2 月以来中国人民银行公开市场操作实现常态化，几乎每天都进行公开市场操作，对于操作期限、规模和利率均在当天及时发布。其次，中国人民银行对重要货币政策操作的意图进行了及时解释。在 2016 年 2 月 29 日发布的降低存款准备金率的公告中，中国人民银行明确声明此次降准的目的在于"保持金融体系流动性合理充裕，引导货币信贷平稳适度增长，为供给侧结构性改革营造适宜的货币金融环境"。

但是，中国仍然存在货币政策工具定义不清的问题。例如，在中国人民银行网站给出的常备借贷便利概述中明确指出，常备借贷便利的主要功能是"满足金融机构期限较长的大额流动性需求"，"期限为 1~3 个月"[①]。然而，在实际操作中，绝大多数常备借贷便利的期限都是隔夜或 7 天：从操作规模来看，2016 年近 90%的常备借贷便利操作均是隔夜或 7 天（表 3）。

表 3　2016 年常备借贷便利开展情况

时间	隔夜/亿元	7 天/亿元	1 个月/亿元	1 个月期以下操作规模占比/%
2016 年 1 月	3 065.3	2 143.7	0.1	100.00
2016 年 2 月	18.4	14.1	1.7	95.03
2016 年 3 月	96.5	70.2	0	100.00
2016 年 4 月	7.5	0.1	0	100.00
2016 年 5 月	5.7	0	0	100.00
2016 年 6 月	27.1	0.1	0	100.00
2016 年 7 月	5	0	4	55.56

---

① 具体参见：http://www.pbc.gov.cn/zhengcehuobisi/125207/125213/125443/125854/2895400/index.html.

续表

时间	隔夜/亿元	7 天/亿元	1 个月/亿元	1 个月期以下操作规模占比/%
2016 年 8 月	8	0	0	100.00
2016 年 9 月	1.06	0.46	4	27.54
2016 年 10 月	2.12	5	0	100.00
2016 年 11 月	54.49	211.17	19.03	93.32
2016 年 12 月	15.59	449.36	892.52	34.25
合计	3 306.76	2 894.19	921.35	87.06

资料来源：中国人民银行；其中，"1 个月期以下操作规模占比"等于"隔夜操作规模与 7 天操作规模之和"除以"隔夜、7 天和 1 个月操作规模之和"

三、中国缺乏前瞻性指引

美国自 2008 年以来不仅持续使用前瞻性指引政策，而且对前瞻性指引的形式进行了逐步改进，以更好地从利率和信心这两个渠道对公众预期进行引导。在 2008 年全球金融危机爆发后的初期，美联储使用的前瞻性指引属于开放式指引（也被称为定性指引）。开放式指引的特点是只提出未来将保持利率在较低水平，但并不明确说明低利率水平将持续多长时间。例如，2008 年 12 月美联储声明将联邦基金利率降至 0~0.25%，并将在此水平上维持一段时间[1]。2011 年下半年开始，美联储前瞻性指引的形式从开放式转向了日历式（也被称为时间指引）。日历式指引在开放式指引的基础上引入了明确的政策持续期间。例如，在 2011 年 8 月的联邦公开市场委员会会议后，美联储指出"直到 2013 年中期，维持极低的联邦基金利率都是合适的"[2]。2012 年年末，美联储进一步改进了前瞻性指引的形式，推出了目标式指引（也被称为状态指引或条件指引）。目标式指引是在开放式指引中加入量化的政策目标。这不仅能够避免日历式指引下货币政策灵活性受到约束的问题，而且明确的政策目标有助于进一步锚定市场的预期。例如，2012 年 12 月美联储在联邦公开市场委员会会议后指出"只要失业率仍处于 6.5%以上、未来 1~2 年通货膨胀不超过 2.5%，将联邦基金利率保持在极低水平是合适的"[3]。2016 年，虽然美国已进入加息通道，但美联储仍然在使用目标式指引，以加强对公众预期的引导。2016

---

[1] 原文表述为 "The Federal Open Market Committee decided today to establish a target range for the federal funds rate of 0 to 1/4 percent … the Committee anticipates that weak economic conditions are likely to warrant exceptionally low levels of the federal funds rate for some time"。资料来源：Federal Reserve Press Release，2008-12-16。

[2] 原文表述为 "the Committee decided today to keep the target range for the federal funds rate at 0 to 1/4 percent … likely to warrant exceptionally low levels for the federal funds rate at least through mid-2013. The Committee also will maintain its existing policy of reinvesting principal payments from its securities holdings"。资料来源：Federal Reserve Press Release，2011-08-09。

[3] 原文表述为 "the Committee decided to keep the target range for the federal funds rate at 0 to 1/4 percent and currently anticipates that this exceptionally low range for the federal funds rate will be appropriate at least as long as the unemployment rate remains above 6-1/2 percent, inflation between one and two years ahead is projected to be no more than a half percentage point above the Committee's 2 percent longer-run goal, and longer-term inflation expectations continue to be well anchored"。资料来源：Federal Reserve Press Release，2012-12-12。

年 1 月，美联储指出"将保持利率在 0.25%~0.5%不变，直到未来劳动力市场状况有所改善并且通货膨胀率回升至 2%"[①]。理论研究已表明，前瞻性指引的确是中央银行引导公众预期进而稳定经济的有效工具。美联储主席耶伦在 2016 年 8 月的讲话中更是明确提出，前瞻性指引应当成为货币政策工具箱中的重要一员（Yellen，2016）。

然而，2016 年中国仍未采用开放式指引、日历式指引和目标式指引这三种形式的前瞻性指引中的任何一种。目前，中国人民银行仅仅是对未来经济状况和货币政策调控思路进行笼统描述，对于未来存贷款利率保持在何种水平、货币供应量增速将保持在什么水平等前瞻性指引的核心内容和量化指标仍没有明确说明，与美国等发达国家实施的前瞻性指引政策差距较大[②]。以 2016 年第二季度为例，该期报告从六个方面概括了未来货币政策的调控思路，但均未对货币政策进行前瞻性指引：

"一是综合运用货币政策工具，优化政策组合，保持适度流动性，实现货币信贷和社会融资规模合理增长。……二是盘活存量、优化增量，支持经济结构调整和转型升级。……三是进一步推进利率市场化和人民币汇率形成机制改革，提高金融资源配置效率，完善金融调控机制。……四是完善金融市场体系，切实发挥好金融市场在稳定经济增长、推动经济结构调整和转型升级、深化改革开放和防范金融风险方面的作用。……五是深化金融机构改革，通过增加供给和竞争改善金融服务。……六是完善宏观审慎政策框架，有效防范和化解系统性金融风险，切实维护金融体系稳定。……"（《2016 年第二季度中国货币政策执行报告》）

有两种观点认为中国不需要或者不应该实施前瞻性指引，但这两种观点均站不住脚。一种观点认为，中国尚未受到零利率约束，传统货币政策工具仍然有效，因此没有必要实行前瞻性指引政策。尽管中国名义利率还未降至零，但是货币政策的效率已明显下降、政策空间也大幅收窄。政策效率方面，2016 年以来，中国出现了 M1、M2 增速"剪刀差"，M1 增速一度快于 M2 增速达 15 百分点。M1、M2 增速"剪刀差"反映出企业投资意愿下降、房地产销售活跃[③]，货币政策并未较好地支持实体经济发展，效率较低。政策空间方面，截至 2016 年年末，中国存款基准利率已降低至 1.5%，为近 30 年最低水平。因此，已很有必要使用前瞻性指引来配合传统货币政策工具，以提高货币政策整体效率和政策可持续性。另一种观点不提倡进行前瞻性指引是因为担心中国人民银行会由于缺乏经验而前瞻性指引失败，进而误导公众预期。但事实上，中央银行的预测在大多数情况下总

---

① 原文表述为 "Given the economic outlook, the Committee decided to maintain the target range for the federal funds rate at 1/4 to 1/2 percent. The stance of monetary policy remains accommodative, thereby supporting further improvement in labor market conditions and a return to 2 percent inflation"。资料来源：Federal Reserve Press Release，2016-01-27。

② 2016 年货币供应量的量化目标在政府工作报告中有明确声明，但中国人民银行作为货币政策执行部门却没有在《中国货币政策执行报告》等重要文件和报告中予以明确说明。事实上，中国人民银行在 2009~2012 年曾在《中国货币政策执行报告》中声明货币供应量的量化目标（每一年的量化目标在前一年第四季度《中国货币政策执行报告》中公布），但 2013 年以来却不再进行声明。

③ http://www.yicai.com/news/5043875.html.

是比公众更为准确（Romer C D and Romer D H，2000）。这是因为中央银行作为政府机构天然具有信息优势，同时作为货币政策执行机构会比任何经济个体收集、处理和分析更多的数据（Svensson，2006）。"大宏观"团队的分析表明，中央银行具有信息优势，通过沟通能够有效引导预期，最终全社会福利损失降低近 15%[①]。

此外，还必须看到，2016 年市场信心已明显不足，因此迫切需要前瞻性指引来引导预期、恢复信心。中国人民银行的调查结果显示，中国企业家和银行家的信心都有所不足。2016 年第一季度，企业家和银行家信心指数分别降至 44% 与 38%，为新常态以来最低水平，虽然企业家和银行家信心指数在第二季度以后有所上升，但仍处于历史低位（图1）。与此同时，民间投资信心尤为不足。2016 年民间固定资产投资累计同比增速仅 3.2%，相比 2015 年 10.1%的增速出现断崖式下跌，民间投资信心明显不足。

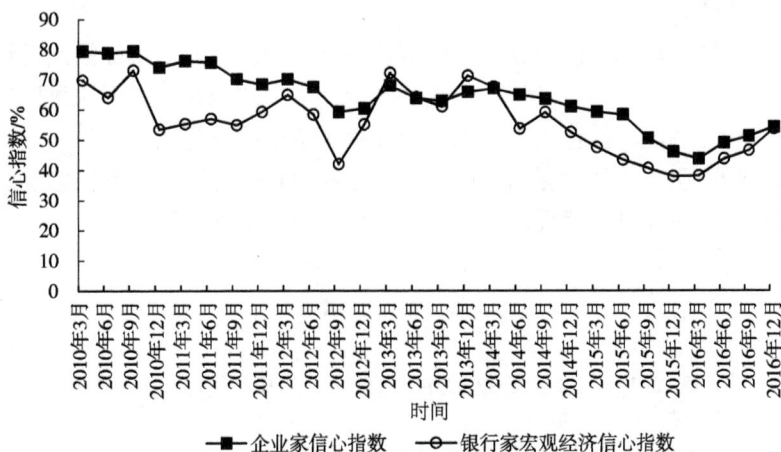

图 1　2016 年中国企业家和银行家信心已跌至历史低位
资料来源：中国人民银行

四、结　　语

宏观政策的理论和实践表明，货币政策透明度和前瞻性指引是预期管理的两个重要方面。有鉴于此，本报告考察了 2016 年中国货币政策透明度和前瞻性指引实施状况。结果表明，中国货币政策预期管理与美国等发达国家相比仍十分不足。

就货币政策透明度而言，本报告测算发现 2016 年中国货币政策透明度仍然不高。若以满分 100 分来度量货币政策透明度，2016 年中国货币政策透明度仅为 45 分，远低于发达国家的水平。本报告进一步从目标透明度、信息透明度、决策透明度和操作透明度四个方面具体分析了中国货币政策透明度整体不高的原因。首先，货币政策承担的目标过多，削弱了目标透明度。其次，由于中国人民银行进行货币政策分析的经济模型和官方经济预测数据没有公布，反映出货币政策力度和效果的经济数据发布不全面，信息透

---

① 具体参见郭豫媚和周璇（2016）。

明度整体较低。再次，中国货币政策决策过程尚不公开透明，导致决策透明度不足。最后，操作透明度相对而言较高，但仍存在工具定义不清的问题。

就前瞻性指引而言，2016 年中国仅仅对未来经济状况和货币政策调控思路进行笼统描述，仍未采用开放式指引、日历式指引和目标式指引这三种形式的前瞻性指引中的任何一种。这与美国等发达国家实施的前瞻性指引差距较大。有观点认为，中国尚未受到零利率约束，传统货币政策工具仍然有效，因此没有必要实行前瞻性指引政策。但是考虑到中国货币政策的效率已明显下降、政策空间也大幅收窄，实际上已有必要使用前瞻性指引来配合传统货币政策工具，提高货币政策整体效率和政策可持续性。另一种观点不提倡进行前瞻性指引是因为担心中国人民银行会由于缺乏经验而使前瞻性指引失败，进而误导公众预期。但事实上，中央银行的预测在大多数情况下总是比公众更为准确，因此不必过于担忧。

基于中国预期管理存在的问题，中国应从以下两个方面入手来加强预期管理：一方面，应拓宽中国人民银行与市场沟通的途径，丰富沟通的内容，努力从目标透明度、信息透明度、决策透明度和操作透明度四个层面提高货币政策透明度。另一方面，应逐步在货币政策实践中引入前瞻性指引政策，尤其是在市场信心下降、预期恶化的情况下，中国人民银行应积极通过对货币政策进行前瞻性指引来恢复市场信心。

参 考 文 献

陈小亮，陈惟，陈彦斌. 2016. 社会融资规模能否成为货币政策中介目标？——基于金融创新视角的实证研究. 经济学动态，（9）：69-79.

陈彦斌. 2016-05-18. 货币政策要加强预期管理. 光明日报，第 15 版.

陈彦斌，陈小亮. 2016. 未来我国房价涨势会逐渐放缓吗？人民论坛，（27）：81-83.

郭豫媚，周璇. 2016. 央行沟通、适应性学习和货币政策有效性. 工作论文.

郭豫媚，陈伟泽，陈彦斌. 2016. 中国货币政策有效性下降与预期管理研究. 经济研究，（1）：28-41.

李拉亚. 1994. 预期与不确定性的关系分析. 经济研究，（9）：12-19.

李拉亚. 2011. 预期管理理论模式述评. 经济学动态，（7）：113-119.

万志宏. 2015. 货币政策前瞻性指引：理论、政策与前景. 世界经济，（9）：166-192.

徐亚平. 2006. 货币政策有效性与货币政策透明制度的兴起. 经济研究，（8）：24-34.

张鹤，张代强，姚远，等. 2009. 货币政策透明度与反通货膨胀. 经济研究，（7）：55-64.

Bank of England. 2013-08-07. Monetary policy trade-offs and forward guidance. http：//www.bankofengland. co.uk/monetarypolicy/Pages/forwardguidance.aspx.

Bernanke B S，Laubach T，Mishkin F S. 1999. Inflation Targeting. Princeton：Princeton University Press.

Blinder A S. 1998. Central Banking in Theory and Practice. Cambridge：MIT Press.

Brunner K. 1981. The art of central banking. Center for Research in Government Policy and Business, University of Rochester Working Paper GPB.

Campbell J R，Evans C L，Fisher J D，et al. 2012. Macroeconomic effects of federal reserve forward guidance. Brookings Papers on Economic Activity.

Carlstrom C T，Fuerst T S，Paustian M. 2015. Inflation and output in new Keynesian models with a transient interest rate peg. Journal of Monetary Economics，76：230-243.

Chortareas G，Stasavage D，Sterne G. 2002. Does it pay to be transparent? International evidence from central bank forecasts. Review-Federal Reserve Bank of Saint Louis, 84（4）: 99-118.

Del Negro M, Giannoni M P, Patterson C. 2012. The forward guidance puzzle. Federal Reserve Bank of New York Staff Report, No. 574.

Dincer N N, Eichengreen B. 2007. Central bank transparency: where, why, and with what effects? National Bureau of Economic Research Working Paper, No. 13003.

Dincer N N, Eichengreen B. 2014. Central bank transparency and independence: updates and new measures. International Journal of Central Banking, 10（1）: 189-259.

Eijffinger S C W, Geraats P M. 2006. How transparent are central banks? European Journal of Political Economy, 22（1）: 1-21.

Eijffinger S C W, Hoeberichts M, Schaling E. 2000. A theory of central bank accountability. Centre for Economic Policy Research Discussion Papers, No. 2354.

European Central Bank. 2001. A guide to Euro-system staff macroeconomic projections exercises.

Gali J. 2010. Are central banks' projections meaningful? National Bureau of Economic Research Working Paper, No. 16384.

Geraats P M. 2002. Central bank transparency. Economic Journal, 112（483）: 532-565.

Gerlach-Kristen P. 2004. Is the MPC's voting record informative about future UK monetary policy? Scandinavian Journal of Economics, 106（2）: 299-313.

Hamilton J D, Pruitt S, Borger S. 2011. Estimating the market-perceived monetary policy rule. American Economic Journal: Macroeconomics, 3（3）: 1-28.

Howells P, Mariscal I. 2002. Central bank transparency: a market indicator. Working Paper.

Jeanneau S. 2009. Communication of monetary policy decisions by central banks: what is revealed and why. Bank for International Settlements Papers, No.47.

Kiley M T. 2016. Policy paradoxes in the new Keynesian model. Review of Economic Dynamics, 21: 1-15.

Lucas R E. 1972. Expectations and the neutrality of money. Journal of Economic Theory, 4（2）: 103-124.

Mariscal I, Howells P. 2010. Central bank communication, transparency and interest rate volatility: evidence from the USA//Fontana G, McCombie J, Sawyer M. 2010. Macroeconomics, Finance and Money. London: Palgrave MacMillan.

McKay A, Nakamura E, Steinsson J. 2016.The power of forward guidance revisited. American Economic Review, 106（10）: 3133-3158.

Mishkin F S. 2010. The Economics of Money, Banking, and Financial Markets. London: Pearson Education.

Morris S, Shin H S. 2002. Social value of public information. American Economic Review, 92（5）: 1521-1534.

Papadamou S. 2013. Market anticipation of monetary policy actions and interest rate transmission to US treasury market rates. Economic Modelling, 33: 545-551.

Romer C D, Romer D H. 2000. Federal reserve information and the behavior of interest rates （digest summary）. American Economic Review, 90（3）: 429-457.

Svensson L E O. 2006. Social value of public information: comment: Morris and Shin （2002） is actually pro-transparency, not con. American Economic Review, 96（1）: 448-452.

Svensson L E O. 2015. Forward guidance. International Journal of Central Banking, 11（S1）: 19-46.

van der Cruijsen C, Demertzis M. 2007. The impact of central bank transparency on inflation expectations. European Journal of Political Economy, 23（1）: 51-66.

Woodford M. 2001. Monetary policy in the information economy. National Bureau of Economic Research.

Yellen J L. 2016.The federal reserve's monetary policy toolkit: past, present, and future. At "Designing Resilient Monetary Policy Frameworks for the Future", A Symposium Sponsored by the Federal Reserve Bank of Kansas City, Jackson Hole, Wyoming.

分报告四　宏观政策协调性评价[①]

　　本报告所指的"协调"特指在当前世界经济艰难复苏和中国经济持续下行的背景下各宏观政策之间的协调,以更好地实现宏观经济稳定和金融稳定("双稳定")的目标。从理论层面来看,一个经济体要想较好地实现"双稳定"目标,各宏观政策之间的有效协调必不可少。例如,传统的 IS-LM 模型表明:在经济不景气时期,扩张型的财政政策能够刺激总需求,但也会推高利率从而使投资受到负面影响,从而产生挤出效应。这时如果有宽松货币政策与之配合,那么就可以部分或全部抵消挤出效应,从而产生更佳的经济刺激效果。又如,基于 DSGE 模型的理论研究表明,宏观审慎政策与货币政策的协调配合能够在实现宏观经济稳定的同时,有效管控金融风险并提高居民福利水平(Angeloni and Faia,2013)。

　　近年来中国经济面临持续下行的压力,内外部金融风险不断攀升。在这样的背景下,如果没有其他政策的协调配合,单个宏观政策难以有效发挥作用。以 2016 年货币政策为例,年初中央银行打算实施稳健略偏宽松的货币政策来刺激总需求,结果却助推了一线和部分二线城市的房地产泡沫。无奈之下,货币政策又只好回调至稳健偏紧状态以抑制资产泡沫,但稳健偏紧的货币政策不能有效地与积极财政政策共同发力来"稳增长"。货币政策进退两难是因为宏观政策协调出现问题。

　　国家"十三五"规划纲要强调,要完善以财政政策、货币政策为主,其他政策协调配合的政策体系[②]。结合中国人民大学陈彦斌教授提出的广义协调论(陈彦斌,2016a)和中国宏观经济形势来看,首先,为应对经济持续下行压力,需要货币政策与财政政策协调配合、共同发力。其次,要在刺激经济的同时确保金融系统稳定,宏观审慎政策不可或缺。再次,在当前经济结构转型和增长动力转换的特殊发展阶段,产业政策与货币政策财政政策配合得当,会有助于中国经济更快走出困境。最后,要处理好经济内部平衡和外部平衡的关系,汇率政策与其他政策的协调也十分必要。因此,本报告将从四个方面对 2016 年中国宏观政策的协调性进行系统评价:货币政策-财政政策协调,货币政策-宏观审慎政策协调,产业政策-货币政策财政政策协调以及汇率政策-货币政策协调。

[①] 作者:刘凯,中国人民大学经济学院助理教授。
[②] 详见国家"十三五"规划纲要第十七章"创新和完善宏观调控"第一节。

一、货币政策-财政政策协调

无论是从宏观经济理论还是从各国宏观政策实践来看，货币政策与财政政策都是实现宏观经济稳定的两种核心政策工具。货币政策与财政政策的协调配合是各宏观政策协调性之中最为重要的一个方面。正因为如此，中央经济工作会议以及政府工作报告都明确提出接下来一年这两种政策工具的组合方式[①]。国家"十三五"规划纲要在强调政策的协调配合时特别指出，要"增强财政货币政策协调性"[②]。

1. 2016 年货币政策与财政政策协调不到位，主要在于货币政策力度不足，这是导致宏观调控"稳增长"效果欠佳的重要原因

2016 年中国对于货币财政政策组合的目标定位是"积极财政政策+稳健货币政策"[③]，以此来实现"稳增长"目标。从 2016 年的政策执行情况来看，财政政策力度较大、符合定位，但货币政策力度明显不足、没有达到预定目标。2016 年一般公共财政预算赤字率达到了 3.2%，比 2015 年大幅提高 0.7 百分点，是近 20 年以来的最高水平。从财政支出进度来看[④]，2016 年的实际赤字率达到甚至超过预算赤字率都不成问题。相比于积极的财政政策，2016 年货币政策偏紧，M2 增速没有达到目标，实际利率水平也没有降下来。2016 年 12 月末，M2 同比增速仅为 11.3%，比 2015 年同期低 2 百分点，比 13% 的目标值低 1.7 百分点[⑤]。实际利率水平由 2016 年第一季度的 3.37% 升高至第三季度的 3.74%（图1）。在实际融资成本较高和民间投资增速大幅下滑的背景下，2016 年中央银行没有采取降息操作，这也反映出货币政策力度不够[⑥]。

货币政策财政政策组合的力度没有达到预定目标，是导致 2016 年宏观政策调控"稳增长"效果不理想的重要原因。2016 年宏观调控效果欠佳主要体现在以下两点。一是 2016 年产出缺口依然为负。"大宏观"团队综合使用资本密度方法和状态空间方法对要素产出弹性进行估计，进而测算出 2016 年的潜在增速约为 7.4%[⑦]，高于 2016 年 6.7% 的 GDP 实际增速。二是 2016 年房地产对 GDP 的拉动效应明显，但以房地产拉动 GDP 增长的做法不可持续[⑧]。如果 2016 年房地产对 GDP 的拉动效应与 2015 年持平，那么 2016 年 GDP

---

① 例如，2015 年年底中央经济工作会议指出，"积极的财政政策要加大力度"，"稳健的货币政策要灵活适度"。2016 年政府工作报告也明确指出，"继续实施积极的财政政策和稳健的货币政策"。

② 引自国家"十三五"规划纲要第十七章"创新和完善宏观调控"第一节。

③ 引自 2016 年政府工作报告的第三部分"2016 年工作重点"。虽然关于货币政策的定位表述为"稳健"，但如果能够实现 M2 增速 13% 的目标，那么表述为"稳健略偏宽松"可能更合适一些。实际上，2016 年 2 月底中国人民银行行长周小川在 G20 首次财长和央行行长会议新闻发布会上曾表示，中国的货币政策处于稳健略偏宽松的状态。

④ 2016 年第三季度末财政支出已超过全年预算的 3/4，这是 2008 年全球金融危机以来财政支出进度最快的一年。

⑤ 如无特殊说明，本报告中的宏观经济数据均来源于国家统计局、中国人民银行或 Wind 数据库。

⑥ 中央银行没有加大货币政策力度，主要有两方面的考虑：一是抑制资产泡沫，二是稀释人民币贬值压力。但这样的做法是值得商榷的，下文中我们将详细探讨这些问题。

⑦ "大宏观"团队关于潜在增速的测算方法及测算结果参见陈彦斌和刘哲希（2016a）。

⑧ 不可持续的原因如下：一线及部分二线城市的房价已出现泡沫化趋势且从全国范围来看房地产依然是产能过剩行业。如果继续以房地产来拉动经济增长，既会加剧房价泡沫风险，也会恶化居民的财产不平等程度，还会违背房地产"去库存"的既定战略目标。

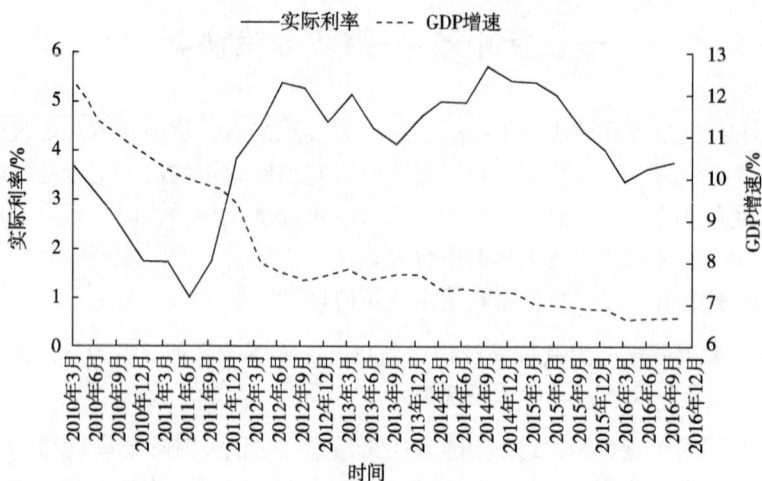

图 1　GDP 增速持续放缓背景下的实际利率走势

实际利率被定义为金融机构一般贷款加权平均利率扣除 CPI 通胀率

增速将会跌出 6.5%~7%的目标区间①。

2．"稳健略偏宽松货币政策+积极财政政策"的政策组合才能有效应对经济持续下行压力

近年来中国经济面临持续下行压力②，具体有以下五个方面的表现。一是经济增速持续下滑。2008 年国际金融危机之前中国 GDP 增速还高居 10%以上，但自 2010 年以来GDP 增速一路下滑至 7%以下。二是潜在增速持续下跌。据"大宏观"团队测算，中国GDP 的平均潜在增速在 2008~2011 年约为 9.77%，但到了 2012~2015 年已降至 8.01%，而 2016~2020 年更是大幅下跌至 6.2%。三是产出缺口持续为负。"大宏观"团队的测算结果显示，2012~2016 年中国经济的实际增速一直低于潜在增速、产出缺口一直为负（图2）。四是"债务—通缩"风险存在。通缩压力表现如下：CPI 通胀率由 2011 年的5.4%下降至 2015 年的 1.4%，同期 PPI 增速更是由 6.0%转为-5.2%（图 3）。截至 2016年 8 月，PPI 连续 54 个月同比下降，持续时间为改革开放以来最长的一次。2016 年全年PPI 仍然同比下降 1.4%，虽然 2016 年 12 月 PPI 同比上涨了 5.5%，但这主要是由煤炭、钢铁等价格短期上涨以及汇率波动所引起的石油等进口大宗商品价格上涨所致③，而煤炭、钢铁等行业依然是产能过剩行业。国家发改委强调，煤炭行业产能过剩、供大于求的趋势并没有根本改变④。与此同时，非金融企业部门债务率近年来一路攀升，截至 2015

---

① 具体测算参见分报告二。

② 2016 年 5 月 9 日《人民日报》文章《开局首季问大势——权威人士谈当前中国经济》中权威人士指出，当前，确实存在一些"两难"或"多难"的问题，最突出的表现如下：一方面经济面临下行压力；另一方面实体经济高杠杆。

③ 2016 年 12 月钢铁、煤炭、石油和天然气开采、有色金属以及石油加工行业出厂价格同比涨幅位居前列，分别为 35.0%、34.0%、19.7%和 16.6%。这几大行业合计影响 PPI 同比上涨 4.2 百分点，占总涨幅的 76%左右。

④ 例如，2016 年 10 月 21 日国家发改委副主任连维良主持召开煤电油气运保障工作部际协调机制第十一次会议。会议分析指出，煤炭产能过剩的局面还没有根本改变。

年年底已高达 150%以上（图 4），处于历史和国际高位（刘凯，2016a）。通缩压力与高债务的叠加增加了"债务—通缩"风险爆发的可能性，即经济体可能会陷入价格水平螺旋式下降与实际债务负担不断攀升的恶性循环之中[①]（刘哲希等，2016）。五是 2017年 GDP 预期增速低于 2016 年。关于 2017 年中国 GDP 增速，IMF 和世界银行的预测值为 6.5%（IMF，2017；World Bank，2016），中国人民大学中国宏观经济论坛的预测值也为 6.5%[②]，都低于 2016 年的水平。

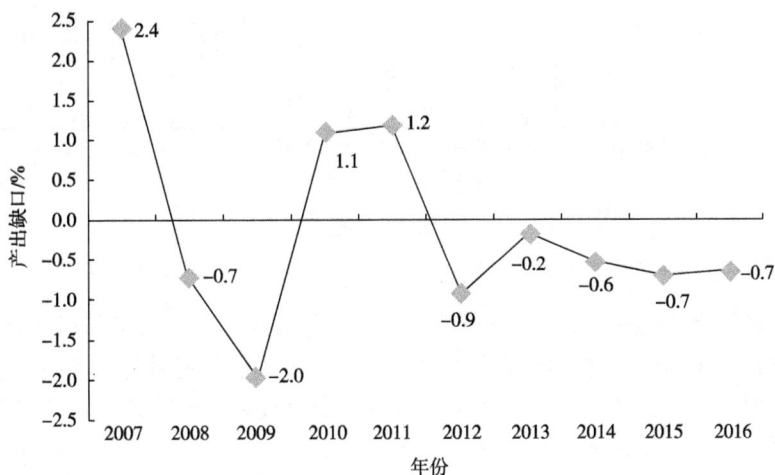

图 2　近年来中国经济的产出缺口持续为负

产出缺口被定义为 GDP 实际增速与潜在增速之差

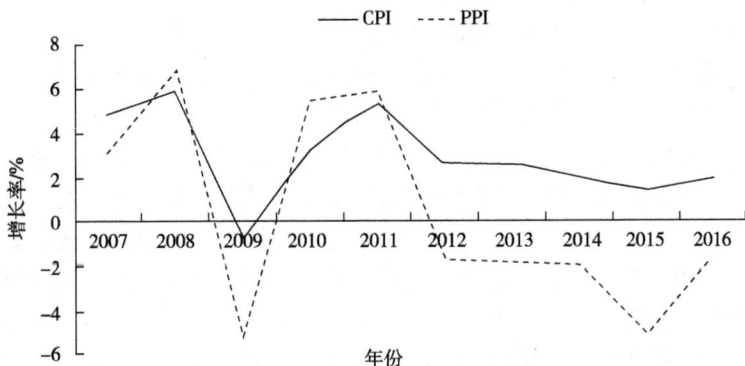

图 3　近年来中国价格总水平的增长率：CPI 及 PPI

从定性分析来看，2016 年中国应该采取"稳健略偏宽松货币政策+积极财政政策"的政策组合（"双宽松"），从而有效应对经济持续下行压力。一方面，在经济长期不

<hr/>

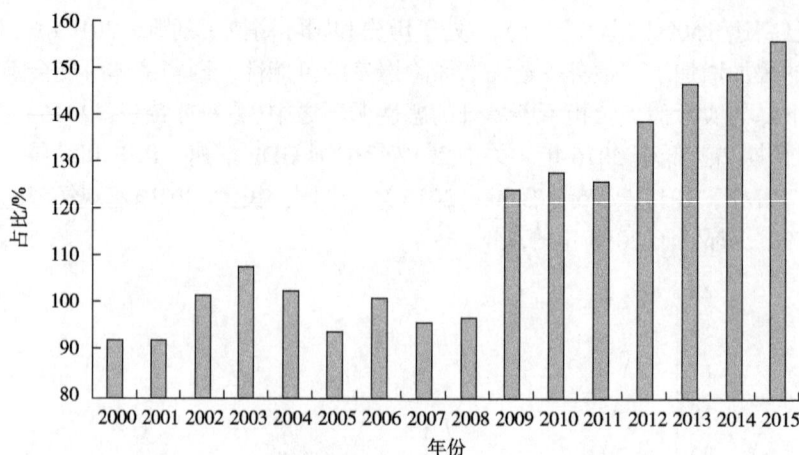

图 4　中国非金融企业债务占 GDP 比重
资料来源：李杨等（2013，2015）以及国家金融与发展实验室公布数据

景气或陷入深度衰退的时期,宏观政策框架要以货币政策与财政政策积极配合为核心（陈彦斌和刘哲希，2016b）。货币政策与财政政策共同发力，就能较好地实现"稳增长"目标。另一方面，当"债务—通缩"风险存在时，货币政策与财政政策的"双宽松"协调配合显得更有必要。Bernanke（2003）以及 Krugman（2015）等都倡导加强货币政策与财政政策的协调来应对"债务—通缩"风险。Bernanke（2003）认为，中央银行购买国债可以为财政政策创造空间。Krugman（2015）则指出，货币政策与财政政策的协调配合能够更好地恢复公众信心，有效实现再通胀，从而帮助经济摆脱不景气和通缩。

从定量分析来看，"大宏观"团队通过定量模型研究发现：货币政策与财政政策的"双宽松"协调配合可以为财政政策创造空间，并为货币政策节省空间，提高政策可持续性，从而提高中国应对经济持续下行压力的能力。陈小亮和马啸（2016）基于 DSGE 模型的定量研究表明：在中国经济面临持续下行压力及"债务—通缩"风险时，单独使用货币政策或财政政策都需要很大的政策力度，容易导致政策不可持续。但"双宽松"的协调配合却可以起到很好的效果。一方面，货币政策的"再通胀"效应有助于减轻政府实际债务负担和融资成本，从而为财政政策创造空间。另一方面，积极财政政策在扩大总需求的同时能够推高物价水平，这会产生一定的"再通胀"效应，减轻货币政策为实现"再通胀"而需要宽松的力度，从而为货币政策节省空间。例如，数值模拟结果显示：只使用财政政策应对"债务—通缩"风险时，赤字率提高的同时政府实际债务率必须也要提高 1.1%~1.4%。而在有货币政策配合的情形下，政府实际债务率反而下降了 1%左右。正是财政政策与货币政策的配合为财政政策创造了空间，才使得不需要增加政府实际债务负担就可以加大财政政策的宽松力度。

二、货币政策-宏观审慎政策协调

宽松货币政策在刺激经济的同时有可能导致金融不稳定，2015 年股市泡沫的形成就是一个例证。所以，货币政策与宏观审慎政策的协调配合十分有必要。国家"十三五"规划纲要也明确提出，要"构建货币政策与审慎管理相协调的金融管理体制"。

1. 2016 年货币政策与宏观审慎政策协调不好，主要在于宏观审慎政策执行不到位，这加剧了房价泡沫风险并导致货币政策进退两难

2016 年宏观审慎政策缺乏前瞻性、执行不到位，导致一线和部分二线城市房价泡沫化风险加剧。2015 年年底 2016 年年初房价已出现快速增长的苗头（图 5），但中国人民银行等部门没有引起重视。2016 年以来，一线和部分二线城市房价持续大幅上涨。截至 2016 年 9 月末，北京、上海、深圳新建商品住宅价格同比分别上涨 30.4%、39.5%和 34.5%，南京、合肥、苏州等二线城市的新建商品住宅价格上涨幅度均超过 40%，泡沫化趋势十分明显。但面对这种局面，中国人民银行等部门并没有及时采取相关宏观审慎政策来应对，甚至没有提前进行房地产相关贷款的风险提示。直到 2016 年 7 月中央政治局"抑制资产泡沫"的决定出台之后[1]，从 2016 年 9 月末至 10 月初开始，中国人民银行、中国银监会等部门才通过收紧住房金融宏观审慎政策对前期宏观审慎政策执行不到位的情况进行了一定程度的弥补。这些住房金融宏观审慎政策包括提高首付比例、收紧第二套及以上住房贷款政策以及加强房地产开发资金的监管等。虽然"迟到"的宏观审慎政策起到了一定效果（至 2016 年 10 月下半月，一线和热点二线城市中有 7 个房价环比下降，其余 8 个环比涨幅回落），但相比于 2015 年一线和部分二线城市房价泡沫化风险进一步加剧是不争的事实[2]。

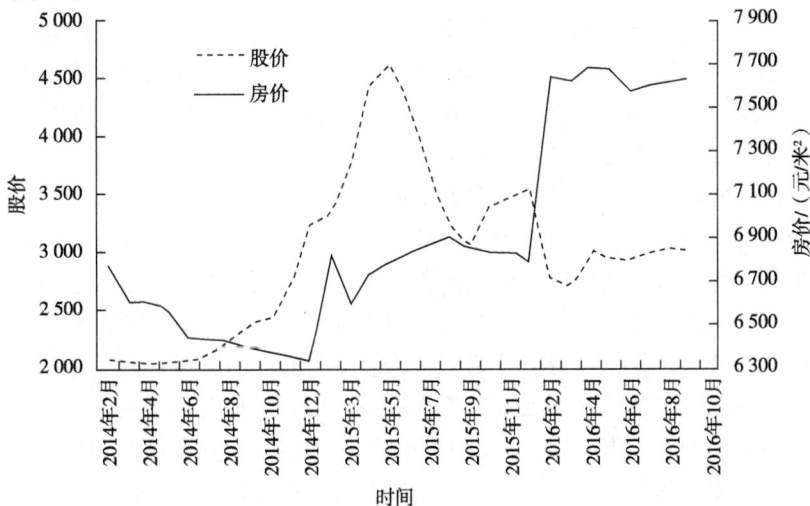

图 5 2015 年股市泡沫破灭和 2016 年楼市泡沫化风险
股价为上证综合指数，房价是利用每月商品房销售额除以销售面积得到

---

① 2016 年 7 月 26 日召开的中央政治局会议明确提出要"抑制资产泡沫"。
② 房价泡沫化至少可以从以下两点看出：一是 2016 年北京、上海、深圳的房价/月租金比（以二手房均价计算）均高于 620，远高于国际公认的合理区间（200~300）。二是中国一线和部分二线城市的房价收入比居全球之首。目前一线城市房价收入比已经超过 20 倍，35 个大中城市中有 32 个城市超过 3~6 倍的合理区间上限。

由于宏观审慎政策的较差配合，2016 年货币政策进退两难且"稳增长"效果大打折扣。在 2016 年第一季度，货币政策的宽松力度是较大的：M2 增速达到 13.4%，超过 13% 的目标值；人民币贷款余额比年初增加 4.6 万亿元，同比多增 9 301 亿元。但由于缺乏偏紧宏观审慎政策的配合，宽松货币政策释放的流动性流入房地产部门，没能有效服务于实体经济①。第一季度房地产贷款余额同比增长 22.2%，其中个人购房贷款余额增长 25.5%，比各项贷款余额增速高出 10.8 百分点。在此情形下，中央银行从 2016 年第二季度开始收紧货币政策：第二季度末 M2 同比增速仅为 11.8%，比第一季度下降了 1.6 百分点；第三季度末 M2 增速进一步降至 11.5%。但即便如此，由于偏紧宏观审慎政策依然缺位，所以资金仍然不断地流向房地产。2016 年第二季度末和第三季度末，房地产贷款余额同比增速都在 24%以上，个人购房贷款余额同比增速都在 30%以上。货币政策被迫回调至偏紧状态以及资金"脱实向虚"流向房地产部门都使货币政策效果大打折扣，无法协助积极财政政策共同发力来"稳增长"。

2. 货币政策的主要目标是对实体经济进行逆周期调节，而不应该承担实现金融稳定的主要责任

从中国人民银行在 2016 年第二季度《中国货币政策执行报告》中的表述②以及其收紧货币政策的表现来看，中国人民银行试图通过调整货币政策来抑制资产价格泡沫、实现金融稳定。但从理论上讲，这种做法既难以实现其目标，有时也是危险的。首先，根据"政策工具数量至少要等于目标变量数量"的丁伯根法则，不能指望货币政策既能稳定宏观经济，又能稳定金融系统。事实上，由于经济周期与金融周期在波动频率和波动幅度上存在明显差异，作为维持实体经济稳定的宏观政策，货币政策并不能保证金融系统的稳定（Blanchard et al., 2010；Mishkin, 2012；Borio, 2012）。2008 年金融危机前美国宽松货币政策使宏观经济稳定但金融风险加剧的现象就是最好的佐证。

其次，中央银行并不一定能够准确识别资产价格泡沫。Mishkin（2012）把资产价格泡沫分为两类。一类是过分乐观预期驱动的泡沫，如 20 世纪 90 年代末美国的 IT 泡沫。这类泡沫破灭后一般不会出现金融机构资产负债表的明显恶化，因而其破坏性相对较小。另一类是信贷驱动型泡沫，如 2008 年美国次贷危机。信贷驱动型泡沫产生的机理是如下正反馈机制：信贷扩张推高资产价格，资产价格上涨导致抵押品价值增加从而催生更多信贷，更大规模的信贷扩张导致资产价格进一步攀升，如此形成泡沫。信贷驱动型泡沫的破灭将会产生严重后果。实际上，中国此轮房价泡沫化趋势就是由信贷扩张驱动的。对于过分乐观预期驱动的泡沫，中央银行几乎无法准确识别（Mishkin, 2012）。正因为如此，在格林斯潘时期，美联储的立场是不必对资产泡沫做出反应。

最后，虽然信贷驱动型资产泡沫相对容易识别，但试图通过收紧货币政策来抑制这种资产泡沫的做法仍然是不可取的，原因如下：第一，资产价格有很多种，而泡沫一般

---

① 本报告所指的"实体经济"不包括房地产部门。正如上文所述，当前若以房地产来拉动中国经济增长不仅不可持续，还会加剧不平等和经济运行风险。

② 中国人民银行在 2016 年第二季度《中国货币政策执行报告》中表示，"前期的房价较快上涨有可能逐步传导"，"若频繁降准会大量投放流动性，容易强化对政策放松的预期"，因此要"保持政策的连续性和稳定性，继续实施稳健的货币政策"。

只出现在一部分资产中。但货币政策的变动会影响到几乎所有的资产价格，而不仅仅是存在泡沫的特定资产价格。因此，通过收紧货币政策来抑制资产泡沫时，非泡沫化的资产价格也会受到负面影响，代价较大。第二，历史经验表明，通过收紧货币政策来抑制资产泡沫的做法，反而可能加剧资产价格波动，严重时甚至会刺破资产泡沫而引发金融危机[①]（Bernanke and Gertler，2001；Mishkin，2011a；Galí，2014）。

3. 在实施稳健略偏宽松的货币政策时，需要偏紧的宏观审慎政策来主动配合，这样才能让货币政策走出"衰退式泡沫"困境而发挥"稳增长"的应有作用

在经济不景气时期，货币政策发力时资金容易"脱实向虚"而催生信贷驱动型泡沫，这样的泡沫也被称为"衰退式泡沫"。2015 年股市泡沫的产生和 2016 年房价泡沫化风险加剧都表明了这一点。实际上，近些年来在较为宽松的货币政策环境下，中国的信贷增速过快，已经为信贷驱动型资产泡沫提供了土壤。据 BIS 的估算，自 2009 年开始中国信贷与 GDP 比值已连续 7 年高于其长期趋势值，至 2016 年第二季度末该比值偏离其趋势值的百分比（即所谓的"信贷/GDP 缺口"）高达 28.8%（图 6）。根据国际经验，这预示着极高的信贷风险，信贷驱动型泡沫十分容易产生。

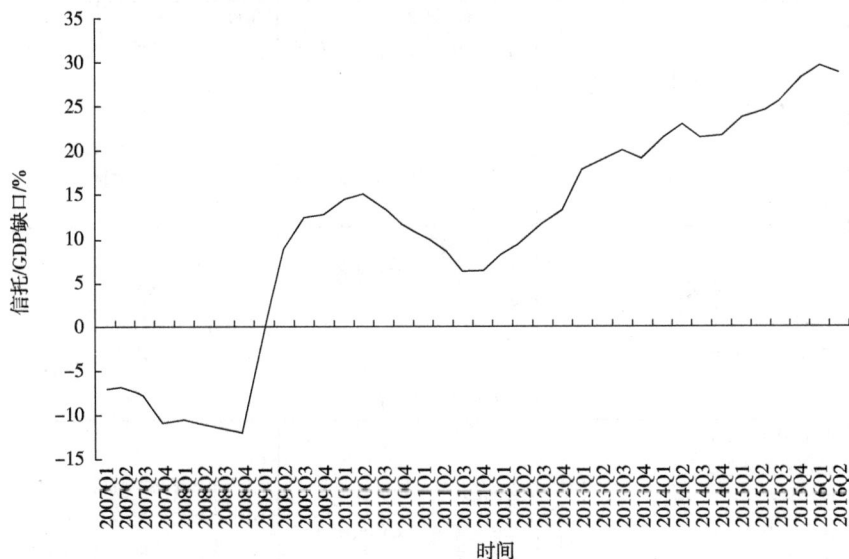

图 6　近年来中国的信贷/GDP 缺口

Q 表示季度

资料来源：BIS 数据库

但是正如上文所述，货币政策制定不应过多顾及资产价格泡沫。抑制信贷驱动型泡沫的主要政策工具应该是宏观审慎政策（Mishkin，2011b；Yellen，2014；Cecchetti，2016）。2008 年美国次贷危机的一个重要教训就是，中央银行和其他金融监管机构不应该放任信贷驱动型泡沫的膨胀而无所作为，恰当的宏观审慎政策有助于限制信贷驱动型泡沫，从

[①] 20 世纪 30 年代美国大萧条时期的金融危机以及 90 年代日本的金融危机，都是由货币紧缩而刺破资产泡沫所诱发的。

而提高金融系统的稳定性①（Mishkin，2012）。从理论上看，宏观审慎政策通对银行流动性、资本金和杠杆率等方面进行调节②，能够降低金融体系的过度风险承担激励，从而而有效抑制信贷驱动型资产泡沫的形成（Gertler et al.，2012；Bianchi and Mendoza，2013）。在表 1 中 IMF 归纳了宏观审慎政策工具的类型以及应该收紧或放松宏观审慎政策时对应的监测指标，其中信贷/GDP 缺口是最为重要的指标之一。因此，2016 年中央银行等部门应该果断采取措施，通过限制融资杠杆率、监控流动性风险以及实施住房金融宏观审慎政策等方式，抑制可能出现的资产价格泡沫。这样才能让充裕的流动性流向实体经济而不会导致"衰退式泡沫"，才能让货币政策发挥"稳增长"的应有作用。

表 1　宏观审慎政策工具及监测指标

工具类型	工具	监测指标	
		收紧（宏观审慎政策）	放松（宏观审慎政策）
一般性工具	逆周期资本缓冲； 杠杆率； 动态贷款损失拨备； 信贷增长上限	信贷/GDP 缺口扩大	资产负债表承受压力下的高频指标，如银行信用违约互换息差扩大； 贷款利率/利差扩大； 信贷增长放缓； 贷款调查显示信贷供给恶化
住户部门工具	增加对该部门的资本要求； 贷款价值比； 偿债收入比	住户贷款增加； 住房价格上涨（名义和实际增速）； 房价/租金比和房价/可支配收入比上升； 住户部门贷款占总贷款比重上升	房价下降； 房地产交易减少； 住户贷款利差增加； 抵押支持证券价格下降； 净住户贷款增长放缓； 新住户贷款增长放缓
企业部门工具	企业贷款的风险权重； 贷款增长上限； 贷款集中度限制	企业贷款增加； 企业贷款占总贷款比重的增长； 商业不动产价格上涨； 商业房地产信贷增长； 外汇贷款占比上升	贷款利率/利差增加； 公司贷款增长放缓； 贷款调查显示出信贷供给不断恶化
流动性工具	流动性缓冲要求； 稳定来源资金要求； 流动性费用； 准备金要求； 外汇头寸限制； 外币资金限制； 针对非银行机构的工具	贷存比上升； 非核心融资占总负债比上升	银行间利率与掉期利率的利差扩大； 零售市场融资成本上升； 对中央银行流动性窗口的依赖增加； 总资本流入逆转

资料来源：IMF（2014）以及中国人民银行金融稳定分析小组（2016）

---

① 宏观审慎政策是维护金融稳定的第一道防线，当出现宏观审慎政策难以稳定金融系统的极端情形时，货币政策才有必要对金融系统进行直接干预（Williams，2015）。

② 按揭成数调整以及其他住房金融宏观审慎政策也属于宏观审慎框架范畴。

三、产业政策–货币政策财政政策协调

产业政策是指政府为了实现一定的经济和社会目标而对某些产业的形成与发展进行干预的各种政策的总和[1]。产业政策具体目标的选择与一国经济体制以及经济发展阶段有关，这些目标可能包括保护弱小民族产业的成长，实现"赶超"战略，弥补市场缺陷以提高资源配置效率等。虽然产业政策不适合作为宏观调控的主要工具[2]（陈彦斌，2016b），但并不意味着产业政策不能与货币政策财政政策协调。货币政策财政政策要想实现宏观经济稳定的目标，必须通过有效的传导机制传导至产业和实体经济。因此，产业政策的定位和实施会影响到宏观政策的调控效果。例如，2008 年金融危机后美国试图通过实施"制造业回流"的产业政策来与量化宽松货币政策配合，以此来促进经济复苏。中国的国家"十三五"规划纲要也强调，产业政策要与货币政策财政政策协调配合[3]。

1. 2016 年产业政策与货币政策财政政策协调不好，主要在于产业政策没有放松在第三产业的管制措施，这是导致民间投资增速大幅下滑的重要原因之一

2016 年中国采取了积极的财政政策（包括减税）和稳健的货币政策来刺激经济，虽然政府投资大幅攀升，但民间投资并没有被有效拉动。2016 年投资增速较快的产业集中在房地产以及基础设施等领域，而基础设施领域的投资由国有及国有控股企业主导。2016年国有控股投资同比增幅高达 18.7%，比 2015 年提高 7.8 百分点。但民间投资增速出现了"断崖式"下滑，拖累了总投资增长和经济稳定。2015 年年底，民间投资增速还处于10% 以上，但 2016 年民间投资增速仅为 3.2%，与 2012 年年初接近 30% 的增速相比更是天壤之别。总投资中民间投资占比也从 2015 年年底的 64.2% 下滑至 2016 年年底的 61.2%，比 2015 年 65.4% 的高点下降了 4.2 百分点（图 7）。

出现政府投资增速与民间投资增速大幅背离的重要原因，是在第二产业去产能的背景下，产业政策没有放松在第三产业的管制。除了货币政策宽松力度不够以及一直以来存在的金融抑制所导致的融资难融资贵问题，民间投资增速大幅下滑的主要原因还有两点（陈彦斌，2016a）。一是"去产能、去库存、去杠杆"政策制约了民间资本在第二产业的投资空间。二是市场准入限制导致民间资本可投资的领域受限。管制型的产业政策

---

① 2016 年 11 月 9 日经济学家林毅夫和张维迎就产业政策进行了辩论。在辩论中，林毅夫把产业政策定义为中央政府或地方政府为促进某种产业在该国或该地区的发展而有意识地采取的政策措施。而张维迎定义的产业政策则较为狭义，是指政府出于经济发展或其他目的，对私人产品生产领域进行的选择性干预和歧视性对待。本报告定义的产业政策属于较为广义的产业政策，与黎文靖和郑曼妮（2016）等研究中国产业政策的文献一致。

② 在下文中，本报告将详细解释产业政策为什么不能作为宏观调控的主要工具及其正确定位应该是怎样的。实际上，2008 年全球金融危机后中国"四万亿"刺激计划就是将产业政策作为宏观调控主要工具的例子。将产业政策作为宏观调控主要工具负作用很大，2008 年对产业政策的不当使用是造成当前诸多经济困局的主要原因之一。在《人民日报》刊登的《七问供给侧结构性改革——权威人士谈当前经济怎么看怎么干》中，权威人士指出，"过去正是由于市场机制的作用发挥得不够，政府干预过多，导致市场不能及时出清，引发各种结构性矛盾"。

③ 本报告并不否认产业政策存在的意义和价值。自改革开放以来，中国借鉴发达国家的发展经验，通过制定产业政策，明确和引导产业发展方向，确实对经济增长起到了一定的促进作用。这与处于"赶超"时期的日本、德国以及韩国等国的历史经验也是一致的。但目前的产业政策定位存在严重偏差，亟须调整。

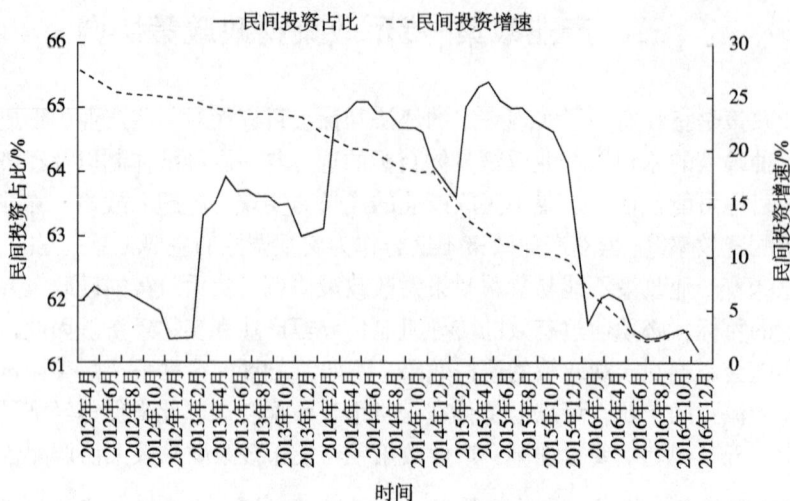

图 7　民间投资增速及民间投资占比走势

尤其体现在拥有较高回报率的金融、医疗、教育、养老等第三产业，民间资本很难涉足这些产业。在 2016 年民间投资增速下滑至 3.2%的背景下，第三产业的民间投资增速更是仅有 2.9%。当前民间投资在总投资中的占比高于 60%，但是在服务业中的占比尚不足 50%且呈现出不断下跌的态势（图 8）。实际上，在交通、电信、电力等公用事业和基础设施领域，民间投资也面临不同程度的市场准入限制。

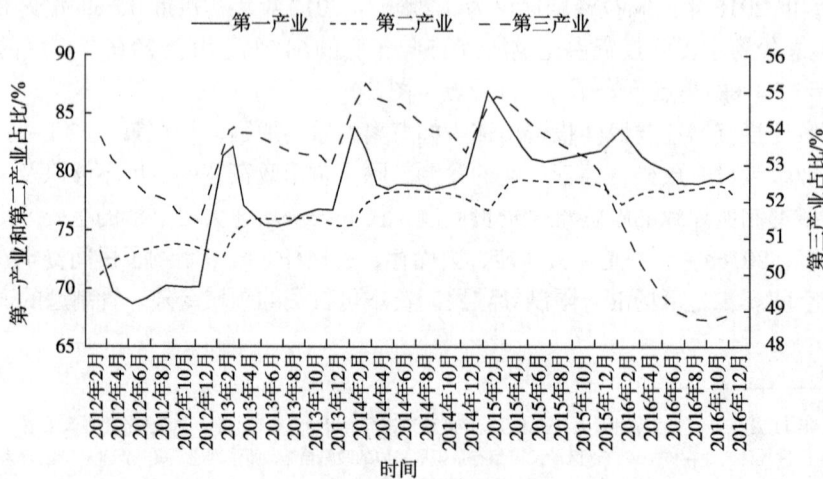

图 8　民间投资在三大产业中所占比重

由于管制型的产业政策限制了民间投资的空间，2016 年货币政策释放的流动性不能有效地流入实体经济转变为投资，进而不能有效地刺激经济增长。部分流动性涌入一线和部分二线城市的房地产市场，进而推动房价大幅攀升，加剧了房价泡沫化风险。又由于缺乏宏观审慎政策的协调配合，货币政策被迫回调至偏紧的状态，其无法与财政政策共同发力来"稳增长"。实际上，回顾 2015 年的中国宏观经济可以发现：2015

年股灾以及宏观政策调控效果不佳，也都与管制型产业政策所导致的民间投资机会匮乏密不可分。

2. 产业政策与货币政策财政政策协调配合的关键在于调整产业政策的定位，尤其应该放松产业政策在第三产业的管制措施

从宏观调控的视角来看，要大幅弱化产业政策的宏观调控职能。产业政策并不符合宏观调控工具的基本要求，而且会降低宏观政策的调控效率，因此不能成为宏观调控的主要工具（陈彦斌，2016b）。其一，宏观调控旨在对短期经济波动进行逆向调节，而产业政策周期较长，与宏观调控的短期定位相冲突。产业政策在实施过程中，需要相关部门全面调研并且制定产业规划和发展战略，政策内在时滞较长，而从政策实施到收到成效的外在时滞更长。其二，产业政策在制定过程中也不可避免地会受到政治周期等因素的影响，从而扭曲市场发展规律，引发资源错配和结构失衡等问题。其三，产业政策容易以宏观调控之名行微观干预之实，从而降低宏观经济政策的调控效率。

产业政策应该以放松管制、增强竞争为核心①。当前中国经济增长模式正由传统要素驱动型向 TFP 推动型转变。以放松管制、增强竞争为核心的产业政策能够从技术进步和效率改进这两个方面促进 TFP 的提升，从而促进经济增长。Acemoglu 等（2013）通过理论模型证明：在研发和创新具有外部性的情形下，针对研发和创新的相关产业政策如果能增强竞争，那么这将有利于技术进步和经济增长。诺贝尔经济学奖得主 Tirole 认为，应该通过产业政策来矫正市场失灵、约束市场权利，从而强化市场竞争，以此来优化资源配置效率（Tirole，2014）。权威人士在解释"产业政策要准"时指出，"实践证明，市场的选择是最有效益的。现在成功的民营企业有哪一家是政府扶持的？都是在市场经济大潮中闯出来的。正所谓'有心栽花花不开，无意插柳柳成荫'"②。

放松产业政策在第三产业的管制措施，以此来与"双宽松"的货币政策财政政策配合，从而有效拉动投资尤其是民间投资的增长，更好地实现"稳增长"。提高民间投资的积极性、扭转民间投资增速的快速下滑态势，是实现"稳增长"任务的关键。只有放松产业政策在第三产业的管制措施，宽松货币政策释放的流动性才能流入实体经济、转化为实体经济投资；减税等形式的财政政策才能有效带动投资尤其是民间投资，才能取得良好的刺激效果。

四、汇率政策-货币政策协调

汇率政策的目标是通过改变汇率形成机制、动用外汇储备以及跨境资本流动管理等政策来影响外汇市场，进而影响进出口贸易以及国际资本流动，以达到实现国际收支平衡和防范对外金融风险等目的。对于无论是贸易开放还是金融开放都达到了一定程度并且还将深入发展的中国经济来说，外部平衡与内部平衡的联系越来越紧密，对外金融风

---

① 经济学家吴敬琏在第三届大梅沙中国创新论坛上也认为，好的产业政策应该以促进市场竞争为目的。

② 详见：七问供给侧结构性改革——权威人士谈当前经济怎么看怎么干. 人民日报. 2016-01-04.

险与内部金融风险的联动也越来越强。因此，汇率政策与货币政策的相关性也越来越大。在当前经济下行压力依然较大、内外部金融风险攀升的背景下，汇率政策与货币政策的协调配合对于维持宏观经济稳定和金融稳定都是必要的。

1. 2016 年汇率政策与货币政策协调不到位，主要在于人民币汇率形成机制依然不够灵活，这导致货币政策独立性欠佳

中国的汇率政策主要包括资本管制政策和人民币汇率形成机制这两部分，目前人民币汇率形成机制依然不够灵活。虽然中国已基本形成了"收盘汇率+一篮子货币汇率变化"的人民币兑美元汇率中间价形成机制，汇率机制的灵活性、透明度和市场化水平比以前有明显提高①。但是，目前的人民币汇率形成机制还是不够灵活，中央银行依然害怕较大幅度的汇率波动。例如，当前允许人民币兑美元汇率的日浮动区间只有 ±2%。在美元进入加息周期以及需要实施稳健略偏宽松货币政策的时期，这样的灵活度是不够的。

由于人民币汇率形成机制不够灵活，2016 年货币政策的独立性受到削弱，基础货币投放不足和货币政策力度不足。为防范资本继续大量外流引发国内金融市场动荡②，2016 年汇率政策通过适当加强跨境资本流动管理③、引导人民币兑美元有序贬值等措施，较好地实现了这一目标。中国的外汇储备规模在 2016 年保持基本稳定，没有继续大幅下滑（图9）；中国的金融环境也总体稳定。但一定程度的资本外流仍不可避免，这导致 2016 年年底外汇占款比 2015 年年底减少约 2.9 万亿元（图 10）。外汇占款是中国基础货币投放最主要的手段，因此外汇占款的减少导致了基础货币收缩。为了应对这种状况，中国人民银行在 2016 年通过降准、公开市场操作常态化机制以及中期借贷便利和 SLF 等调控工具来调节市场流动性④。但受制于当前人民币汇率形成机制，中国人民银行担心较大的流动性释放力度会加剧人民币兑美元贬值压力，因此 2016 年基础货币投放力度是不足的。图 10 显示，2016 年多个月份基础货币余额呈现环比负增长，11 月末基础货币余额与年初相比几乎没有变化；虽然 12 月基础货币余额有一定幅度（5.8%）的环比增加，但考虑到基础货币传导到 M2 的时滞效应，2016 年基础货币的实际投放力度显然是不足的。基础货币投放力度不足是 M2 增速没有达到目标的重要原因。同样，就价格型货币政策而言，2016 年全年都无降息操作的一个重要原因是，中国人民银行担心降息会加大人民币贬值压力。人民币汇率形成机制不够灵活削弱了货币政策独立性，是造成 2016 年货币政策宽松力度不足的重要原因。

---

① 参见中国人民银行 2016 年第三季度《中国货币政策执行报告》。"收盘汇率"是指上一日银行间外汇市场的人民币兑美元收盘汇率，主要反映外汇市场供求状况。"一篮子货币汇率变化"是指为保持人民币兑一篮子货币汇率基本稳定所要求的人民币兑美元双边汇率的调整幅度，主要是为了保持当日人民币汇率指数与上一日人民币汇率指数相对稳定。

② 2015 年年初至 2016 年年初，由于"8·11 汇改"的推行以及美元进入加息周期，人民币兑美元出现了较大幅度的贬值。资本外流也显著增加，一年间中国外汇储备减少约 6 000 亿美元（图 9）。

③ 这些措施包括以下几点：适当放缓推进人民币资本项目可兑换，打击利用离岸公司和地下钱庄非法转移资金，强化外贸真实性审查，打击隐藏在经常账户交易和贸易信贷里的资本流动，加强对企业和银行跨境借贷和投资的审查，等等。

④ 例如，2016 年 3 月 1 日，中国人民银行下调存款准备金率 0.5 百分点。2016 年前三个季度，中国人民银行开展逆回购操作，分别投放流动性 47 950 亿元、54 850 亿元和 59 300 亿元，并且逆回购操作变得常态化。2016 年中国人民银行累计开展 MLF 操作 55 235 亿元。

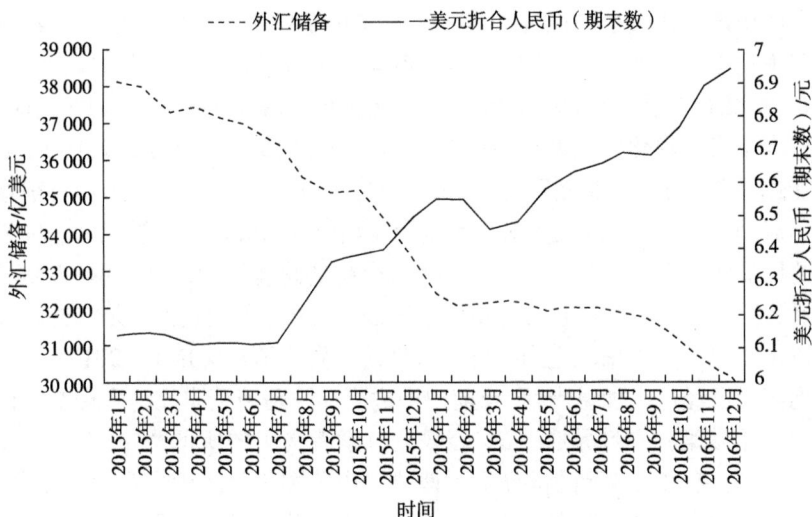

图 9　人民币兑美元汇率及中国外汇储备走势

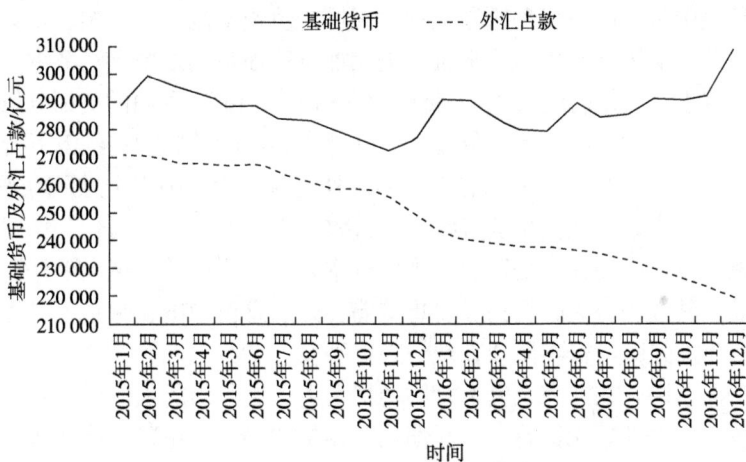

图 10　基础货币及外汇占款走势

2. 汇率政策与货币政策协调的核心在于确保货币政策独立性，当前适当加强跨境资本流动管理是必要的，同时需要更灵活的人民币汇率形成机制

对于中国这样的大型经济体来说，货币政策独立性和有效性的重要意义是不言而喻的。货币政策是最为重要的宏观稳定政策之一，其独立性对于平抑经济波动、维持宏观经济稳定至关重要[①]。"三元悖论"理论认为，要想保持货币政策独立性，就要在资本自由流动和汇率稳定之间有所权衡取舍。对于中国来说，选择完全固定汇率或完全资本自由流动等极端方案是不可取的，而应该选择"部分资本管制+部分浮动汇率"的中间解，原因如下：第一，完全资本管制不可取，因为这样既不利于资源优化配置和风险分担，

---

① 1929~1933 年美国"大萧条"时期政策制定的历史经验表明，"稳增长"（抗击通缩、使经济摆脱不景气）比其他方面（如"稳汇率"）要重要得多。

也不利于人民币国际化进程的推进①。第二，在国内金融市场、金融制度以及人民币汇率形成机制都不完善的情况下，完全资本自由流动也不可取，那样会导致极大的金融风险。资本项目自由化的推进要与市场承受能力以及金融监管和风险控制能力相适应（管涛，2016），资本项目自由化要以完善的汇率形成机制为前提（余永定，2016）。所以，当前中国只能选择"部分资本管制"，人民币汇率也不得不部分浮动②。值得特别指出的是，对跨境资本流动（尤其是短期内大规模跨境资本流动）的管理应该被视为一种中性政策，国际金融的历史经验以及当今国际规则都允许合理的跨境资本流动管理。2008 年全球金融危机之后，一向对资本账户开放持积极态度的 IMF 也开始转变立场，支持各国审慎渐近地开放资本账户，赞同采取适当措施来管理跨境资本流动（IMF，2012）。

考虑到美元已经进入加息周期，当前中国适当加强跨境资本流动管理是值得肯定的，这对于确保货币政策独立性是必要的③。最近有学者提出的所谓"二元悖论"理论认为（Rey，2015）：考虑到美元的世界货币地位，当美国货币政策出现较大变动时，对于外围国家来说，"三元悖论"退化为"二元悖论"，即无论外围国家实施的是固定汇率制还是浮动汇率制，资本自由流动与货币政策独立性二者只能取其一；要确保货币政策独立性不受到美国货币政策变动所导致的大规模跨境资本流动的影响，就必须限制资本自由流动。另外，从国际历史经验来看，美元加息往往是诱发新兴经济体货币危机和金融危机的重要因素，值得高度关注（刘凯，2016b）。当前，国内的高债务风险、房地产风险以及银行不良贷款风险等不容忽视，内外部金融风险的联动在经济下行时期会十分明显（刘凯，2016a）。如果美元加息引发的对外金融风险与国内金融风险恶性联动，引起国内金融市场失序，那么货币政策将完全失效、无法发挥"稳增长"作用。即使没有导致国内金融市场失序而仅仅是造成大规模资本外流，货币政策也会因外汇占款大幅减少而被动紧缩，其效果将大打折扣。要想减弱美元加息对中国金融系统和货币政策独立性的冲击，适当加强跨境资本流动管理是必要手段。

从理论层面上讲，在非完全资本管制的情形下，更灵活的人民币汇率形成机制有利于增强货币政策独立性。无论是"三元悖论"还是"二元悖论"理论都认为，在完全资本管制时，货币政策能够获得完全独立性。但是，适当加强跨境资本流动管理并不是也

---

① 随着中国经济实力在世界上的地位稳步增强，人民币在世界货币体系中的地位也应该相应增强，人民币国际化可以带给中国巨大利益，因此推进人民币国际化已成为中国的一项战略选择，而一定程度的资本自由流动是推动人民币国际化进程的必要条件。

② 当然，可以通过动用大量外汇储备来维持汇率在短期内固定不变，但这样做是不可取的。一是国际历史经验表明，这种做法既不可持续，也没有必要。二是外汇储备作为一国战略资产，积累起来缓慢且付出了一定成本，在非特殊情况下过快消耗，得不偿失。

③ 加强跨境资本流动管理在短期内可能会对人民币国际化造成一定负面影响，但这不应该成为当前不加强跨境资本流动管理的理由。第一，人民币国际化是一项长期战略，应该稳步推进，而不应该急于求成。实际上，虽然人民币 2016 年 10 月 1 日正式进入特别提款权（special drawing right，SDR）货币篮子，但环球同业银行金融电讯协会（Society for Worldwide Interbank Financial Telecommunication，SWIFT）数据显示：2016 年 10 月人民币的全球支付额下滑至第六位，占比降至 1.67%；而在传统的贸易金融领域，人民币排名第三活跃货币，占比 4.61%，已被欧元反超。这说明人民币国际化进程既不是简单线性的，也不是一蹴而就的。第二，从国际历史经验来看，一国货币国际化进程的推进本身也依赖于国内金融系统的稳定，因此当前适当加强跨境资本流动管理，从某种程度上讲反而有利于人民币国际化的长远发展。

不应该是完全资本管制，正常、合理的跨境资本流动是存在的，也是允许的。例如，由于中国居民和企业部门对外币资产偏好的增强以及中国企业"走出去"战略的实施，短期内一定程度的资本外流不可避免。在跨境资本流动存在的前提下，允许人民币汇率对国际国内经济金融形势做出及时调整，有利于发挥汇率的价格发现和风险提示功能。这既有利于及时释放人民币面临的贬值或升值压力从而稳定市场预期，也有利于货币政策制定更主动、更独立，从而更好地发挥"稳增长"作用。实际上，在适当加强跨境资本流动管理的同时，汇率的波动性会降低，应该允许更灵活的人民币汇率形成机制而不必过于害怕。当前美元处于加息进程中，人民币兑美元贬值正如其他主要货币的贬值一样不可避免（图11），要顺势而为。

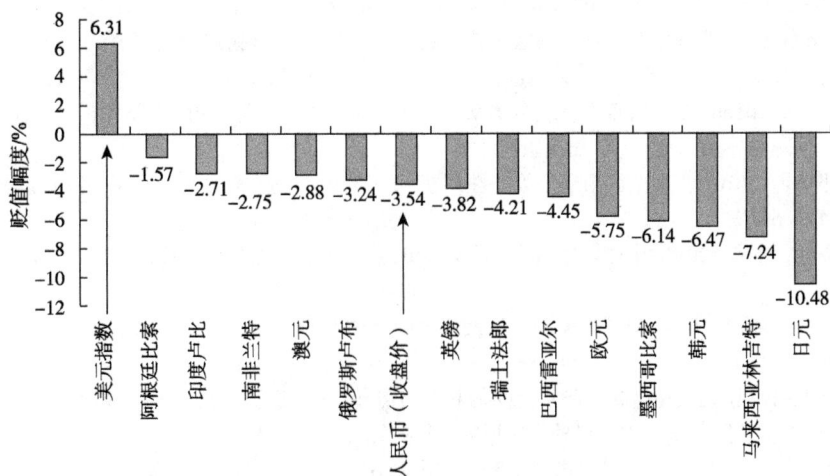

图 11　2016 年 10 月初至 11 月底主要货币兑美元汇率贬值幅度

资料来源：吴雨. 人民币在全球货币体系中仍表现出稳定强势——央行副行长易纲就近期人民币汇率走势答记者问.
http://news.xinhuanet.com/world/2016-11-28/c_129381206.htm，2016-11-28

五、结　　语

　　宏观政策制定要有整体思维、全局思维，不能头痛医头、脚痛医脚，而应该统筹把握、全面协调。总体来说，2016 年各宏观政策之间的协调性不佳是导致 2016 年宏观政策调控效果不理想的重要原因。为了分析问题的方便，本报告从四个方面对 2016 年各宏观政策之间的两两协调做了评价和分析。但应该注意到，本报告所分析的四种协调是环环相扣的，从全局视野来看待各宏观政策之间的全面协调会更有政策指导意义。2016 年各宏观政策之间的协调应该以货币政策和财政政策的"双宽松"配合为主要抓手。为了确保"双宽松"政策对实体经济的逆周期调节效果，首先，需要偏紧的宏观审慎政策来协调配合，以"堵住"流动性"脱实向虚"的去路，使货币政策走出"衰退式泡沫"的困境。其次，还需要产业政策放松在第三产业的管制来配合，以此来"疏导"流动性流入实体经济的通道，从而有效提振民间投资和大力振兴实体经济。最后，汇率政策需要通过适当加强跨境资本流动管理以及更灵活的人民币汇率形成机制来协调，这样才能确保货币政策的独立性和有效性。

需要强调的是，在不同的宏观经济背景下，宏观政策协调的方式应该灵活而不能僵化。例如，本报告建议的"双宽松"货币政策财政政策组合，是为了有效应对经济持续下行压力。当经济摆脱不景气、价格水平回升之后，就需要谨慎把控货币政策的宽松力度，避免可能引发的通胀问题。

参 考 文 献

陈小亮，马啸. 2016. "债务—通缩"风险与货币政策财政政策协调. 经济研究，（8）28-42.

陈彦斌. 2016a. 中国经济走出困境的对策. 财经，（24）：42-43.

陈彦斌. 2016b-09-26. 产业政策不能成为宏观调控的主要工具. 经济观察报，第 7 版.

陈彦斌，刘哲希. 2016a. 经济增长动力演进与"十三五"增速估算. 改革，（10）：106-117.

陈彦斌，刘哲希. 2016b. 中国宏观经济政策体系面临的困境与改革方向. 中国人民大学学报，（5）：12-20.

管涛. 2016. 汇率的本质. 北京：中信出版社.

黎文靖，郑曼妮. 2016. 实质性创新还是策略性创新?——宏观产业政策对微观企业创新的影响. 经济研究，（4）：60-73.

李扬，张晓晶，常欣. 2013. 中国国家资产负债表 2013：理论、方法与风险评估. 北京：中国社会科学出版社.

李扬，张晓晶，常欣. 2015. 中国国家资产负债表 2015：杠杆调整与风险管理. 北京：中国社会科学出版社.

刘凯. 2016a-10-11. 密切关注金融风险点之间的联动与传导. 中国经济导报，第 A03 版.

刘凯. 2016b. 英国"脱欧"与中国对外金融风险. 人文杂志，（8）：37-43.

刘哲希，韩少华，陈彦斌. 2016. "债务—通缩"理论的发展与启示. 财经问题研究，（6）：3-11.

余永定. 2016. 最后的屏障. 北京：东方出版社.

中国人民银行金融稳定分析小组. 2016. 中国金融稳定报告 2016. 北京：中国金融出版社.

Acemoglu D, Akcigit U, Bloom N, et al. 2013. Innovation, reallocation and growth. National Bureau of Economic Research Working Paper, No. 18993.

Angeloni I, Faia E. 2013. Capital regulation and monetary policy with fragile banks. Journal of Monetary Economics, 60: 311-324.

Bernanke B S. 2003-05-31. Some thoughts on monetary policy in Japan. https://www.federalreserve. gov/boarddocs/speeches/2003/20030531/default.htm.

Bernanke B S, Gertler M. 2001. Should central banks respond to movements in asset prices. The American Economic Review, 91（2）: 253-257.

Bianchi J, Mendoza E G. 2013. Optimal time-consistent macroprudential policy. National Bureau of Economic Research Working Paper, No. 19704.

Blanchard O, Dell'Ariccia G, Mauro P. 2010. Rethinking macroeconomic policy. Journal of Money, Credit and Banking, 42（S1）: 199-215.

Borio C. 2012. The Financial cycle and macroeconomics: what have we learnt? Bank for International Settlements Working Paper, No.395.

Cecchetti S G. 2016. On the separation of monetary and prudential policy: how much of the precrisis consensus remains? Journal of International Money & Finance, 66: 157-169.

Galí J. 2014. Monetary polvcy and vational asset price bubbles. American Economic Review, 104（3）: 721-752.

Gertler M, Kiyotaki N, Queralto A. 2012. Financial crises, bank risk exposure and government financial policy. Journal of Monetary Economics, 59（33）: 17-34.

IMF. 2012. The liberalization and management of capital flows: an institutional view. Washington D C: IMF.

IMF. 2014. Staff guidance note on macroprudential policy. Washington D C: IMF.

IMF. 2017. World economic outlook update: a shifting global economic landscape. Washington D C: IMF.

Krugman P. 2015-10-20. Rethinking Japan. New York Times, The Opinion Pages.

Mishkin F S. 2011a. How should central banks respond to asset-price bubbles? RBA Bulletin.

Mishkin F S. 2011b. Monetary policy strategy: lessons from the crisis. National Bureau of Economic Research Working Paper, No. 16755.

Mishkin F S. 2012. The Economics of Money, Bank and Financial Markets. New York: Pearson Education.

Rey H. 2015. Dilemma not trilemma: the global financial cycle and monetary policy independence. National Bureau of Economic Research Working Paper, No. 21162.

Tirole J. 2014. Market failures and public policy. Nobel Prize Lecture.

Williams J C. 2015-05-28. Macroprudential policy in a microprudential world. Comments delivered at the symposium on Asian banking and finance.

World Bank. 2016. Global economic prospects. Washington D C: World Bank.

Yellen J L. 2014. Monetary policy and financial stability. The 2014 Michel Camdessus Central Bank Lecture, IMF, July.

第二篇 专题研究

专题研究一 经济增长动力演进与 "十三五" 潜在增速估算①

一、引 言

2008 年全球金融危机以来,中国经济增速呈现持续下行态势,已由 2007 年的 14.2% 降至 2015 年的 6.9%,这使社会各界认识到了中国经济进行增长动力转换的重要性与迫切性。本专题研究基于增长核算模型的测算结果表明:如果不进行增长动力转换, "十三五" 期间中国经济平均潜在增速将仅有 6.2%,显著低于 6.5%的增速目标,从而难以实现"到 2020 年实现国内生产总值和城乡居民人均收入比 2010 年翻一番"以及"到 2020 年全面建成小康社会"等重要发展目标。

虽然各界对中国经济需要进行增长动力转换已经达成共识,但对增长动力如何转换还未形成统一意见。其根源在于研究这一问题时所选取的视角差异较大,主要有三种,即产业、总需求和总供给。从产业视角入手的研究认为,中国经济增长动力转换的核心在于通过产业政策培育和发展"互联网+"等新产业新业态,为经济增长注入新动力(梁达,2015)。从总需求视角入手的研究认为,在 2008 年全球金融危机之后外部需求明显萎缩的环境下中国经济增长更需要依靠内部需求,而在内部需求中,政府应推动经济增长从投资驱动向消费驱动转换(刘瑞翔和安同良,2011)。从总供给视角入手的研究认为,中国经济正步入由要素驱动向效率驱动转型升级的新阶段,需要进一步深化市场化改革,使市场机制发挥对资源配置的决定性作用(田国强和陈旭东,2015)。

理论与历史经验表明,从产业或总需求角度推动经济增长动力转换难以奏效。就产业而言,产业的发展方向具有高度的不确定性,政府很难做出准确判断。例如,20 世纪 90 年代,日本政府将产业重点放在了人工智能技术上,导致日本错失了信息技术和互联网技术等主流领域的发展机遇。中国在 2008 年全球金融危机后出台的七大新兴战略型产业同样未成为随后科技发展的主要方向。就总需求而言,消费、投资与出口"三驾马车"是研究经济周期波动的短期分析框架,与增长动力转换这一长期问题并不匹配。而且,

① 作者:陈彦斌,中国人民大学经济学院教授、副院长;刘哲希,中国人民大学经济学院博士研究生。本专题研究原载于《改革》2016 年第 10 期,有改动。

消费与投资之间并非此消彼长的关系，如果降低投资导致经济增速下滑，那么消费也难以持续快速增长。新常态下投资与消费增速双双明显下滑就是最好的例证。相比之下，总供给层面的资本、劳动、人力资本和 TFP（来源于技术进步与效率改进）是经济长期增长的四大动力源泉，各个要素对经济增长贡献率的变化也正是经济增长动力转换的主要表现，因此对增长动力转换的研究更应从总供给视角入手。

但是，目前从总供给视角入手的研究大多局限于考察市场化改革对资源配置效率的提升作用，往往忽视了市场化改革对人力资本、技术进步以及资本和劳动等其他要素的影响机制，这很可能低估了市场化改革在经济增长动力转换过程中的重要作用（陈彦斌，2016）。从中国的历史经验来看，市场化改革会从各个领域深刻地影响中国经济的运行。自 1978 年改革开放以来，逐步建立的社会主义市场经济体制在大幅增进资源配置效率的同时（樊纲等，2011），也极大地激发了民间投资的积极性并提高了劳动参与率（厉以宁，2011；蔡昉，2016），从而造就了中国经济长达 30 多年的高速增长奇迹。当前中国经济存在的企业创新活力不足、人力资本错配、劳动生产率增速显著下滑以及民间投资在部分行业遭遇"玻璃门""弹簧门"等抑制经济增长的问题，根本原因仍在于市场化改革不彻底。因此，有必要将市场化改革对总供给层面的各生产要素的影响效果进行全面评估。

为弥补已有研究的不足，本专题研究全面且深入地分析了市场化改革对中国经济增长动力转换的作用机制，并采用增长核算模型定量测算了增长动力转换前后经济潜在增速的变化情况。研究发现，市场化改革并非只是通过改善资源配置效率这一条途径促进增长动力转换，其还能够通过营造公平的市场竞争环境促进技术进步、提升人力资本质量与利用率并改善资本和劳动结构，从而更有利于推动中国经济的增长动力转换。如果充分考虑市场化改革对增长动力转换的促进作用，2016~2020 年中国经济平均潜在增速将由 6.2%提高至 7%左右。有鉴于此，中国更应高度重视市场化改革在增长动力转换中的重要作用，加快推动市场化改革的进一步深化，从而保证中国经济实现可持续的中高速增长。

二、改革开放以来中国经济增长动力分析

本部分将从总供给视角对改革开放以来的中国经济增长动力进行分解，研究新常态之前的 30 多年支撑中国经济高速增长的核心动力，以及新常态下经济增长动力减弱的主要原因，从而为下文分析"十三五"期间经济增长动力转换的必要性与转换方向提供依据。

（一）增长动力分解方法简述

分解增长动力的主要方法是运用增长核算模型，将观测到的 GDP 增长分解为资本、

劳动、人力资本及全要素生产率（包含技术进步与效率改进，简称 TFP）等几部分[1]，并借助所估计的生产函数形式对各要素对经济增长的贡献率进行定量测算[2]。增长核算模型最早由 Solow（1957）提出，并经历了 Denison（1962）、Jorgenson 和 Griliches（1967）等的发展，当前已成为经济合作与发展组织（Organization Economic Co-operation and Development，OECD）和 IMF 等官方机构分析各国经济增长动力及预测未来增长趋势的基准模型。国内相关研究中增长核算模型也得到了广泛运用。一类研究是利用增长核算模型对中国 TFP 变化情况进行分析，间接地衡量技术增长率（郭庆旺和贾俊雪，2005；吴国培等，2015）。另一类研究是利用增长核算模型对以往中国经济的潜在增速及未来的增长趋势进行研判（张延群和娄峰，2009；陆旸和蔡昉，2016）。

　　然而，目前广泛使用的增长核算模型在求解方面存在一点较为明显的不足，即在对生产函数的要素产出弹性进行估计时，更多是简单地将生产函数对数线性化后进行 OLS 回归，由此会导致资本对经济增长的贡献被高估。究其原因，OLS 回归方程中 TFP 一般被视为残差项，但由于 TFP 与产出之间存在显著的正相关性，产出又通过储蓄影响资本积累，所以残差项（TFP）与解释变量（资本）之间具有正相关关系，从而使估计的资本产出弹性偏高[3]。正因如此，以往一些研究发现，改革开放以来资本积累对经济增长的贡献率接近 100%，其他生产要素对经济增长的贡献几乎为零甚至为负，与现实难以相符（翁媛媛和高汝熹，2011；余泳泽，2015）。

　　针对这一问题，Klenow 和 Rodriguez（1997）、Hall 和 Jones（1999）等提出了资本密度法，即在进行 OLS 回归时对生产函数方程进行转换，将原先的解释变量（资本）变换为资本产出比，被解释变量由总产出水平变换为单位有效劳动产出。由于 TFP 变动时资本和产出的变化速度相同，所以资本产出比不会因 TFP 的变动而出现较大幅度的波动，这使解释变量和残差项的相关性显著降低，通过 OLS 回归估计得到的要素产出弹性估计量更符合无偏性要求。因此，相比于传统增长核算模型，资本密度法对要素产出弹性的估算结果更为准确。

　　本专题研究采取资本密度方法的同时，还进一步了借鉴 Fuentes 和 Morales（2011）等研究的状态空间方法对中国要素产出弹性做出估计。这是因为，改革开放以来中国经济结构持续发生变化，要素产出弹性也相应地不断改变，但 OLS 方法所估计的要素产出弹性是一个样本区间内的平均值，无法体现这一特征。状态空间模型采用的 Kalman 滤波法是根据已有信息给出要素产出弹性的最小均方误差进行估计，并在新的观测值基础上对要素产出弹性的估计进行修正，因此要素产出弹性可以随时间变化。当然，由于状态空间模型与 OLS 方法一样，不能有效解决 TFP 与资本存量之间的内生性问题（Kim，2006），所以构建状态空间模型时仍要采取资本密度法对生产函数进行转换。

---

　　① 资本、劳动、人力资本的增长率可用现实数据计算得到，TFP 的增长率则视为产出增长率除去资本、劳动、人力资本因素以外的余值进行推算。

　　② 潜在增速是指一个国家或地区在资本、劳动力、人力资本和 TFP 等资源实现最优配置条件下所能达到的最大增速。

　　③ 在 OLS 回归中，资本与残差项之间存在相关性，因此资本产出弹性的估计量是有偏的：$\hat{\alpha} = \text{cov}(\ln(Y_t / H_t), \ln(K_t / H_t)) / \text{var}(\ln(K_t / H_t)) = \alpha + \text{cov}(\ln(K_t / H_t), \gamma_t) / \text{var}(\ln(K_t / H_t))$。其中由于 $\text{cov}(\ln(K_t / H_t), \gamma_t) > 0$，则有 $\hat{\alpha} > \alpha$，即资本的产出弹性被高估。

（二）模型构建与求解

与郭豫媚和陈彦斌（2015）等文献一致，本专题研究将总量生产函数设定为附加人力资本的 Cobb-Douglas 形式：

$$Y_t = A_t K_t^{\alpha_t} H_t^{\beta_t} = A_t K_t^{\alpha_t} (L_t E_t)^{\beta_t} \tag{1}$$

其中，$\{Y_t, A_t, K_t\}$ 分别表示实际产出、TFP 以及资本存量；H_t 表示附加人力资本的劳动，为劳动数量 L_t 与人力资本存量 E_t 的乘积。α_t 和 β_t 分别表示资本与附加人力资本劳动的产出弹性。假设生产函数具有规模报酬不变的特征，即 $\alpha_t + \beta_t = 1$。

参照资本密度法对生产函数进行变换，并采用状态空间模型对资本产出弹性进行动态估计，由此设定的状态空间模型如下。

量测方程：

$$\ln Y_t / H_t = c + t + \lambda_t \ln K_t / Y_t + \gamma_t \tag{2}$$

状态方程：

$$\lambda_t = b + \theta \lambda_{t-1} + \xi_t \tag{3}$$

其中，λ_t 为状态变量，等于 $\alpha_t / 1 - \alpha_t$，借鉴吴国培等（2015）相关文献的做法，假设 λ_t 服从 AR（1）过程；θ 为自回归系数；γ_t 和 ξ_t 为独立且服从正态分布的随机扰动项；c 和 b 表示截距项；t 为时间趋势项，控制 TFP 的趋势变动。利用 OLS 回归确定模型的初始状态和参数初值，然后采用 Kalman 滤波对状态空间模型中的参数和未知变量进行估计，即可得到资本产出弹性和附加人力资本的劳动产出弹性的动态变化参数。

得到动态变化的要素产出弹性参数之后，要进一步估算 TFP 的增长率，即把式（1）转化为增长率形式，并将 $\alpha_t + \beta_t = 1$ 代入，由此可得

$$\frac{\mathrm{d}A_t}{A_t} = \frac{\mathrm{d}Y_t}{Y_t} - \alpha_t \frac{\mathrm{d}K_t}{K_t} - (1-\alpha_t)\frac{\mathrm{d}H_t}{H_t} \tag{4}$$

通过式（4）可以计算各生产要素对经济增长的贡献率和经济的潜在增速。贡献率方面，将各个要素的增长率乘以相应的要素产出弹性之后除以实际产出的增长率，即可得到各个生产要素对经济增长的贡献率。例如，资本对经济增长的贡献率为 $\alpha_t (\mathrm{d}K_t / K_t) / (\mathrm{d}Y_t / Y_t)$。潜在增速方面，对附加人力资本的劳动和 TFP 等时间序列数据进行 HP（Hodrick & Prescott）滤波得到趋势值，然后将趋势值和各年的资本存量值代入生产函数中可以得到相应年份的潜在产出，最后根据潜在产出计算各年的潜在增速。

在模型的数值求解过程中，首先需要对现实数据进行处理，主要包括 1978~2015 年的实际产出、资本存量、劳动力数量以及人力资本存量。实际产出采用经 GDP 平减指数调整后的实际 GDP，相关数据来自于历年《中国统计年鉴》。劳动力数量采用各年的从业人员数量作为代理变量。1978~2007 年从业人员数据来自王小鲁和樊纲（2009），2008~2015 年数据来自于历年《中国劳动统计年鉴》。人力资本主要是指存在于人体之中的具有经济价值的知识与技能等要素之和。参照以往相关文献的一般做法（Hall and Jones, 1999；郭豫媚和陈彦斌, 2015），本专题研究采用劳动力人均受教育年限这一指标衡量人力资本存量。其中，1978~1998 年劳动力人均受教育年限数据来自王小鲁

（2000），1999~2015 年数据来自于历年《中国劳动统计年鉴》。

此外，中国尚未公布完整的资本存量数据，这使资本存量数据无法直接获得。本专题研究借鉴大多数研究采用的永续盘存法对资本存量进行推算（张军和章元，2003）。核心的估算式为 $K_t = I_t / P_t + (1 - \delta_t)K_{t-1}$，$\{K_t, I_t, P_t, \delta_t\}$ 分别表示第 t 期的资本存量、固定资产投资总额、固定资产投资价格指数与资本折旧率。具体的推算步骤如下：第一，要确定基期的资本存量。本专题研究以 1978 年作为基期，数据来自 Hsueh 和 Li（1999）。第二，统计各年固定资本形成总额与价格指数。1979~1990 年数据来自于《中国国内生产总值核算——历史资料：1952—2004》，1991~2015 年数据来自于历年《中国统计年鉴》。第三，设定资本折旧率，参照王小鲁（2000）等研究的做法，将资本折旧率设定为 5%。

在得到各变量的数据序列后，由于状态空间模型需要满足变量平稳与协整的条件，要对各变量进行 ADF（augment Dickey-Fuller）平稳性检验与 Johansen 协整检验。本专题研究进行检验后发现，各变量均为一阶单整序列且存在协整关系，符合状态空间模型的要求[①]。在此之后，借助由式（2）与式（3）构成的状态空间对历年资本产出弹性 α_t 和附加人力资本的劳动产出弹性 β_t 进行估计（图1）。从总体上看，资本产出弹性大体上呈现递减的趋势，而附加人力资本的劳动产出弹性逐步增加，这与吴国培等（2015）的测算结果相似。

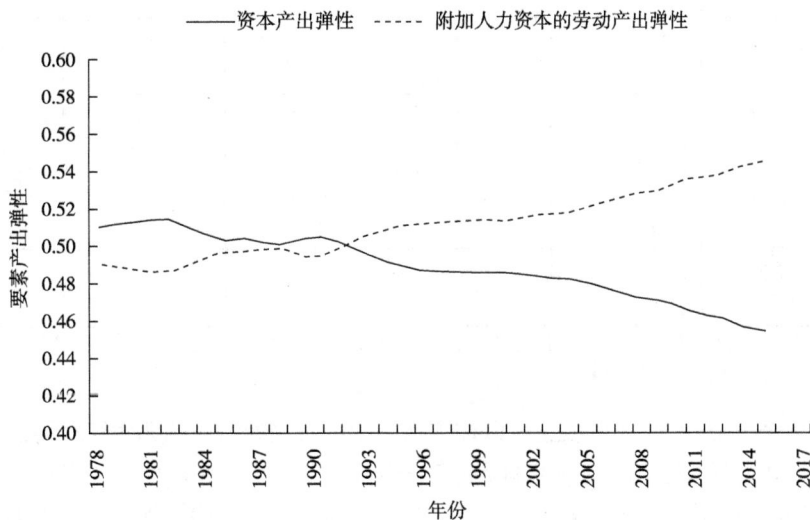

图 1　1978-2015 年要素产出弹性估计

对状态空间模型可变参数的统计检验结果显示，可变参数的均方误差仅有 0.008，可变参数最终值对应的 Z 统计量为 117.58，

P 值为 0.00 小于 0.01，说明估计结果精确且显著

---

① 由于篇幅原因，检验结果未在正文中列出，如有需要可向作者索取。

（三）改革开放以来中国经济增长动力变化情况

表 1 给出了 1979~2015 年中国经济潜在增速与各增长动力贡献率的测算结果。可以看到，改革开放以来的近三十年中（1979~2007 年），受益于人口红利、体制改革红利、全球化红利以及技术进步红利四大红利的集中释放，中国经济潜在增速高达 10% 左右。在此期间，资本积累逐渐成为中国经济增长的核心驱动力，对经济增长的贡献率由 1979~1989 年的 44.8% 上升至 2000~2007 年的 65.1%。劳动供给虽然在劳动力数量上对经济增长的贡献率在逐步下滑，但劳动力由农业部门向工业部门转移带来的资源配置效率改善以及人力资本的提升，使劳动对中国经济增长的促进作用依然十分明显（蔡昉，2016）。此外，1979~2007 年 TFP 对中国经济增长的贡献率达到了 20% 以上，这在很大程度上是源于产品市场改革及国企改革等举措的推进（樊纲等，2011）。

表1 1979~2015 年中国潜在经济增速及增长动力变化情况（单位：%）

变量	总时间段	子时间段				
	1979~2015 年	1979~1989 年	1990~1999 年	2000~2007 年	2008~2011 年	2012~2015 年
实际 GDP	9.66	9.54	10.00	10.51	9.65	7.41
潜在 GDP	9.73	9.69	10.06	10.23	9.77	8.01
资本	12.32 （64.03）	8.29 （44.83）	11.06 （58.58）	14.22 （65.08）	18.62 （90.44）	16.49 （101.89）
劳动	1.62 （9.50）	3.52 （20.31）	1.31 （8.17）	0.67 （3.57）	0.36 （2.01）	0.34 （2.47）
人力资本	1.62 （10.23）	3.29 （21.13）	0.83 （5.66）	0.83 （4.59）	1.45 （7.87）	0.73 （5.35）
TFP	2.06 （15.32）	1.95 （10.77）	3.47 （27.50）	2.90 （26.71）	−0.04 （−0.36）	−0.72 （−9.73）

注：表中单元格内数字为各变量在相应时间段内的平均增长速度，括号内的数表示该生产要素对经济增长的贡献率，由于数据保留小数原因，各要素贡献率之和不完全等于 100%

2008 年全球金融危机爆发之后，以往支撑中国经济高速增长的四大红利均出现不同程度的减弱，由此中国经济潜在增速的下滑态势越来越明显，2008~2011 年平均潜在增速较 2000~2007 年下滑了约 0.5 百分点，2012~2015 年又进一步下滑了 1.8 百分点左右。在潜在增速放缓的同时，2012~2015 年中国经济增速也出现了周期性放缓的现象，产出缺口平均为 −0.6%。同期的价格水平走势也印证了这一判断，GDP 平减指数由 9.1% 下滑至 2015 年的 −0.5%，CPI 涨幅由 5.4% 下降至 1.4%，PPI 则由同比上涨 6% 转为同比下跌 5.2%。而且截至 2015 年年底，PPI 已经连续 46 个月同比下降，持续时间为改革开放以来最长的一次，远远超过了亚洲金融危机时期的 31 个月和 2008 年全球金融危机时期的 12 个月。

更值得注意的是，尽管自 2008 年全球金融危机以来，"调结构"就成为中国经济的主要目标，意图降低经济增长对高投资的依赖，但是中国经济对高投资的依赖程度实际上在不断上升，而且资本积累对 TFP 的排斥效应越来越显著[①]。如表 1 所示，1979~2007 年资本积累对经济增长的平均贡献率约为 60%，2008~2011 年则达到 90.4%，2012~2015 年更进一步上升至 101.9%。而 TFP 对经济增长的贡献率却大幅下降，由 2008 年全球金融危机前的 26.7%下降至 2012~2015 年的-9.7%。出现这一现象主要是因为全球金融危机后尤其是新常态以来民间投资热情快速消退，增长速度由 2011 年的 34.2%下降至 2015 年的 10%，所以更大部分的投资由国企与地方政府主导，资源配置效率大幅降低，从而显著拖累了 TFP 的增长。

二、"十三五"期间中国经济增长动力转换的必要性及转换方向

要判断"十三五"期间中国经济究竟是否需要增长动力转换，关键在于估算这一时期中国经济的潜在增速，并将其与刚性的增长目标相比较。如果潜在增速高于增长目标，那么增长动力转换的必要性将会下降。反之，增长动力转换的必要性则会显著提高。

（一）"十三五"期间中国经济潜在增速估算

参照以往文献的一般做法，本专题研究将对经济潜在增速的预测分解为对资本、劳动、人力资本及 TFP 四大要素的趋势判断[②]，具体情形设定如下：①资本积累方面。虽然资本积累仍作为"十三五"期间经济增长的核心驱动力，但是考虑到以往支撑中国的房地产开发投资在高库存背景下将增长趋缓，民间投资受信心下滑、准入限制过多及融资成本较高等因素的影响也很可能呈现持续低迷的状态，因而资本积累增速会逐年放缓。本专题研究设定资本增速到 2020 年会逐步回落到 1979~2000 年的平均水平 9.6%。②劳动方面。随着人口红利的消退，中国劳动适龄人口会继续减少。基于联合国对 2016~2020 年中国劳动适龄人口的预测，本专题研究设定劳动力数量的增长率将从 2015 年的 0.23% 逐步降至 2020 年的-0.21%。③人力资本方面。采取郭豫媚和陈彦斌（2015）的设定，假设人力资本增速在未来五年较 2012~2015 年下降 0.08 百分点，平均值保持在 0.65%。④TFP 方面。在现有增长模式下 TFP 增速难以出现显著改善，但考虑到科研投入增加及对外开放程度提高等因素对 TFP 产生的积极作用（吴国培和王伟斌，2014），本专题研究假设 TFP 会以每年 0.2%的速度回升，由此"十三五"期间 TFP 平均增速为 0.56%[③]。

与此同时，考虑到 2008 年全球金融危机后资本与 TFP 之间的排斥效应，本专题研究在基准情形的基础上，模拟另一种"悲观"情形，即资本的较快增长带来了更大程度的 TFP 损失。这是因为，随着长达 30 多年的高投资，中国在当前发展阶段下的资本已

---

① 以往一些研究同样发现了 2008 年全球金融危机以来资本积累对 TFP 的排斥效应，如武鹏（2013）称之为资本投入与 TFP 呈现反向角力态势。

② 由于未来是无法准确预知的，利用增长核算模型做出的估算更多是帮助我们深化对未来经济走势机制的理解。借鉴 Perkins 和 Rawski（2008）及张延群和娄峰（2009）的思想，本部分通过分析各生产要素历史轨迹，对其未来走势进行预测。

③ 借鉴以往文献在估算潜在增速时的一般做法（闫坤和刘陈杰，2015），本专题研究假设资本产出弹性与附加人力资本的劳动产出弹性保持不变。

处于过度积累状态，根据佩恩表（Penn World Table 9.0）数据，衡量资本深化程度的资本产出比达到 4.14，在同等发展水平的国家中处于较高水平[①]。由此，资本投资回报率会会面临持续回落的问题（白重恩和张琼，2014），从而导致资本积累的内生动力很可能会出现显著衰退。在此情形下，未来五年内若要继续维持资本较快增长，很可能将要更多地依靠政府主导的投资。从 2008 年全球金融危机后的经验来看，这会进一步恶化资源配置效率，从而使 TFP 承受较大的损失。因此，本专题研究设定的"悲观"情形与基准情形的核心差异是，由于政府投资更多取代民间投资，在资本积累增速不变的情况下，"十三五"期间 TFP 的平均增速会较基准情形下滑 0.5 百分点。

基于上述两种情形的设定，本专题研究对"十三五"期间中国经济潜在增速进行测算。如表 2 所示，若继续维持 2008 年全球金融危机以来的经济增长模式，基准情形下资本仍然是经济增长的最主要动力，对经济增长的贡献高达 86%，TFP 和人力资本的贡献之和不足 20%。而 2016~2020 年中国经济潜在增速平均值将仅为 6.2%，相比于 2012~2015 年下滑 1.8 百分点，也未达到 6.5% 的增速目标。在"悲观"情形下，过度依靠政府投资的发展模式会导致资源配置效率大幅下降，2016~2020 年中国经济的潜在增速可能进一步降至 5.7% 左右，从而面临较大的经济失速风险。由此可见，"十三五"期间实现中国经济的增长动力转换迫在眉睫。

表 2　2016~2020 年中国潜在增长率预测（单位：%）

变量	基准情形	悲观情形 （考虑资本对 TFP 的排斥效应）
潜在 GDP	6.22	5.72
资本	11.93 （86.34）	11.93 （93.94）
劳动	−0.14 （−1.25）	−0.14 （−1.37）
人力资本	0.65 （5.78）	0.65 （6.29）
TFP	0.56 （9.13）	0.06 （1.13）

注：表中单元格内数字为各变量在相应时间段内的平均增长速度，括号内的数表示该生产要素对经济增长的贡献率，由于数据保留小数，各要素贡献率之和不完全等于 100%

（二）中国经济增长动力的转换方向分析

理论研究表明，一国经济增长在不同发展阶段所依赖的增长动力会存在显著差异，随着经济发展水平的提高，必然要经历增长动力转换的过程（Rostow，1960；Weil，2009）。究其原因，一国在经济发展初期阶段大多处于人均资本存量与劳动参与率较低的状态，因而增加资本投资与提高劳动参与率是提升经济增长速度最直接的方式。但是，资本具有边际产量递减特征且人口红利难以持续，从而使资本与劳动对经济增长的推动力逐渐减弱。相比之下，人力资本与 TFP 具有规模收益递增特征，尤其是当国家经历了早期资

[①] 本专题研究根据佩恩表的基础数据计算得到，日本、韩国、马来西亚、泰国的资本产出比分别为 4.07、3.94、3.02、3.95。

本快速积累而进入后工业化时期，人力资本与 TFP 对经济增长更为重要。Easterly 和 Levine（2000）利用跨国数据研究发现，资本增长率的差异仅能解释不同国家经济增长率差异的 25%，其余部分主要由 TFP 和人力资本所解释。

由图 2 也可以看到，美国、日本及韩国均经历了经济增长动力的转换过程，经济增长由资本和劳动驱动向 TFP 与人力资本驱动转变[①]。20 世纪初资本与劳动对美国经济增长的贡献率高达 65%，但到 60 年代时二者的贡献率已下降了约 20 百分点，而 TFP 成为美国经济增长的主要驱动力，人力资本的贡献率也超过资本积累的贡献率（Denison，1962）。与之类似，作为赶超型经济的成功代表，日本在第二次世界大战之后的高速经济增长阶段主要依靠的也是资本积累，其对经济增长的贡献率一度高达 85%（何锦义等，2006）。韩国在 60~90 年代资本积累与劳动对经济增长的贡献率高达 87%。而自 90 年代以来，TFP 和人力资本对日本与韩国经济增长的贡献率大幅提升，达到了 55% 以上，成为经济增长的核心驱动力。

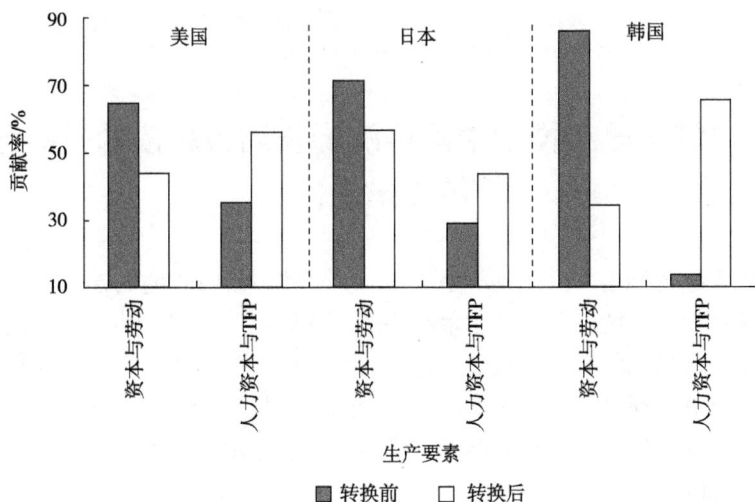

图 2　美国、日本、韩国增长动力转换前后各生产要素的贡献率变化情况

资料来源：美国、日本、韩国的数据分别引自 Denison（1962）、何锦义等（2006）、Kim 和 Lau（1994）

从中国经济的实际情况来看，改革开放以来的经济增长主要依靠资本和劳动，TFP 和人力资本对经济增长的贡献率仅为 26%。在 2008 年全球金融危机之后，TFP 和人力资本对经济增长的贡献率更是持续下降，2012~2015 年二者的贡献率总和仅为 2.3%。从 Feenstra 等（2015）对各国的 TFP 水平和人力资本指数的测算结果也可以看到（将美国 TFP 水平和人力资本指数标准化为 1 以作为参照点），无论是与中国人均 GDP 水平相近的阿根廷、巴西及俄罗斯等国家相比，还是与英国、德国、日本等发达国家相比，中国的 TFP 水平和人力资本指数都较低（图 3）。因此，在资本和劳动提升空间有限的背景下，挖掘 TFP 和人力资本的增长潜力是提高中国经济潜在增速的有效途径，经济增长动

①　选择这三个国家，是因为美国是发达国家的代表，日本与韩国则是追赶型国家的成功案例，对中国经济增长动力转换具有重要的借鉴意义。

力也应由资本和劳动驱动向 TFP 与人力资本驱动转变。

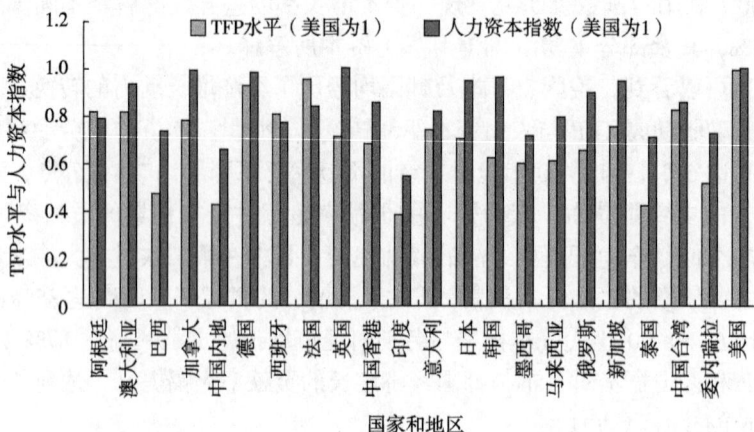

图 3　TFP 水平与人力资本指数比较

资料来源：Feenstra 等（2015）

三、市场化改革推动中国经济增长动力转换的机制分析与效果评估

党的十八大报告指出"深化改革是加快转变经济发展方式的关键"，十八届三中全会也明确强调要"建设统一开放、竞争有序的市场体系"，"推动资源配置依据市场规则、市场价格、市场竞争实现效益最大化和效率最优化"，"使市场在资源配置中起决定性作用"。可见，通过市场化改革激发中国经济增长动力的思路日渐清晰，但对于市场化改革在增长动力转换中究竟能够发挥哪些作用、作用有多大等重要问题，已有研究尚未有全面系统的回答。

（一）市场化改革推动中国经济增长动力转换的机制分析

目前多数观点主要聚焦于，市场化改革可以解决资金、劳动和土地等要素市场管制带来的资源错配问题[①]，从而提高资源配置效率，进而促进中国经济增长动力由要素驱动向效率驱动转换（田国强和陈旭东，2015）。但是，结合之前对中国经济增长动力转换方向的分析可知，实现经济增长动力的平稳转换还应提高技术进步与人力资本对经济增长的贡献率。因此，要分析市场化改革对其他生产要素的影响机制，才能对市场化改革在增长动力转换过程中的作用效果进行全面评估。具体来讲，市场化改革除提升资源配置效率这一条机制之外，还存在以下三条机制以促进中国经济增长动力的转换。

---

① 以资金市场为例，国企能够获得大量廉价信贷，而大多数非国企则面临融资难、融资贵的困境，它们即使有高回报率的投资项目，也很难获得充足的资金支持。

1. 市场化改革可以消除行政垄断与寻租空间，激发企业创新活力，从而加快全社会技术进步的速度

国家进行技术创新的主体是企业。企业之所以会追求创新，是因为在制度完善且充分竞争的市场环境下创新是创造超额利润的核心手段。长期以来，中国企业的技术创新相对不足，根据汤森路透公布的《2015 全球创新企业百强》名单，中国企业无一入围，而日本企业达到 40 家，美国企业达到 35 家。这主要归咎于不完善市场机制下较为普遍的行政垄断与寻租现象。行政垄断使大企业利用市场势力就可以获得超额利润，因而与发达国家有很大不同，中国往往是规模越大的企业，其创新意愿越弱（邓可斌和丁重，2010）。2015 年中国 500 强企业的平均研发强度（研发投入占营业收入百分比）仅为1.28%，明显低于全国整体的研发强度，而且近年来这一差距在持续拉大（图 4）。寻租则是比创新速度更快、难度更小的致富途径。实证研究表明，企业通过寻租获得的回报率明显高于创新，尤其在要素市场处于管制的状态下，企业更倾向于将人力、物力、财力用于寻租而非创新（Baumol，1990；张杰等，2011）。

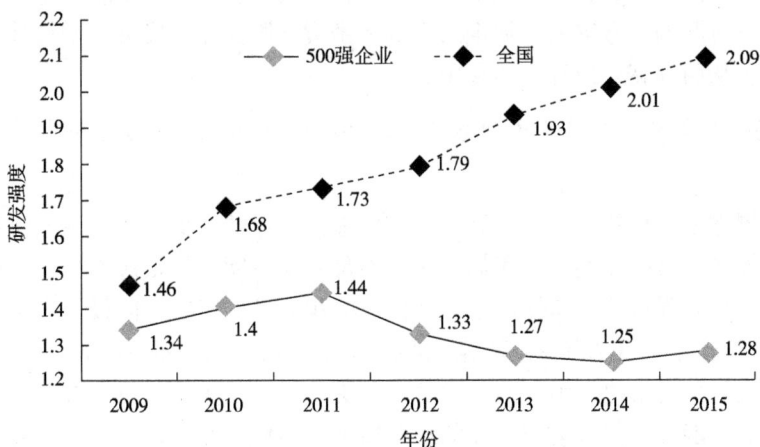

图 4　中国 500 强企业研发强度与全国平均水平比较
资料来源：中国企业联合会与中国企业家协会

市场化改革可以"进一步破除各种形式的行政垄断"，不仅能够营造公平竞争的市场环境以形成优胜劣汰的竞争机制，还可以使不同所有制企业获取各类生产要素的难易程度保持统一，由此增强市场主体创新动力。与此同时，市场化改革将使市场机制在资源配置中起决定性作用，进一步厘清市场与政府之间的边界，由此推动政府的简政放权，从而消除寻租空间。因此，市场化改革将能够有效激励企业从事创新活动，从而提高 TFP对中国经济增长的贡献率。

2. 市场化改革可以提升人力资本质量和利用率，从而提高人力资本对经济增长的贡献率

自 1999 年高校扩招以来，中国拥有大专及以上学历的人口数量大幅增加。根据 2015年中国 1%人口抽样调查数据推算，截至 2015 年中国拥有大专及以上学历的人口数为

1.71 亿，其中多达 42.7%是高校扩招以来培养出来的。但与此同时，中国的人力资本积累也存在一些亟待解决的问题。其一，过度扩招导致许多高校的招生规模远超出它们所能承受的范围，因此教育质量并不高。据测算，1997 年中国高校生师比为 7.8，到 2014 年该值已高达 17.7，剔除"985""211"高校后该值将进一步显著上升，而美国高校的生师比平均为 12.2（郭栋，2014）。其二，市场准入阻碍了教育和医疗等人力资本密集型服务业的发展，导致高校毕业生没有得到充分利用。国际经验表明，服务业是吸纳高校毕业生的主要载体，美国等发达国家服务业所占比重高达 80%左右。相比之下，中国服务业所占比重仅略超过 50%。其三，政府将资源向高校过度倾斜使职业教育规模显著萎缩，进而导致普通高校毕业生和技术工人的供求失衡。这突出表现为近年来大学生就业难的同时，高级技工的求人倍率却始终在 2 以上。

市场化改革可以从以下两方面破解上述问题，从而提升人力资本对经济增长的促进作用。一方面，市场化改革可以取消教育行业的准入限制，让民间资本更好地参与高等教育与职业教育事业，这既可以有效促进职业教育的发展，也可以改善当前高校失衡的师生结构，从而提高人力资本质量。另一方面，市场化改革还可以通过降低准入门槛，让更多有投资意愿的资金进入，促进人力资本密集型服务业的发展，增加社会对高校毕业生的需求，从而提高人力资本的利用率。

3. 市场化改革可以改善资本积累与劳动供给的结构，进一步挖掘中国经济增长的"旧动力"

资本积累方面，虽然中国传统制造业与房地产行业的投资空间已逐渐收窄，但是教育、医疗及养老等服务业的资本积累仍明显不足，这一问题的根源同样在于市场化改革的不足。市场准入限制等因素压制了民间投资的积极性，当前民间投资占全社会投资的比重已经接近 2/3，但是在准入门槛较高的服务业中占比尚不足 50%，其中卫生与社会工作行业的民间投资占比仅为 38%，教育行业更是只有 27%。市场化改革将激发民间投资的热情，从而能够有效推动服务业的投资增长。不仅如此，市场化改革对金融抑制的破除会从根本上缓解中小企业融资难与融资贵问题，而融资成本的下降也将会进一步激发民间投资活力。

劳动供给方面，改革开放以来的人口红利背景下，劳动力的大量释放以及劳动力从农业到非农业的转移所带来的资源配置改善，成为以往中国经济增长的主要动力（蔡昉，2016）。当前，虽然上述优势正在显著消退，但中国劳动力供给结构仍存在较大的改善空间，这突出表现为长期以来部分国企存在明显的人员冗余问题。例如，全国煤炭企业平均万吨用工为 15.8 人，而作为国有企业的龙煤集团万吨用工高达 48 人，是全国平均水平的 3 倍之多[①]。因此，在劳动年龄人口不断减少的情形下，市场化改革可以清除劳动力流动的制度障碍，释放冗余劳动力，进一步挖掘劳动供给对经济增长的推动力。

---

① 资料来源：吴博雄. 黑龙江剥离 2.25 万煤炭产业工人. 中国青年报，2016-02-27，第 3 版.

（二）市场化改革对中国经济增长动力转换促进作用的定量估算

基于市场化改革对中国经济增长动力转换的促进机制，本部分将定量评估市场化改革对 TFP、资本、人力资本及劳动的作用效果，并利用增长核算模型测算经济增长动力转换后"十三五"期间中国经济潜在增速，从而量化市场化改革的重要作用[1]。

1. TFP 方面

相比于增长动力转换前，受益于市场化改革的进一步深化，不仅是资源配置效率，技术进步速度也能在增长动力转换后得到显著提升。以往研究在考虑市场化改革对资源配置效率改进时，往往设定"十三五"期间中国经济的 TFP 增速将额外提高 0.2%~1%（吴国培等，2015；陆旸和蔡昉，2016），本专题研究借鉴于上述结果而取 0.6%的平均值。在此基础上，本专题研究进一步考虑市场化改革对技术进步的推动作用，假设在全球技术速度放缓的环境下中国技术进步的提升速度能够与 2010~2014 年美国的技术进步平均速度相同，根据世界大型企业联合会测算，将该值取为 0.5%。总体而言，本专题研究将市场化改革对 TFP 的提升幅度设定为 1.1 百分点，在增长动力转换后 2016~2020 年 TFP 平均增速可达到 1.7%左右。

2. 资本积累方面

增长动力转换前，本专题研究设定"十三五"期间资本积累增速为 11.9%。增长动力转换后，对资本积累增速的判断需要进一步考虑以下三方面因素。其一，市场化改革打破了民间投资面临的壁垒，缓解了融资难、融资贵问题。由此，第三产业的民间投资规模将会快速扩张，预计"十三五"期间第三产业民间投资占比将会提高至民间投资占全社会投资比重的水平。其二，利率市场化等改革举措会对以往享受低成本优惠的国有企业形成负向冲击。而且在新的经济增长模式下，中国经济也将逐步告别对政府投资的依赖，地方政府与国有企业的投资规模会明显下降。其三，随着市场化改革的进一步深化，投资需求更多受到资本回报率的影响。根据白重恩和张琼（2014）的测算，2008 年全球金融危机之后中国资本回报率在产能过剩等因素影响下持续下降。而未来五年内，伴随"去产能""去库存"等供给侧结构性改革举措的落实，预计资本回报率会在"十三五"期间企稳并有所反弹。结合以上三点，本专题研究认为增长动力转换后 2016~2020 年资本积累增速会呈现"先降后平"的走势，到 2020 年将保持在 8.4%左右，期间平均增速为 10.6%[2]。

3. 劳动力与人力资本方面

市场化改革更多是使劳动力在国企与非国企部门间转移，从而带来劳动供给结构的改善。由于这部分劳动力数量之前已进入了国家统计局的从业人员统计之中，所以增长

---

① 本部分仅聚焦于市场化改革对 TFP、人力资本、资本和劳动的影响效果，不排除未来几年可能发生的新技术革命等因素对各生产要素尤其是 TFP 的作用。

② 增长动力转换后的资本积累增速虽然比增长动力转换前有所下降，但资本结构将得到优化，从而能够进一步拓宽资本积累的增长空间。

动力转换后的整体劳动供给增速与增长动力转换前不会发生显著变化。按照之前的假设，将 2016~2020 年平均增速设定为-0.14%[①]。在人力资本方面，考虑到市场化改革后高等教育与职业教育均将得到优化，更大规模的群体将会得到人力资本提升的机会。结合 Feenstra 等（2015）的测算结果，外推巴西、泰国等中等偏上收入国家到 2020 年的人力资本水平，并假定中国到 2020 年能够追赶上这些国家的平均水平，由此设定劳动力的平均受教育年限比增长动力转换前提高 0.5 年左右。基于此，本专题研究计算得到增长动力转换后人力资本平均增速较转换前提高约 0.5 百分点。

基于上述情形的设定［参见表 3 中"转换后（情形 1）"］，本部分测算得到经济增长动力转换后，"十三五"期间资本对经济增长的贡献率会从 2012~2015 年的 101%下降至 68%，同期 TFP 与人力资本对经济增长的贡献率会从-3.5%提高至 35%左右，将逐步取代资本与劳动成为经济增长的核心驱动力，这也符合美国、日本、韩国等国家增长动力转换的一般经济规律。在此情形下，"十三五"期间中国经济平均潜在增速能达到 7%左右，比增长动力转换前提高约 0.8 百分点。

表3　增长动力转换情形下 2016~2020 年潜在增速预测（单位：%）

变量	转换前	转换后（情形 1）	转换后（情形 2）
潜在 GDP	6.22	7.03	6.37
资本	11.93（86.34）	10.63（67.87）	10.63（77.19）
劳动	-0.14（-1.25）	-0.14（-1.12）	-0.14（-1.22）
人力资本	0.65（5.78）	1.18（9.27）	0.65（5.64）
TFP	0.56（9.13）	1.66（23.99）	1.16（18.39）

注：情形 1 为全面考虑市场化改革对资源配置效率、技术进步、人力资本、资本及劳动等生产要素的影响；情形 2 仅考虑市场化改革对资源配置效率的提升作用。表中单元格内数字为各变量在相应时间段内的平均增长速度，括号内的数表示该生产要素对经济增长的贡献率，由于数据保留小数，各要素贡献率之和不完全等于100%

更进一步，本专题研究设定了仅考虑市场化改革对资源配置效率提升的情形，见表3中"转换后（情形 2）"，这意味着市场化改革不会对技术进步与人力资本产生显著影响，而且对劳动力供给与资本积累结构的改善作用也不纳入考虑范围之内。因此，除沿用市场化改革对资源配置效率提升效果的设定外（TFP 比增长动力转换前提高 0.6 百分点），技术进步和人力资本增长速度与增长动力转换前相同，分别为 0.65%和 1.16%。基于上述设定，估算发现，"十三五"期间中国经济潜在增速的平均值仅有 6.37%，显著低于情形 2 下的潜在增速水平。由此可见，本专题研究对市场化改革在增长动力转换过程中促进机制的全面考虑，弥补了以往研究的不足，对分析市场化改革是否为促进经济增长动力转换的有效举措尤为关键。

---

① 如果考虑劳动力转移使隐性就业显性化，劳动供给增速将有所上升，因此本专题研究对增长动力转换后劳动供给增速的设定较为保守。

四、结　语

本专题研究基于时变要素产出弹性的增长核算模型，深入研究了市场化改革究竟能在中国经济增长动力转换中发挥多大作用，主要得到以下三方面结论。第一，"十三五"期间中国经济潜在增速将仅有 6.2%，低于 6.5% 的增速目标，由此难以完成"到 2020 年实现国内生产总值和城乡居民人均收入比 2010 年翻一番"等重要发展目标，因此中国迫切需要增长动力转换。第二，市场化改革不仅可以提升资源配置效率，还可以通过营造公平的市场环境促进技术进步、提升人力资本质量与利用率，并同时改善资本积累与劳动供给的结构，从而能够更有效地推动中国经济增长动力的转换。而现有研究大多低估了市场化改革在中国经济增长动力转换中能够发挥的重要作用。第三，通过深化市场化改革实现中国经济增长动力转换后，2016~2020 年中国经济平均潜在增速将提高至 7% 左右，高于"十三五"期间经济增长目标 0.5 百分点。因此，加快全面深化市场化改革的步伐，是平稳实现经济增长动力转换并顺利完成"两个一百年"奋斗目标的根本途径。

全面深化市场化改革的关键在于，切实贯彻落实十八届三中全会通过的《中共中央关于全面深化改革若干重大问题的决定》，在以下三个重点领域更要加快改革步伐。一是加快政府职能转变，真正遵循市场能做的一定要交还给市场去做、市场无法有效发挥作用的交给政府去做这一原则，处理好政府和市场之间的关系，这也是《中共中央关于全面深化改革若干重大问题的决定》所强调的经济体制改革的核心问题。二是加快要素市场改革。要认识到要素市场改革不是简单地放松价格管制，而是积极落实《中共中央关于全面深化改革若干重大问题的决定》中"必须加快形成企业自主经营、公平竞争，消费者自由选择、自主消费，商品和要素自由流动、平等交换的现代市场体系""着力清除市场壁垒，提高资源配置效率和公平性"等重要内容，由此才能真正使市场在资源配置中起决定性作用。三是加快国有企业改革，"进一步破除各种形式的行政垄断"。

参 考 文 献

白重恩，张琼. 2014. 中国的资本回报率及其影响因素分析. 世界经济，（10）: 3-30.

蔡昉. 2016. 认识中国经济减速的供给侧视角. 经济学动态，（4）: 14-22.

陈彦斌. 2016-09-07. 增长动力转换的关键在于深化市场化改革. 光明日报，第 15 版.

邓可斌，丁重. 2010. 中国为什么缺乏创造性破坏？——基于上市公司特质信息的经验证据. 经济研究，（6）: 66-79.

樊纲，工小鲁，马光荣. 2011. 中国市场化进程对经济增长的贡献. 经济研究，（9）: 4-16.

郭栋. 2014. 师生比视角下我国高等教育的教师数量分析. 河南社会科学，（8）: 97-101.

郭庆旺，贾俊雪. 2005. 中国全要素生产率的估算：1979—2004. 经济研究，（6）: 51-60.

郭豫媚，陈彦斌. 2015. 中国潜在增长率的估算及其政策含义：1979—2020. 经济学动态，（2）: 12-18.

何锦义，刘晓静，刘树海. 2006. 当前技术进步贡献率测算中的几个问题. 统计研究，（5）: 29-35.

厉以宁. 2011. 中国经济发展的成就、机遇与挑战. 经济研究，（6）: 12-13.

梁达. 2015. 加快培育壮大新业态新产业. 金融与经济，（6）: 32-34.

刘瑞翔，安同良. 2011. 中国经济增长的动力来源与转换展望——基于最终需求角度的分析. 经济研究，（7）：30-41.

陆旸，蔡昉. 2016. 从人口红利到改革红利：基于中国潜在增长率的模拟. 世界经济，（1）：3-23.

田国强，陈旭东. 2015. 中国经济发展潜力关键在市场化改革的深化. 人民论坛，（26）：20-21.

吴国培，王伟斌. 2014. 我国全要素生产率对经济增长贡献的分析研究. 统计研究，（12）：103-104.

吴国培，王伟斌，张习宁. 2015. 新常态下的中国经济增长潜力分析. 金融研究，（8）：46-63.

王小鲁. 2000. 中国经济增长的可持续性与制度变革. 经济研究，（7）：3-15.

王小鲁，樊纲. 2009. 中国经济增长方式转换和增长可持续性. 经济研究，（1）：44-47.

翁媛媛，高汝熹. 2011. 中国经济增长动力分析及未来增长空间预测. 经济学家，（8）：65-74.

武鹏. 2013. 改革以来中国经济增长的动力转换. 中国工业经济，（2）：5-17.

闫坤，刘陈杰. 2015. 我国"新常态"时期合理经济增速测算. 财贸经济，（1）：17-26.

余泳泽. 2015. 改革开放以来中国经济增长动力转换的时空特征. 数量经济技术经济研究，（2）：19-34.

张杰，周晓艳，李勇. 2011. 要素市场扭曲抑制了中国企业 R&D? 经济研究，（8）：78-91.

张军，章元. 2003. 对中国资本存量 K 的再估计. 经济研究，（7）：35-43.

张延群，娄峰. 2009. 中国经济中长期增长潜力分析与预测：2008—2020 年. 数量经济技术经济研究，（12）：137-145.

Baumol W. 1990. Entrepreneurship：productive unproductive and destructive. Journal of Political Economy，98（5）：893-921.

Denison E F. 1962. Education，economic growth and gaps in information. Journal of Political Economy，70（5）：124.

Easterly W，Levine R. 2000. It's factor accumulation：stylized facts and growth models. Mimeo，Washington D C：World Bank.

Feenstra R，Inklaar R，Timmer M. 2015. The next generation of the Penn World Table. Journal of the Royal Society Interface，7（48）：1025-1031.

Fuentes J R，Morales M. 2011. On the measurement of total factor productivity：a latent variable approach. Macroeconomic Dynamics，15（2）：45-159.

Hall R E，Jones C I. 1999. Why do some countries produce so much output per worker than others. Quarterly Journal of Economics，114（1）：83-116.

Hsueh T T，Li Q. 1999. China's National Income. Boulder：Westview Press.

Jorgenson D W，Griliches Z. 1967. The explanation of productivity Change. Review of Economic Studies，34（3）：249-283.

Klenow P J，Rodriguez C A. 1997. Economic growth：a review essay. Journal of Monetary Economics，40（3）：597-617.

Kim C J. 2006. Time-varying parameter models with endogenous regressors. Economics Letters，91（1）：21-26.

Kim J I，Lau L J. 1994. The sources of economic growth of the East Asian newly industrialized countries. Journal of the Japanese & International Economies，8（3）：235-271.

Perkins D H，Rawski E. 2008. Forecasting China's economic growth to 2025//Brandt L，Rawski T G. China's Great Economic Transformation. Cambridge：Cambridge University Press.

Rostow W W. 1960. The problem of achieving and maintaining a high rate of economic growth：a historian's view. American Economic Review，50（2）：106-118.

Solow R. 1957. Technical change and the aggregate production function. The Review of Economics and Statistics，39（3）：554-562.

Weil D N. 2009. Economic Growth. London：Pearson Addison Wesley.

专题研究二 供给侧结构性改革与总需求管理的关系探析①

自 2015 年 11 月以来，习近平总书记在中央财经领导小组会议和中央经济工作会议上多次提及推进"供给侧结构性改革"。供给侧结构性改革是在中国以往所依赖总需求管理政策的稳增长效果减弱的背景下提出的。2011 年以来中国经济一直处于下行通道，经济增速已经从 2011 年的 9.5%降至 2015 年的 6.9%。为了应对经济增速下滑，中央曾于 2012 年、2013 年和 2014 年出台了多轮"微刺激"政策，货币政策（降准、降息和定向降准等）和财政政策（铁路等基建投资、棚户区改造和给小微企业减税等）轮番上阵，但是却一直没有止住经济的下行态势，2015 年中国经济增速已经跌破 7%，降至 25 年来的最低水平。总需求管理政策不仅没有实现稳增长的目标，反而使产能过剩和企业高债务等问题日趋严重、企业融资成本居高不下。面对严峻的经济形势，中央提出推进供给侧结构性改革，并将"去产能、去库存、去杠杆、降成本、补短板"定为供给侧结构性改革的五大目标。

肯定供给侧结构性改革必要性的同时，学者也在思考推进供给侧结构性改革的过程中，总需求管理应该充当什么样的角色？有观点认为，近年来政策实践已经表明，总需求管理无法根治产能过剩和企业融资贵等问题，而且总需求管理的政策空间已经明显收窄，因此未来应该用供给侧改革取代总需求管理。还有观点认为，总需求管理应该与供给侧改革并重，共同成为中国宏观调控的主要手段。采取恰当的宏观调控政策有助于平抑波动，而采取不恰当的宏观调控政策则可能加剧波动，因此有必要深入研究供给侧改革与总需求管理的相互关系，以期为中央决策提供理论参考。

一、供给侧结构性改革与总需求管理的概念界定

总需求管理是发达国家广泛使用的词汇，而中国通常称之为宏观调控，而且中国特色宏观调控的概念非常宽泛，与总需求管理并不等价。供给侧结构性改革是一个新的词

① 作者：陈小亮，中国社会科学院经济研究所《经济研究》编辑；陈彦斌，中国人民大学经济学院教授、副院长。本专题研究原载于《中国高校社会科学》2016 年第 3 期，有改动。

汇，学者普遍将其与供给学派联系到一起，但是很少有人深入分析二者之间的异同。基于此，在探讨供给侧结构性改革与总需求管理的关系之前，有必要对这两个概念及其内涵进行界定。

（一）总需求管理的概念和内涵

《新帕尔格雷夫经济学大辞典》指出，总需求管理思想源自于凯恩斯的《通论》[①]，并将总需求管理定义为"需求不足可以通过增加政府支出或减税，或者由货币当局降低利率以增加投资而得到改善；与此相反，如果存在过度需求，财政和货币政策就可以起到紧缩需求的效果"。虽然学界普遍认同总需求管理包括财政政策和货币政策两大类政策手段，但是对二者相对重要性的认识却不是一成不变的。20 世纪 30~40 年代，凯恩斯主张的以积极财政政策为主的总需求管理政策帮助美欧国家摆脱了大萧条并实现了第二次世界大战后经济的快速恢复和发展，彼时财政政策被认为是总需求管理的主要手段。但是，持续不断的积极财政政策导致各国财政赤字越来越大、通货膨胀问题也日益严重，70 年代"滞胀"的爆发使积极财政政策的地位被大大削弱。与之不同，随着货币主义的兴起，货币政策的地位开始逐步提高。尤其是通货膨胀目标制这一代表性的货币政策框架帮助美欧国家在 80 年代以后实现了大缓和，货币政策也因此成为总需求管理的核心手段。

中国自 20 世纪 80 年代中期以来也使用总需求管理政策平抑经济波动，不过中国通常称之为宏观调控[②]。宏观调控是中国特色的词汇，刘树成主编的《现代经济辞典》将宏观调控定义为"为了防止市场经济条件下市场失效和保证国民经济总体的稳定运行"，"通过运用宏观经济政策工具来调节国民经济，以最终实现国家的宏观经济目标的一整套运作过程"[③]。"十二五"规划指出"加强财政、货币、投资、产业、土地等各项政策协调配合，提高宏观调控的科学性和预见性"，"十三五"规划建议强调"完善以财政政策、货币政策为主，产业、区域、投资、消费、价格政策协调配合的政策体系"。可见，中国特色宏观调控的内涵非常宽泛，除了货币政策和财政政策之外，还包括投资政策、产业政策、土地政策和区域政策等内容。为了与现代宏观经济理论保持一致，本专题研究主要研究狭义的总需求管理政策，即货币政策和财政政策，不对产业、投资和土地等政策展开研究。

---

① 厉以宁（2015）指出，在 1936 年凯恩斯的《通论》出版之前，美国的雅各布·怀纳、保罗·道格拉斯和阿瑟·盖尔等经济学家就主张运用财政手段调节经济，并且它们的部分政策建议被罗斯福"新政"采纳。但是，这些经济学家都没有用国民收入均衡的概念来解释经济波动的原因和消除经济波动的对策，因此他们缺少可以作为自己政策建议理论基础的有效需求假说。在经济学理论体系上，他们的学说仍然属于传统经济学的范畴。与之不同，凯恩斯摆脱了旧货币数量论，提出了国民收入均衡的宏观静态分析方法，建立了有效需求假说，由此使凯恩斯经济学成为经济学中的"新正统"。也正因为如此，《新帕尔格雷夫经济学大辞典》将总需求管理思想的起源界定于《通论》的出版。

② 通过梳理关于宏观调控的重要文件可以发现：1984 年 10 月中共十二届三中全会通过的《中共中央关于经济体制改革的决定》首次提出"宏观调节"的概念，1988 年 9 月中共十三届三中全会正式使用了"宏观调控"的概念，1993 年 11 月中共十四届三中全会首次提出"建立以间接手段为主的完善的宏观调控体系"。

③ 刘树成主编的《现代经济辞典》并没有直接用"宏观调控"这个术语，而是称之为"宏观经济调控"（刘树成，2005）。

（二）供给侧结构性改革的概念和内涵

供给侧结构性改革是中国领导层提出的新词汇[①]，主流教科书中并未出现，不过回顾经济学发展的历史可以从供给学派找到供给侧改革的渊源。供给学派是 20 世纪 70 年代后期在美国逐渐形成的一个经济学流派，他们的政策主张因被里根总统用来治理滞胀而广为人知。面对滞胀，总需求管理在西方国家经济政策中的主导地位受到了挑战，因为它无法同时实现稳增长（消除失业）和控通胀两个目标。供给学派则认为，只要遵循萨伊定律，失业和通胀并存的现象自然会消失：供给自行创造需求，只要国家不干预经济活动，产品就不会过剩，失业也就不会持续存在；政府人为刺激需求导致投资大于储蓄，从而引发了通胀，所以只要让市场规律充分发挥作用，利率的升降会使储蓄全部转化为投资，也就不会产生通胀。为此，供给学派主张通过减税和减少政府干预等手段，激励工人和企业家的积极性，提高生产率，从而实现稳定增长。

中国的"供给侧结构性改革"的关键是，"用改革的办法推进结构调整，减少无效和低端供给，扩大有效和中高端供给，增强供给结构对需求变化的适应性和灵活性，提高全要素生产率"[②]。将其与供给学派对比可以发现，它们有相似之处，都主张减少政府对市场的干预、通过深化改革提高生产效率。但更要注意到，二者存在两点显著差异。

第一，供给学派是对萨伊定律的复辟，根本而言是错误的；中国的供给侧结构性改革并非赞同萨伊定律，而是强调"调整供给以满足受抑制的需求"。萨伊定律的错误早已在经济学界达成共识，凯恩斯《通论》的一个重要贡献就是批判萨伊定律。中国提倡推进供给侧改革并不是笼统地让"供给创造需求"，而是"扩大有效和中高端供给，增强供给结构对需求变化的适应性和灵活性"。由于社会保障不完善、消费产品升级跟不上家庭消费偏好的转变速度，在教育、医疗和文化等服务领域以及高端消费品领域普遍存在需求受抑制的现象，供给侧改革的目标恰恰是通过调整供给结构释放这些受抑制的需求。

第二，供给学派旨在治理美国当时面临的滞胀困境，而中国目前所面临的是"债务—通缩"困境，因此不能照搬供给学派的"药方"来解决中国的问题。虽然供给学派试图复辟萨伊定律是错误的，但是供给学派所开的"药方"对治理美国当年的滞胀而言还是对症的。美国的滞胀缘起于超越发展阶段过度建设福利社会、石油供给冲击、资本主义条件下过度发展国有企业等政治经济社会方面的多重因素。而总需求管理无法同时实现稳增长和控通胀两个目标。供给学派提出的减税和放松管制等举措能够推动总供给曲线右移，同时实现稳增长和控通胀两个目标，帮助经济走出滞胀困境。与之不同，当前中国产出缺口和 GDP 半减指数均为负，笼统地通过增加生产要素投入和提高效率，虽然会推动供给曲线向右移动从而弥补产出缺口，但是却会加剧通缩压力。因此，中

[①] 在 1998~2002 年通缩时期（刘诗白，2000；刘地久，2001）以及 2012 年新常态以来（方福前，2014；贾康，2014；张晓晶，2015），国内学术界曾经提出过"供给管理"的概念。"供给管理"与"供给侧改革"的内涵比较一致，都强调结构调整和深化改革。

[②] 参见习近平在省部级主要领导干部学习贯彻十八届五中全会精神专题研讨班开班式上发表重要讲话强调：聚焦发力贯彻五中全会精神确保如期全面建成小康社会. 人民日报，2016-01-19.

国不能照搬当年供给学派给美国开出的"药方",而应该根据国情制订适合中国的供给侧改革方案。

二、为什么要推进供给侧结构性改革?

（一）供给侧结构性改革能够有效治理产能过剩等难题

从新中国成立到 20 世纪 90 年代初期,中国经济长期处于短缺状态,改革开放和市场化建设将中国经济送入增长快车道,1997 年下半年中国第一次出现了产能过剩问题(余永定,1999),自此产能过剩不再是发达国家的专利。截至目前,中国已经发生了多轮大规模的产能过剩,比较有代表性的有三轮:第一轮发生在 1998~2002 年通缩和亚洲金融危机时期,第二轮发生在 2008 年全球金融危机时期,第三轮是"新常态"以来中国正在经历的产能过剩。

以往中国政府部门主要通过扩大总需求来消化吸收过剩产能。例如,为了应对 2008 年金融危机时期的产能过剩问题,中国出台了"四万亿"强刺激政策,通过上项目搞投资快速消化了部分过剩产能,产能利用率因此而显著回升。但是,过剩尤其是低效的产能并没有被淘汰掉,扩大总需求只是延缓了产能过剩爆发的时间,并没有根治产能过剩问题。也正因如此,中国的产能过剩问题呈现出"屡犯屡治,屡治屡犯"的特点(纪志宏,2015)。

总需求管理之所以不能根治产能过剩问题,是因为中国的产能过剩有深刻的体制性根源。一方面,以 GDP 为核心的官员考核机制和事权财权倒挂的财税体制使地方政府热衷于追求高增长和高税收,钢材、水泥和汽车等具有高投入、高产出特征的产业受到各个地方政府的青睐。地方政府之间的竞争很容易导致重复建设,从而引发产能过剩。为了鼓励企业加大投资,政府对资金、土地和劳动等要素价格进行管制,并且对企业排放污染物的约束较少、惩罚较轻,降低了企业本应承担的资源环境成本,刺激企业过度投资,加剧了产能过剩的程度。另一方面,当出现产能过剩时,地方政府往往通过补贴等方式给部分本应被市场淘汰的企业"输血"[①],使产能过剩问题持续存在。

要想有效治理产能过剩问题,需要通过供给侧结构性改革消除目前存在的体制性障碍。供给侧结构性改革治理产能过剩的关键是厘清政府与市场的关系,减少政府的干预,让市场在资源配置中起决定性作用。一是改革地方官员考核机制和财税体制,改变地方政府唯 GDP 崇拜的做法,降低政府干预企业投资活动的激励。二是加快推进资金和能源等要素价格市场化改革,杜绝内部成本外部化的做法,让企业承担起本应承担的投资成本,约束其过度投资行为。三是通过市场的优胜劣汰决定企业去留,从而为生产效率较高、能够生产出高品质产品的企业提供良好的生存环境。

---

① 政府之所以给本应被市场淘汰的企业"输血",是因为既要保证 GDP 增速,又要维持就业和社会稳定。

（二）供给侧结构性改革能够增加有效供给，催生新的增长点

中国的产能过剩并非绝对意义上的产能过剩，因为在部分产品产能过剩的同时，不少产品的有效供给明显不足。投资品方面，钢铁行业虽然长期面临严重的产能过剩，但高端钢铁产品的供给十分不足，长期依赖进口。2004~2012 年，国内生产的冷轧薄板、镀层板和电工钢板这三类高端板材产量合计占国内钢铁总产量的平均比重为 22%，而中国进口钢铁总量中这三类板材的占比却高达 65%（郭豫媚，2015）。消费品方面，"代购"和"海淘"等新型消费模式快速发展，国外的服装、化妆品、数码电子产品、婴幼儿用品、食品、保健品和家用电器等高质量消费品受到国内消费者青睐。统计数据显示，2013 年中国海淘族规模已达 1 800 万人，海外购物开支高达 2 136 亿元，预计 2018 年中国海淘族规模将达到 3 560 万人，海外购物消费支出将达 1 万亿元[1]。

总需求管理无法应对目前中国面临的高品质投资品和消费品有效供给不足的问题。其一，积极财政政策和宽松货币政策等总需求管理政策主要通过增加补贴、减轻税负或降低融资成本等方式为产能过剩行业的僵尸企业减轻负担，从而这些企业得以持续经营，但这并不能改变这些企业生产的产品种类和品质。其二，教育和医疗等领域有效供给不足的一个重要原因是民间投资被管制，即使企业有投资意愿，只要相关的体制障碍仍然存在，就难以实现相关领域供给的增加。再加上市场优胜劣汰机制难以奏效，为数不多的产品和服务的质量也难以得到保障。总需求管理无法消除相关体制性障碍，因此也就不能增加高品质民生产品和服务的有效供给。

要想增加有效供给，应该将发力点转向供给侧，推进"供给侧结构性改革"。一方面，减少对于僵尸企业的无效输血，将节省下来的宝贵资源投向能够生产高品质投资品和消费品的企业[2]。另一方面，消除教育、医疗等领域的民营资本投资障碍，破解准入问题，让市场优胜劣汰机制发挥作用，为社会提供更多高品质的民生产品和服务。这样既能消除产能过剩问题，又可以让供给增长更为有效，从而化解供给侧的结构性矛盾，并为中国经济催生出新的增长点。"供给侧结构性改革"概念提出后，国务院专门印发《国务院关于积极发挥新消费引领作用加快培育形成新供给新动力的指导意见》，提出以制度创新、技术创新、产品创新增加新供给，满足创造新消费，形成新动力，引导企业更加积极主动适应市场需求变化，实施企业技术改造提升行动计划，增加优质新型产品和生活服务等有效供给。应该说该指导意见是对症的，关键在于落实到位，而要想落实到位必须管住"政府之手"、让"市场之手"推进调结构的进程（陈彦斌和陈小亮，2014），创新可以加快产业结构升级，使供给结构与需求结构相匹配。

三、供给侧结构性改革的推进需要总需求管理相配合

供给侧结构性改革有助于提高经济潜在增速，推动实现长期经济增长。长期中，供

---

[1] 资料来源：王海艳. 商品条码乱了　海淘订单没了. 南方都市报，2014-09-17，第 GC10 版.

[2] 需要注意的是，从僵尸企业节省出来的资源应该让市场来决定其流向，而不是由政府通过补贴等形式加以配置。

给侧结构性改革不仅能够淘汰掉落后产能，使信贷资金等宝贵资源更加有效地配置给高生产率的企业，提高全社会的生产效率，而且能够促进产业结构升级，引导企业更加积极主动地适应市场需求变化，从而催生出新的增长点。但是，短期内，供给侧改革过程中淘汰落后产能等举措会加剧经济下行压力，需要总需求管理予以缓冲。

（一）1998~2002 年通缩时期供给侧改革与总需求管理配合的经验

虽然"供给侧结构性改革"是 2015 年才提出的新概念，但是中国在 1998~2002 年通缩时期就已经进行过政策实践。邓小平南方谈话之后的新政策促成了投资热潮（1992 年与 1993 年投资增速高达 44.4%和 61.8%[①]），地方政府之间的竞争和重复建设导致很多企业生产的产品出现过剩。亚洲金融危机进一步压缩了外部需求，导致产品价格下降、企业经营效益恶化[②]。但是，政府的干预和市场机制的不完善导致亏损的企业并没有及时退出，它们继续从事生产引发了大量"无效供给"。为了提高经济活力，中国进行了以国企改革为核心的供给侧改革，对国企的行业布局进行战略性调整，国企逐渐从一般加工制造业、批发零售和住宿餐饮等下游行业退出，并集聚到矿产、能源、电力、电信、金融、交通运输等上游行业[③]。淘汰掉低效率国企并经过新陈代谢之后的中国经济轻装上阵，再加上外部条件改善等有利因素，中国潜在经济增速显著提高，实现了 2002 年以后的新一轮高速增长。

在推行国企改革的过程中，国企数量从1997年的7.4万家减少到2002年的4.1万家（易峘和梁红，2015），由此导致大量工人下岗，仅1998年和1999年就有2 200多万职工下岗。期间，政府并没有放弃总需求管理政策，采取了多项财政政策与货币政策来解决下岗工人的生活和就业问题，从而维护社会稳定以确保供给侧改革顺利推行。一是通过财政给予国有企业下岗职工基本生活保障，并出台优惠性税收和信贷政策鼓励非国企接收下岗职工。1998年6月23日中共中央、国务院发布的《关于切实做好国有企业下岗职工基本生活保障和再就业工作的通知》指出，"对下岗职工从事社区居民服务业的，要简化工商登记手续，3年内可免征营业税、个人所得税以及行政性收费"，"要把发展中小型企业、劳动就业服务企业作为促进再就业的重要途径。各国有商业银行应设立小型企业信贷部，为其发展提供必要的贷款支持"。二是通缩加重了企业实际融资成本，为此中央银行采取了降息和降准操作以降低融资成本（戴根有，2000）。1998~2002年中央银行先后五次降息，一年期贷款基准利率从7.92%降至5.31%，降息幅度达到了2.61

---

① 投资增速是根据《中国统计年鉴》相关数据计算得到的。

② 余永定（1999）指出，沪、深股票市场上市公司的平均利润率由 1994 年的 13%下降到 1997 年的 9%。其中，化纤业上市公司的主营业务利润率由 1994 年的 16%骤降至 1997 年的 3%，机械业上市公司的主营业务利润率由 1994 年的 10%下降到 1997 年的 5%。此外，未上市公司的经营状况比上市公司更糟糕。

③ 标志性事件如下：1999 年中共十五届四中全会指出，"从战略上调整国有经济布局"，"国有经济需要控制的行业主要包括涉及国家安全的行业，自然垄断的行业，提供重要公共产品和服务的行业，以及支柱产业和高新技术产业中的重要骨干企业"；2002 年党的十六大报告指出，"关系国民经济命脉和国家安全的大型国有企业、基础设施和重要自然资源等，由中央政府代表国家履行出资人职责"；2003 年国务院国有资产监督管理委员会的成立进一步推动了国企的战略调整和重组。

百分点。中央银行还在1998年与1999年分别将存款准备金率大幅下调5百分点和2百分点,存款准备金率从13%迅速下降到了6%,降幅之大实属罕见,降准操作大大增加了商业银行的可贷资金规模。

除了采取积极财政政策和宽松货币政策等常规手段扩大总需求,中国还采取了一系列非常规的手段扩大总需求。一是实施住房市场改革,释放住房需求,房地产行业一跃成为中国经济发展的支柱产业①。二是实施西部大开发战略,通过发展西部经济提高西部地区居民的收入水平,从而扩大内需(陈栋生,2000)。三是加入世界贸易组织(World Trade Organization,WTO)以开发庞大的国际市场,并逐渐形成了"出口-投资"联动机制,为中国经济创造出了又一增长源泉。

(二)新常态下供给侧结构性改革的推进仍然需要总需求管理相配合

分析完1998~2002年供给侧改革的经验之后,一个很自然的问题就是新常态下中国推进供给侧结构性改革是否也会引发失业。有学者认为,新常态下就业问题已经不再是中国需要重点关注的问题。他们的主要依据有如下几点:一是随着老龄化的加重,中国劳动年龄人口绝对数从2012年开始逐渐减少②。二是服务业对经济增长的贡献已经超过工业部门,而理论和国际经验均表明服务业吸纳就业的能力要强于工业部门。三是一些沿海城市频频出现"用工荒",他们据此推测农民工的就业也已经不成问题。

本专题研究则认为,新常态下推进供给侧改革过程中仍然要高度重视就业问题。第一,虽然劳动年龄人口绝对数量不断减少,但是农村转移人口和大学生就业压力仍然严峻。"十三五"期间,每年从农村转移到城镇的人口还将维持在500万人以上,每年新增大学毕业生也将达到800万人左右③。要想维护社会稳定,必须解决好这两大人群的就业问题。事实上,新常态以来中国的就业压力已经逐渐显现。国家统计局数据显示,截至2016年1月,制造业PMI就业指数已经连续44个月低于50%的枯荣线,非制造业PMI就业指数也已经连续12个月低于50%(图1)。第二,中国的产能过剩问题具有明显的区域性特点,山西省和东北三省等重化工业地区产能过剩尤为严重。不仅如此,这些产能严重过剩地区的经济增速也明显偏低,初步核算结果显示2015年山西省与辽宁省的GDP增长率分别只有3.1%和3%,黑龙江省与吉林省的GDP增长率分别为5.7%和6.5%,在全国范围内也属于明显偏低水平。在此情形下,一旦落实去产能方案,很可能在山西省和东北三省等产能过剩重灾区出现地区性的较多失业人口④。

---

① 陈彦斌和阎衍(2014)通过计算得出,2003~2013年房地产行业平均能够拉动经济增长多达3百分点,其中房地产投资能够直接拉动经济增长1.3百分点,此外房地产还通过促进上游的钢铁、水泥、玻璃等行业以及下游的家电、家具、建筑装潢等行业发展而拉动经济增长1.7百分点。

② 国家统计局数据显示,2012~2015年中国劳动年龄人口连续四年减少,四年累计减少多达1 447万人。

③ 从农村转移到城镇的人口数据引自:卢锋和杨业伟(2012);高校毕业生人数引自:中国人力资源和社会保障部以及教育部网站。

④ "十三五"规划建议将"十三五"期间宏观调控的目标确定为"更加注重扩大就业、稳定物价、调整结构、提高效益、防控风险、保护环境"。"扩大就业"第一次成为宏观调控的首要目标,这也能够反映出中国目前的确面临一定的就业压力,而且中央已经开始高度重视就业问题。

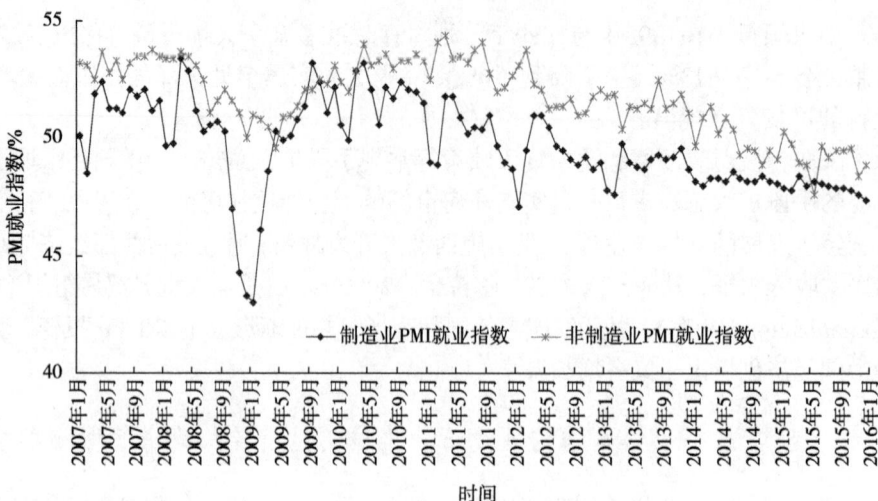

图 1　制造业与非制造业 PMI 就业指数走势

资料来源：国家统计局

　　基于此，新常态下中国推进供给侧结构性改革的过程中，同样需要辅以扩张性的总需求管理政策。中小企业作为吸纳就业的主体，面临税负过重和融资难、融资贵等问题。因此有必要采取以减税为核心的积极财政政策来减轻企业税负，并通过适度宽松的货币政策缓解中小企业的融资困难，从而让中小企业更好地发展起来以承接去产能引发的失业问题。需要补充说明的是，中国中小企业融资难、融资贵问题的根源在于政府为追求高增长而造成的金融体制扭曲和经济体制扭曲。因此，货币政策无法根治融资贵难题，要想根治中小企业融资贵问题，必须深化改革，纠正金融扭曲和经济扭曲。但是，这并不意味着货币政策在降低中小企业融资成本方面毫无效果。一方面，在通胀率持续走低并且工业领域持续通缩的背景下，降息可以引导市场利率下行[①]。另一方面，中央银行可以继续采取定向降准等结构性货币政策，增加金融机构对中小企业的资金供给。马理等（2015）通过构建理论模型并进行数值模拟发现，可以借助放宽对中小企业贷款的抵押担保条件、加大对中小企业贷款的优惠力度和降低对中小企业贷款的资本约束要求等配套政策使定向降准落到实处。这为定向降准等结构性货币政策的实行提供了理论支撑。

　　最后要指出的是，与 1998~2002 年相比，目前国企改革难度更大，人口红利和全球化红利逐渐消失，房地产也难以再现过去十多年的黄金期，这要求中央更加坚定供给侧改革的决心。但是供给侧改革不能从一个极端走向另一个极端，要注意把握好改革的力度。为了缓冲高强度供给侧改革带来的经济下行压力和就业压力，在改革进程中可以考虑不搞"一刀切"，对不同类型的企业区别对待，分阶段、分批次推进改革。以去产能为例，鉴于目前存在一定的就业压力，可以考虑对劳动密集型的企业继续输血，对山西省和东北三省地区的去产能更要慎重。与此同时，通过减税和破垄断等举措，给中小企

---

① 2014 年 11~2015 年 12 月中国人民银行六次降息，一年期贷款利率累计下降 1.65 百分点。在中国人民银行降息的引导下，金融机构一般贷款加权平均利率从 2014 年第四季度的 6.92% 下降到 2015 年第四季度的 5.64%；温州民间融资综合利率指数从 2014 年 11 月的 20.05% 下降到 2015 年 12 月的 18.65%。

业发展创造出好的环境，待中小企业吸纳就业能力提升之后，再逐步推进供给侧改革。

四、供给侧改革不应取代总需求管理成为宏观调控的主要手段

虽然供给侧改革能够有效治理产能过剩问题，而且可以使产品供给结构与需求结构更加匹配，从而满足受抑制的需求，但它并不能因此而成为宏观调控的主要手段。美国和英国在 20 世纪 80 年代推行了供给方面的改革，但是并没有常态化，美国和英国宏观调控的主要手段仍然是总需求管理尤其是货币政策。中国在 1998~2002 年也曾实施了供给侧改革，但是过去十余年的政策实践表明，供给侧改革同样没有取代总需求管理在中国宏观调控体系中的地位。这是因为供给侧改革不满足宏观调控的基本条件和三条标准[①]。

（一）供给侧改革不能进行逆周期调节

宏观调控手段首先要满足的条件是能够对经济进行逆周期调节。当经济过冷的时候，决策部门采取扩张性宏观调控政策刺激经济，使经济恢复活力；当经济过热的时候则要出台紧缩性宏观调控政策，避免企业等经济主体盲目扩大生产，帮助经济"软着陆"。总需求管理在主流教科书中又被称为"稳定化政策"[②]，是典型的逆周期调节手段。就货币政策而言，当经济过热时可以采取加息或者提高准备金率等手段以减少企业投资和居民消费，反之则降息或者降低准备金率以促进企业投资和居民消费，从而稳定经济增长。就财政政策而言，当经济过热时可以采取加税或者减少财政支出等手段为经济降温，反之则减税或者增加财政支出以刺激经济增长。

供给侧改革的工具主要包括减税、减少政府干预和深化改革等内容，除了减税之外，其他工具都难以用来对经济进行逆周期调节。例如，当一国经济增速放缓时，如果存在政府对经济体干预过度、市场经济运行机制不健全、市场化制度不完善等问题，通过供给侧改革减少政府干预、深化改革可以为经济体注入活力，提高潜在增速。但是，当一国经济过热时，却不能简单地反其道而行之。具体到中国，目前政府部门仍然握有不少权力[③]，市场机制也尚不健全。例如，产能过剩很大程度上就是源自于政府对市场的干预；又如，行政垄断等障碍的存在限制了中小企业的发展空间，而金融市场扭曲则是中小企业融资难、融资贵的重要原因。因此，新常态下推进供给侧改革有助于为中国经济注入

---

① 梁小民等（2014）的《经济学大辞典》以及郭庆旺和赵志耘（2005）等将供给管理（与供给侧改革含义相似，见本专题研究概念界定部分的脚注）与总需求管理视为稳定化政策的两大核心内容，而本专题研究并不赞同他们的观点。

② 虽然《新帕尔格雷夫经济学大词典》指出"在美国，需求管理从未完全代替稳定化政策这一术语"，但是通过对比词典对需求管理和稳定化政策两个术语的解释可以发现，二者的核心内容是一致的。

③ 以行政审批权为例，本届政府在 2013 年成立时，国务院各部门所握有的行政审批权数量为 1 700 余项，总理向社会承诺本届政府至少取消和下放其中的 1/3（567 项）。2013 年、2014 年分别取消和下放了 416 项和 246 项行政审批权，2015 年 3 月再次取消和下放 90 项行政审批权，仅用了两年多时间就超额完成了目标。不过，根据以上数据估算，目前政府部门仍拥有约 950 项行政审批权。资料来源：2013 年和 2014 年数据分别引自《2014 年政府工作报告》和《2015 年政府工作报告》，2015 年数据引自《国务院关于取消和调整一批行政审批项目等事项的决定》。

活力。但是，供给侧改革不能常态化，也不能在未来中国经济过热时进行逆周期操作，如增加政府对经济的干预、把原本健全的市场机制和制度破坏掉来给经济降温。因此，供给侧改革不具备成为宏观调控主要手段的基本条件。

（二）供给侧改革不满足宏观调控手段的三条标准

米什金所著的《货币金融学》详细阐明了货币政策手段需要遵循的三条标准，即可测量性、可控性、对目标有可预计的影响。根据这三条标准并结合政策实践，目前美联储将联邦基金利率作为货币政策的主要手段。联邦基金利率不仅易于测量而且可以迅速得到数据，因此满足可测量性标准；美联储可以通过采取公开市场操作来调整联邦基金利率水平的高低，因此它满足可控性；中央银行可以结合产出和通胀率等重要宏观变量的表现，根据泰勒规则等经验算式对联邦基金利率做出较为精准的调整，因此它对目标有可预计的影响。需要强调的是，20 世纪 70 年代美联储货币政策的手段并不是联邦基金利率，而是货币供应量。金融创新的涌现和利率管制的放松加大了货币定义和测度的难度，货币供应量与实体经济之间的稳定关系被打破，从而导致货币供应量的可测量性、可控性和对目标的影响都大幅减弱。在此情形下，美联开始寻找新的货币政策手段，并于 1993 年宣布将联邦基金利率作为货币政策手段。美联储货币政策手段的历史变迁充分说明了上述三条标准的重要性，中国目前货币政策由数量型向价格型的转变也是基于类似逻辑。

通过类比可以发现，税收和财政支出等财政政策手段同样需要满足上述三条标准。以财政支出为例，一国政府能够通过财政部等相关部门议案确定财政刺激力度大小，因此财政支出满足可测量性和可控性标准。近年来各国开始效仿货币政策规则（如泰勒规则）并结合本国财政政策的目标制定财政政策规则（Batini et al.，2009；Kumhof and Laxton，2009；Davig et al.，2011；胡永刚和郭长林，2013），因此财政支出亦对目标有可预计的影响。

因此，本专题研究认为，可以将可测量性、可控性、对目标有可预计的影响视为宏观调控手段所需满足的三条标准。然而，供给侧改革并不满足这三条标准。供给侧改革虽有共识，但诸如减少政府对市场的干预和深化改革等工具的可测量性和可控性远不如利率、准备金率和财政支出等总需求管理政策工具。一国很难对政府干预市场的程度和改革进程进行量化，虽然有些研究通过构建市场化指数来量化市场化进程，但是这通常只能对以往的改革进行归纳，而一国的改革进程通常不是按照恒定节奏进行的，不同时间段改革的内容也是不同的，因此不能用类似的改革指数推测未来改革的进度，进而也就难以对两类工具进行精确控制。此外，改革只有在长期才会产生改革红利，而短期内通常不会产生改革红利，甚至会导致负红利，因此不满足对目标有可预计的影响这一标准。鉴于此，世界各国一般不会把供给侧改革当做宏观调控的主要手段。未来中国也不应该将供给侧改革常态化，更不应该将供给侧改革视为宏观调控的主要手段。

（三）精巧设计的新型总需求管理方案不仅能够有效应对需求冲击，而且可以较好地应对供给冲击，这强化了总需求管理在宏观调控体系中的主导地位

宏观经济理论与政策的最新进展表明，总需求管理对宏观经济的调控能力比早期教科书上所说的更加强大，精巧设计的新型总需求管理方案不仅可以有效应对需求冲击，还可以在一定程度上应对供给冲击。全世界颇为流行的曼昆版《宏观经济学》在讲解美国滞胀时并未提及用供给侧改革应对滞胀，而是强调使用货币政策等总需求管理手段加以应对。此外，货币政策最新实践表明，设计良好的通胀目标制可以较好地应对供给冲击，这超越了总需求管理应对供给冲击必须在产出与通胀之间权衡取舍的传统看法。

两方面的优化设计可以提高通胀目标制应对供给冲击的能力。其一，大多数国家设计的通胀目标至少排除了第一轮供给冲击的效应，如食品或能源价格上涨带来的第一轮影响。当供给冲击发生时，若仍坚持原有的通货膨胀目标，可能会引起更大的经济波动。例如，石油价格突然下降将刺激产出增加和物价下跌，如果维持目标通胀率，中央可能会采取行动推动通胀率上升，然而这将进一步刺激产出从而引起更大的产出波动（郭豫媚，2016）。为了规避通胀目标制与供给冲击之间的矛盾，各国通常对通胀目标加以调整。例如，新西兰的通胀指标剔除了供给冲击的影响，后来又进一步剔除了贸易条件变动、能源与商品价格变化、政府收费与间接税的变化等因素引起的第一轮影响；加拿大的核心通胀率则剔除了能源与食品价格的影响。其二，免责条款允许中央银行调整通胀目标以应对不可预期的变化。例如，德国中央银行在应对 1979 年石油供给冲击时将通胀目标从 2%提高到 4%，因为冲击带来了"不可避免的价格上涨"[①]。这避免了过度紧缩货币政策可能引发的产出大幅下滑。

正是因为总需求管理兼具应对需求冲击和供给冲击的强大调控能力，美国、英国等发达国家一直将总需求管理作为宏观调控的主要手段。中国的市场化机制尚不健全，而且目前面临的产能过剩、房地产库存高企和融资成本过高等问题的根源在于供给端，因此有必要推进供给侧改革，尤其是进行结构性改革。但是基于上述理论分析和发达国家的经验可知，长远来看，中国仍然应该将总需求管理政策视为宏观调控的主要手段。

五、结　　语

本专题研究通过对经济理论、历史经验和国际经验的分析，从两个方面阐述了供给侧结构性改革与总需求管理的相互关系。一是供给侧结构性改革的推进需要总需求管理相配合。总需求管理无法根治产能过剩以及供给结构与需求结构不匹配等深层次问题的根源在于供给侧，因此有必要推进供给侧结构性改革。但是，短期内供给侧结构性改革过程中淘汰落后产能等举措会加剧经济下行压力和就业压力，要想顺利推进供给侧结构性改革需要总需求管理相配合。二是供给侧改革不应替代总需求管理而成为宏观调控的主要手段。供给侧改革既不具备宏观调控所要求的逆周期调节能力，也不满足宏观调控

[①] 关于新西兰、英国和德国通胀目标制的经验都是根据伯南克等（2013）整理得到的。

手段所要求的可测量性、可控性、对目标有可预计的影响这三条标准，因此不应该成为宏观调控的主要手段。

有鉴于此，新常态下中国要着力加强供给侧结构性改革，同时不能放弃总需求管理，而且应该着力提高总需求管理政策的有效性。就货币政策而言，目前中国正处于从数量型货币政策向价格型货币政策转型的过程中，数量型货币政策的有效性逐渐减弱而价格型货币政策尚未完全建立，因此中国亟须构建市场化的基准利率以提高价格型货币政策的有效性。在货币政策转型的过程中，中国还应该加强预期管理，平抑预期误差冲击所引发的产出、消费和投资的波动幅度，提高货币政策有效性（郭豫媚等，2016）。就财政政策而言，现行财税体制下地方政府事权与财权不匹配，地方政府为了落实积极财政政策而通过地方投融资平台等方式举债，高企的债务负担在很大程度上限制了地方政府进一步落实积极财政政策的能力。为了化解地方政府债务困境，十八届三中全会提出深化财税体制改革，"建立事权和支出责任相适应的制度"，2014 年修订的《预算法》也明确指出，经国务院批准的省、自治区、直辖市的预算中必需的建设投资的部分资金，可以在国务院确定的限额内，通过发行地方政府债券举借债务的方式筹措。未来中国政府部门应该尽快落实相关财税体制改革方案，确保中央制定的积极财政政策能够落到实处。

参 考 文 献

伯南克 B S，劳巴克 T，米什金 F S，等. 2013. 通货膨胀目标制：国际经验. 孙刚，钱泳，王宇译. 大连：东北财经大学出版社.

陈栋生. 2000. 对西部大开发的几点思考. 中国工业经济，（1）：21-26.

陈彦斌，陈小亮. 2014. 中国经济 "微刺激" 效果及其趋势评估. 改革，（7）：5-14.

陈彦斌，阎衍. 2014. 2014 下半年中国房地产走势预判. 人民论坛，（8）：52-55.

戴根有. 2000. 关于我国货币政策的理论与实践问题. 金融研究，（9）：1-12.

方福前. 2014. 大改革视野下中国宏观调控体系的重构. 经济理论与经济管理，（5）：5-21.

郭庆旺，赵志耘. 2005. 宏观经济稳定政策的理论依据. 经济理论与经济管理，（3）：5-11.

郭豫媚. 2015. 中国富豪的巨额财富积累来源于科技创新吗? 经济体制改革论坛（总第 5 期）分报告.

郭豫媚. 2016. 预期管理与中国货币政策有效性. 中国人民大学博士学位论文.

郭豫媚，陈伟泽，陈彦斌. 2016. 中国货币政策有效性下降与预期管理研究. 经济研究，（1）：28-41.

胡永刚，郭长林. 2013. 财政政策规则、预期与居民消费. 经济研究，（3）：96-107.

纪志宏. 2015. 我国产能过剩风险及治理. 新金融评论，（1）：1-24.

贾康. 2014. 新供给：经济学理论的中国创新. 经济研究参考，（1）：7-12.

厉以宁. 2015. 西方宏观经济学说史教程. 北京：中国人民大学出版社.

梁小民，睢国余，刘伟，等. 2014. 经济学大辞典. 北京：团结出版社.

刘地久. 2001. 改善供给：扩大需求，促进增长的根本出路. 管理世界，（6）：6-13.

刘诗白. 2000. 论增大有效供给. 经济学家，（1）：4-11.

刘树成. 2005. 现代经济辞典. 南京：江苏凤凰出版社，江苏人民出版社.

卢锋，杨业伟. 2012. 中国农业劳动力占比变动因素估测：1990~2030 年. 中国人口科学，（4）：13-24.

马理，娄甜甜，牛慕鸿. 2015. 定向降准与商业银行行为选择. 金融研究，（9）：82-95.

曼昆 N G. 2011. 宏观经济学. 卢远瞩译. 北京：中国人民大学出版社.

米什金 F S. 2011. 货币金融学. 郑艳文，荆国勇译. 北京：中国人民大学出版社.

伊特韦尔 J. 1996. 新帕尔格雷夫经济学大辞典. 陈岱孙, 等译. 北京: 经济科学出版社.

易峘, 梁红. 2015. 1998—2002 年通缩期间宏观政策的回顾与启示. 中金公司中国宏观专题报告.

余永定. 1999. 打破通货收缩的恶性循环——中国经济发展的新挑战. 经济研究, (7): 3-9.

张晓晶. 2015. 试论中国宏观调控新常态. 经济学动态, (4): 12-22.

Batini N, Levine P, Pearlman J. 2009. Monetary and fiscal rules in an emerging small open Eeconomy. International Monetary Fund Working Paper.

Davig T M, Leeper E, Walker T B. 2011. Inflation and the fiscal limit. European Economic Review, 55 (1): 31-47.

Kumhof M, Laxton D. 2009. Simple, implementable fiscal policy rules. International Monetary Fund Working Paper.

专题研究三 社会融资规模能否成为货币政策中介目标?
——基于金融创新视角的实证研究[①]

一、引 言

货币政策中介目标是连接政策手段和最终目标的桥梁,只有选择恰当的中介目标才能保证货币政策的调控效果,否则很容易导致货币政策调控过度或者调控不到位等问题。1998 年以来中国人民银行一直将货币供应量作为货币政策中介目标,其中 2007 年之前兼顾 M1 和 M2 两个指标,而 2007 年之后则主要关注 M2。随着金融创新的发展,M2 作为货币政策中介目标的有效性正在不断下降,尤其是 M2 与最终目标的相关性越来越弱。究其原因,M2 与最终目标的相关性体现在银行对实体经济的资金支持,当金融体系由银行主导时,M2 可以较好地测度整个金融体系对实体经济的资金支持。而金融创新催生了证券公司、保险公司、小额贷款公司等新型资金供给主体,从而导致 M2 无法准确反映整个金融体系对实体经济的资金支持。在此情形下,中国人民银行于 2010 年提出了社会融资规模[②]的概念,该指标除了包括银行信贷,还将上述新型资金供给主体涵盖在内。中国人民银行提出该指标的目的是更加准确地测度金融体系对实体经济的资金支持,从而提高货币政策的有效性。自社会融资规模概念提出以来,就有部分学者认为社会融资规模应该取代 M2 成为新的货币政策中介目标(元惠萍和刘飒,2013;牛润盛,2013;秦化清,2013;程国平和刘丁平,2014)。而当 2016 年政府工作报告首

---

① 作者:陈小亮,中国社会科学院经济研究所《经济研究》编辑;陈惟,中国人民大学经济学院博士研究生;陈彦斌,中国人民大学经济学院教授、副院长。本专题研究原载于《经济学动态》2016 年第 9 期,有改动。

② 社会融资规模包括增量和存量两个指标,社会融资规模增量是指一定时期内实体经济从金融体系获得的资金额,而社会融资规模存量则是指一定时期末实体经济从金融体系获得的资金余额。根据盛松成等(2015)可知,社会融资规模流量由十项子指标构成,即人民币贷款、外币贷款、委托贷款、信托贷款、未贴现的银行承兑汇票、企业债券、非金融企业境内股票融资、保险公司赔偿、投资性房地产和其他融资工具;社会融资规模存量由保险公司赔偿之外的九项子指标构成。此外,社会融资规模的基本统计原则包括五个方面,即居民原则、金融原则、合并原则、计值原则和可得性原则。

次提出社会融资规模的定量增长目标之后[①]，社会融资规模取代 M2 的概率似乎进一步增大[②]。在经济增速持续放缓的态势下，中国亟须货币政策"稳增长"，而中介目标的选择将直接影响货币政策的效率，因此有必要判断社会融资规模能否成为货币政策中介目标。

已经有不少文献对社会融资规模能否成为货币政策中介目标进行了研究，它们主要考察社会融资规模是否满足可测性、可控性和相关性标准。中央银行提出社会融资规模主要是为了应对 M2 与最终目标之间相关性下降的问题，因此本专题研究着重考察社会融资规模是否符合相关性标准（中介目标与最终目标的相关性简称有效性），对文献的梳理也聚焦于此。通过梳理文献可知，已有研究大都通过定量分析考察社会融资规模的有效性，并且主要是与 M2 进行对比。盛松成（2012）、牛润盛（2013）等通过比较社会融资规模和 M2 与 GDP、CPI、投资、消费等最终目标的相关系数，发现社会融资规模与最终目标的相关系数更高，由此初步得出了社会融资规模比 M2 更为有效的结论。元惠萍和刘飒（2013）以及周先平等（2013）研究进一步使用向量自回归（vector autoregression，VAR）与结构向量自回归（structural vector autoregression，SVAR）等计量方法，通过脉冲响应分析和方差分解，同样得到社会融资规模对最终目标的影响要大于 M2。此外，盛松成（2012）、张嘉为等（2012）通过构建含有银行部门和货币当局的 DSGE 模型，考察了社会融资规模和 M2 在货币政策向实体经济传导过程中的作用大小，结论再次证明社会融资规模的有效性要优于 M2。基于此，相关文献大都认为社会融资规模应该取代 M2 成为新的货币政策中介目标。

上述文献对于理解社会融资规模的有效性大有裨益，但不足以判断社会融资规模能否成为货币政策中介目标。他们仅仅比较了社会融资规模与 M2 的相对有效性，而没有进一步考察社会融资规模自身有效性的变化趋势。如果随着时间的推移，社会融资规模有效性也不断下降，那么即便社会融资规模有效性优于 M2，也不应成为新的货币政策中介目标。之所以提出这一担忧，是因为导致 M2 有效性下降的金融创新活动可能同样会导致社会融资规模有效性下降。金融创新是一个无止境的过程，随着金融创新的深入，会有更多的新型融资方式涌现出来，从而导致现有的社会融资规模统计口径出现遗漏。例如，近年来互联网金融快速发展，不少企业尤其是中小企业开始将 P2P（peer to peer）网贷作为新的融资方式，但是现行社会融资规模统计口径并没有将其涵盖在内。考虑到中央银行已经明确表态要将互联网金融纳入社会融资规模统计口径，这意味着互联网金融创新很可能已经影响到社会融资规模的有效性。

为了更准确地判断社会融资规模能否成为货币政策中介目标，本专题研究基于金融创新的视角，通过构建 SVAR 模型，使用 2002 年第一季度至 2016 年第二季度的数据

[①] 2010 年以来的历年政府工作报告对社会融资规模均有提及，但一直是"保持社会融资规模合理增长"等定性表述。2016 年政府工作报告首次明确指出"社会融资规模余额增长 13%左右"。

[②] 通过梳理以往的政府工作报告可以发现，货币供应量取代信贷规模成为货币政策中介目标之前，首先是在 1995 年、1996 年和 1997 年的政府工作报告中出现了"控制货币供应量和信贷规模"等表述，然后将货币供应量（M2）与信贷规模定量目标并列，从 1998 年开始，货币供应量正式成为中国货币政策的中介目标。2016 年政府工作报告中出现了社会融资规模与 M2 并列的现象，这很可能是社会融资规模未来将取代 M2 的又一潜在证据。

对社会融资规模的有效性及其变化趋势进行实证研究。研究结果表明：一方面，社会融资规模包含了银行信贷之外的更多融资方式，能够更好地反映金融体系对实体经济的资金支持力度，其有效性的确优于 M2；另一方面，随着金融创新的深入，P2P 网贷、私募股权基金和风险投资等新型融资方式不断涌现，社会融资规模统计口径出现遗漏，其有效性已经明显下降，SVAR 脉冲响应结果显示，2010 年第一季度至 2016 年第二季度社会融资规模对 GDP 的影响程度与 2002 年第一季度至 2009 年第四季度相比下降了35%。国际经验表明，金融创新过程中货币政策中介目标应该从数量型向价格型转变，社会融资规模的数量型本质决定了它难以成为新的货币政策中介目标。有鉴于此，本专题研究认为中国人民银行应该彻底转变思路，培育出以 Shibor 利率为核心的价格型中介目标。

二、计量模型构建与数据处理

（一）方法选取和模型构建

通过回顾国内外文献可以发现，已有文献主要采用 Poole 分析法[①]、VAR 或 SVAR 模型、DSGE 模型这三类方法研究货币政策中介目标的有效性。那么究竟哪一类方法更合适本专题研究？这取决于具体的研究目标。本专题研究实证研究的主要目标有以下两个：一是检验社会融资规模的有效性是否优于 M2，这既是为了检验已有研究结论的可靠性，也是为了保证本专题研究模型的科学性，从而在已有研究基础上开展进一步研究。二是探究金融创新过程中社会融资规模的有效性是否呈现下降趋势，这是本专题研究的核心任务。Poole 分析法主要用于比较数量型中介目标和价格型中介目标的优劣[②]，索彦峰（2006）以及任杰和尚友芳（2013）等曾使用该方法来判断中国应该采用数量型还是价格型中介目标。考虑到本专题研究的目标是比较两个数量型中介目标的优劣，因此 Poole 分析法不适合本专题研究。盛松成（2012）等还尝试使用 DSGE 模型研究社会融资规模的有效性，但是该方法同样不适合本专题研究，因为本专题研究基于金融创新的视角开展研究，而金融创新具有高度不确定性，引入金融创新将导致模型无法达到稳定均衡，从而难以求解模型。

VAR 模型由 Sims（1980）提出，可以用于脉冲响应分析和方差分解。其中，脉冲响应分析能够对冲击的影响进行动态研究，因此可以考察金融创新过程中社会融资规模有效性的动态变化。方差分解能够对不同冲击的贡献率进行对比研究，因此可以比较社会融资规模和 M2 的有效性孰高孰低。但是，Blanchard 和 Quah（1989）、Amisano 和 Giannini（1997）等研究指出，传统 VAR 模型右端没有考虑内生变量的当期关系，模型

[①] 本专题研究对已有研究的综述部分并没有列出 Poole 分析法。这是因为，通过查询中国知网等数据库，我们发现已有文献主要用该方法研究 M1、M2 和利率的有效性，尚无文献用它来研究社会融资规模的有效性。

[②] Poole（1970）通过研究证明如果随机冲击来自实体经济部门，则应该选择货币供应量作为货币政策的中介目标；如果随机冲击来自金融体系，则应该选择利率作为货币政策的中介目标。

中与当期关系相关的信息隐藏在误差项中而无法识别。在此情形下，模型误差项冲击是所有内生变量误差项冲击的线性组合，因此无法准确识别出各内生变量的脉冲响应值，方差分解的结果也将存在偏差甚至错误。为解决这一问题，他们提出了 SVAR 模型，通过引入变量之间的当期关系并施加结构性约束来识别出相关信息。本专题研究的目标之一是对社会融资规模和 M2 的有效性进行对比，因此需要从模型中准确分离出各自的影响，这也就使 SVAR 模型更适合本专题研究。

本专题研究借鉴 Eichenbaum 和 Evans（1995）、Bernanke 等（2004）以及盛松成和吴培新（2008）等文献的做法，选取 GDP、M2 和社会融资规模作为核心变量，构建如下 SVAR 模型：

$$\boldsymbol{B}_0 \boldsymbol{y}_t = \boldsymbol{C} + \boldsymbol{\Gamma}_1 \boldsymbol{y}_{t-1} + \boldsymbol{\Gamma}_2 \boldsymbol{y}_{t-2} + \cdots + \boldsymbol{\Gamma}_p \boldsymbol{y}_{t-p} + \boldsymbol{u}_t$$

其中，$\boldsymbol{y}_t = \begin{bmatrix} \ln \text{GDP}_t \\ \ln \text{M2}_t \\ \ln \text{RZ}_t \end{bmatrix}$；$\boldsymbol{B}_0 = \begin{bmatrix} 1 & 0 & 0 \\ -b_{21} & 1 & 0 \\ -b_{31} & -b_{32} & 1 \end{bmatrix}$；$\boldsymbol{\Gamma}_i = \begin{bmatrix} \gamma_{11}^{(i)} & \gamma_{12}^{(i)} & \gamma_{13}^{(i)} \\ \gamma_{21}^{(i)} & \gamma_{22}^{(i)} & \gamma_{23}^{(i)} \\ \gamma_{31}^{(i)} & \gamma_{32}^{(i)} & \gamma_{33}^{(i)} \end{bmatrix}$；$\boldsymbol{C} = \begin{bmatrix} c_1 \\ c_2 \\ c_3 \end{bmatrix}$；$\boldsymbol{u}_t = \begin{bmatrix} u_{1t} \\ u_{2t} \\ u_{3t} \end{bmatrix}$。

模型包含三个内生变量和三个方程。$\ln \text{GDP}_t$、$\ln \text{M2}_t$、$\ln \text{RZ}_t$ 分别表示实际 GDP、M2 和社会融资规模时间序列的对数值。$t=1,2,\cdots,T$；T 表示样本最大时期数。$\boldsymbol{B}_0$ 表示各内生变量之间当期关系的约束矩阵。$\boldsymbol{\Gamma}_i$ 表示变量滞后项的系数矩阵，其中 $i=1,2,\cdots,p$。p 表示最大滞后阶数，其取值根据最小信息量准则（Akaike information criterion，简称 AIC 准则）加以确定。$\boldsymbol{C}$ 表示由截距项构成的向量。$\boldsymbol{u}_t$ 表示各个方程随机误差项构成的向量，而且假设各个元素之间同期不相关。

由于本专题研究所构建的模型包含三个内生变量，所以需要设定三个约束条件[①]。借鉴蒋益民和陈璋（2009）等研究的做法，本专题研究给出以下约束条件：M2 对 GDP 没有当期影响；社会融资规模对 GDP 没有当期影响；社会融资规模对 M2 没有当期影响。其中，给出前两个约束条件是考虑到货币政策存在时滞。至于第三个约束条件，从测度金融体系对实体经济的资金支持力度来看，社会融资规模比 M2 口径更大，M2 的变动会影响信贷从而影响社会融资规模，因此 M2 对社会融资规模存在当期影响；但是社会融资规模所包含的直接融资等部分不会对当期的 M2 产生影响，据此假设社会融资规模对 M2 没有当期影响[②]。

（二）数据说明及处理

本专题研究采用的实际 GDP 数据来自国家统计局网站[③]，社会融资规模和 M2 数据

---

① 对于 k 元 p 阶 SVAR 模型，需要施加 "$k \times (k-1)/2$" 个约束条件才能估计出结构式模型的参数（高铁梅，2005）。本专题研究构建的模型含有三个内生变量，即 $k=3$，从而有 "$k \times (k-1)/2=3$"，故需施加三个约束条件。

② 为了使研究结论更加稳健，本专题研究借鉴 Christiano 等（1999）的思路，采用不同的识别策略，将约束条件设定如下：GDP 对 M2 没有当期影响；GDP 对社会融资规模没有当期影响；社会融资规模对 M2 没有当期影响。结果表明，本专题研究的主要结论依然成立。

③ 国家统计局从 2010 年开始公布实际 GDP 季度数据，之前数据由 GDP 季度累计同比增长率推算得到。

来自中国人民银行网站。关于数据需要做四点说明。首先，社会融资规模的数据最早追溯到 2002 年，因此将实证研究时间段界定为 2002~2016 年。其次，虽然可以获得社会融资规模和 M2 的月度数据，但是 GDP 只有季度数据，无法与社会融资规模以及 M2 直接对应。考虑到将 GDP 季度数据转化为月度数据会产生信息损失，本专题研究将社会融资规模和 M2 的月度数据加总为季度数据，因此实证研究最终使用的是 2002 年第一季度至 2016 年第二季度的季度数据。再次，根据货币数量论方程式 $MV=PY$ 可知，M2 和社会融资规模都应该使用存量数据，但是目前中国人民银行只公布了社会融资规模存量的年度数据，为了获得季度存量数据，本专题研究在样本初始期（2002 年第一季度）的社会融资规模存量的基础上，逐渐加上每一季度的社会融资规模增量，从而间接得到每一季度的社会融资规模存量[①]。最后，本专题研究需要以金融创新的发展态势为标准划分不同的时间段，以考察金融创新过程中社会融资规模有效性的变化趋势。根据已有研究和相关统计数据，2010 年后中国各方面金融创新均快速发展，P2P 网贷、众筹、风险投资和天使投资等社会融资规模统计口径之外的新型融资方式呈现井喷式发展[②]（具体数据参见下文）。为了保证样本划分时间点选取的科学性，本专题研究还进行了 Chow 检验，发现 2010 年前后 M2 与社会融资规模对 GDP 的影响的确产生了结构性变化[③]。基于此，本专题研究以 2010 年为时间点将整体样本划分为两个时间段。

遵循时间序列和 SVAR 模型的一般操作步骤，在实证研究之前对数据进行必要的处理。季度数据呈现出明显的季节特征，因此需要对三个变量的季度序列进行 X-12 季节调整。此外，SVAR 模型要求所选择的变量必须是平稳时间序列，所以对三个变量的时间序列进行单位根检验。从表 1 和表 2 的检验结果可以看出，不管是整体样本还是分时间段的样本，GDP、M2 以及社会融资规模的原始序列（对数值）均为非平稳序列，一阶差分之后均转变为平稳序列，因此本专题研究采用各变量的对数差分序列建立 SVAR 模型。进一步的检验结果表明，系数矩阵特征根的绝对值均小于 1，可见本专题研究所构建的 SVAR 系统具备良好的稳定性，可以用来研究社会融资规模和 M2 的有效性。

---

① 将间接计算得到的社会融资规模存量与中国人民银行公布的社会融资规模存量进行对比可以发现，二者差别较小，绝对数的差别在 3% 左右，取对数之后的差别只有 0.5%（本专题研究 SVAR 系统中变量都取对数），因此可以用来进行实证研究。

② 本专题研究将 2010 年作为金融创新分界点的另外一个依据是影子银行的发展态势。理论和国际经验均表明，金融创新的过程通常就是影子银行快速发展的过程。张明（2013）以及裘翔和周强龙（2014）等研究指出，中国的影子银行从 2010 年开始进入爆发式增长阶段。究其原因，其一，始于 2010 年年初的信贷紧缩政策切断了房地产和地方投融资平台的信贷资金来源，房地产和地方融资平台对资金的需求催生了影子银行业务。其二，中国居民旺盛的投资需求催生出影子银行的主体——理财产品。其三，为了防止信贷紧缩后房地产企业和地方融资平台破产，进而引发不良贷款率飙升，银行通过金融创新绕过金融监管。

③ Chow 检验设置如下：以 2009 第四季度为分界点，将 GDP 作为被解释变量，并先后将 M2、社会融资规模、M2 与社会融资规模作为解释变量，进行三组检验，每组检验均参考 F 统计量、LR 统计量和 Wald 统计量。结果发现，所有情形下都拒绝了 "2009 第四季度不是结构突变点" 的原假设。

表1　整体样本的变量平稳性检验结果

时间段	变量	检验形式（c，t，p）	ADF统计量	P值	是否平稳
2002年第一季度至2016年第二季度	lnGDP	（0，0，1）	3.49	0.99	非平稳
	ΔlnGDP	（c，t，0）	−8.55	0.00	平稳
	lnM2	（0，0，2）	3.10	0.99	非平稳
	ΔlnM2	（c，0，0）	−5.21	0.00	平稳
	lnRZ	（0，0，5）	2.81	0.99	非平稳
	ΔlnRZ	（c，t，0）	−19.88	0.00	平稳

注：（c,t,p）反映单位根检验的形式，其中 c 表示截距项，t 表示趋势项，p 表示滞后阶数（其取值根据AIC准则加以确定）

表2　分时间段样本的变量平稳性检验结果

时间段	变量	检验形式（c，t，p）	ADF统计量	P值	是否平稳
2002年第一季度至2009年第四季度	lnGDP	（0，0，1）	3.66	0.99	非平稳
	ΔlnGDP	（c，t，0）	−3.84	0.02	平稳
	lnM2	（0，0，3）	2.12	0.99	非平稳
	ΔlnM2	（c，0，3）	−4.54	0.00	平稳
	lnRZ	（0，0，2）	2.72	0.99	非平稳
	ΔlnRZ	（c，t，0）	−13.24	0.00	平稳
2010年第一季度2016年第四季度	lnGDP	（0，0，1）	3.72	0.99	非平稳
	ΔlnGDP	（c，0，0）	−5.96	0.00	平稳
	lnM2	（0，0，2）	2.59	0.99	非平稳
	ΔlnM2	（c，t，0）	−6.18	0.01	平稳
	lnRZ	（0，0，2）	0.77	0.87	非平稳
	ΔlnRZ	（0，0，1）	−2.31	0.02	平稳

注：（c,t,p）反映单位根检验的形式，其中 c 表示截距项，t 表示趋势项，p 表示滞后阶数（其取值根据AIC准则加以确定）

三、实 证 分 析

　　基于所构建的SVAR模型，本部分主要进行如下实证研究。首先对整体样本进行脉冲响应分析和方差分解，以判断社会融资规模和M2的相对有效性。其次对分时间段样本进行脉冲响应分析，以考察社会融资规模有效性在不同时间段的动态变化趋势[①]。需要要强调的是，由于不同时间段内"一单位标准差"的大小可能并不相同，为了确保各个变量在不同时间段的脉冲响应值能够直接对比，需要进行标准化处理，即将各变量冲击

---

　　① 通过简单对比不同时间段M2和社会融资规模与GDP的相关系数，同样可以得到本专题研究的结论：一方面，社会会融资规模的有效性优于M2，2002年第一季度至2016年第二季度社会融资规模与GDP的相关系数为0.83，而M2与GDP的相关系数为0.81（分时间段也成立）；另一方面，社会融资规模的有效性在不断减弱，社会融资规模与GDP的相关系数已经从2002年第一季度至2009年第四季度的0.94降到2010年第一季度至2016年第二季度的0.77。但是，相关系数并不能清晰地反映出GDP对社会融资规模和M2冲击的具体反应程度大小、政策发生效果的时间以及随着时间推移政策效果的变化。因此，本专题研究进一步使用SVAR进行实证研究，以得到更多的信息。事实上，盛松成等（2015）也都是先计算相关系数，然后使用脉冲响应等方法开展进一步分析。

的脉冲响应值除以各自相对应的标准差①。

（一）社会融资规模与 M2 有效性的对比分析

首先采用 2002 年第一季度度至 2016 年第二季度的整体样本数据，就社会融资规模与 M2 作为货币政策中介目标的有效性进行对比研究。图 1 的脉冲响应结果显示，当 M2 发生一单位标准差的变动时，GDP 的脉冲响应峰值为 0.000 5，而当社会融资规模发生一单位标准差的变动时，GDP 的脉冲响应峰值高达 0.003 1，后者是前者的 6.5 倍。与之类似，方差分解的结果表明，冲击到来后各期 GDP 变化（方差）中来自社会融资规模的贡献率均高于来自 M2 的贡献率（表 3）。可见，总体而言，社会融资规模有效性的确优于 M2。这一结论与盛松成（2012）和周先平等（2013）的研究保持一致，也表明本专题研究所构建的基准模型是可靠的，可以用来开展进一步研究。

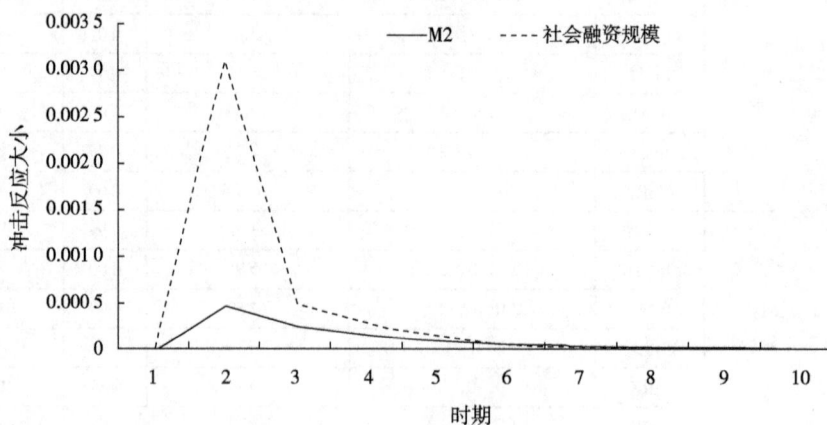

图 1　整体样本的脉冲响应实证结果

表 3　整体样本的方差分解实证结果（单位：%）

时期	M2 的贡献率	社会融资规模的贡献率	GDP 滞后项的贡献率
1	0	0	100
2	0.03	1.56	98.41
3	0.25	2.26	97.49
4	0.37	2.65	96.98
5	0.93	2.37	96.70
6	0.54	1.36	98.10
7	0.51	3.06	96.43
8	0.50	3.14	96.36
9	0.42	2.82	96.76
10	0.47	2.14	97.39

---

① 在进行分时间段样本的对比研究时，不再使用方差分解。因为方差分解计算出来的贡献率是不同冲击贡献的相对大小，即便社会融资规模对 GDP 方差变动贡献的绝对值在 2002 年第一季度至 2009 年第四季度和 2010 年第一季度至 2016 年第二季度真的呈现下降趋势，最终计算出的相对贡献率（与 M2 对比）也未能反映出这一变化趋势。因此，通过方差分解对比不同时间段的相对贡献率，进而考察社会融资规模有效性是否下降并不严谨。

　　M2 此前之所以能够较好地充当货币政策中介目标，是因为当时银行机构在金融体系中占据绝对主导地位，实体经济资金的最主要来源是银行信贷市场，因此货币政策通过调控 M2 可以有效地影响 GDP 等最终目标。但是金融创新使金融体系日益多元化发展，除了银行信贷市场外，还包括中间业务市场、债券市场、股票市场和保险市场等。企业除了通过银行信贷，还可以通过表外业务、股票和债券等其他渠道进行融资，因而 M2 不能准确反映金融对实体经济的资金支持力度，M2 的有效性也就随之降低。中国人民银行统计数据显示，银行信贷占社会融资规模的比重已经从 2002 年的 95.5% 大幅下降到近年来的 70% 以下，2013 年曾一度降至 55% 的低位。而银行表外业务占比则从不足 10% 升高到 2013 年的 30%（对影子银行的监管使 2014 年和 2015 年表外业务占比出现下降态势），直接融资占比则从不足 5% 升高到了 2015 年的 23%（图 2）。相比之下，社会融资规模除了银行信贷以外还包含银行表外业务和直接融资等新型的融资方式，能够更加全面地反映出金融体系对实体经济的支持力度，所以其有效性高于 M2。也正因如此，不少学者认为社会融资规模应该取代 M2 成为新的货币政策中介目标。

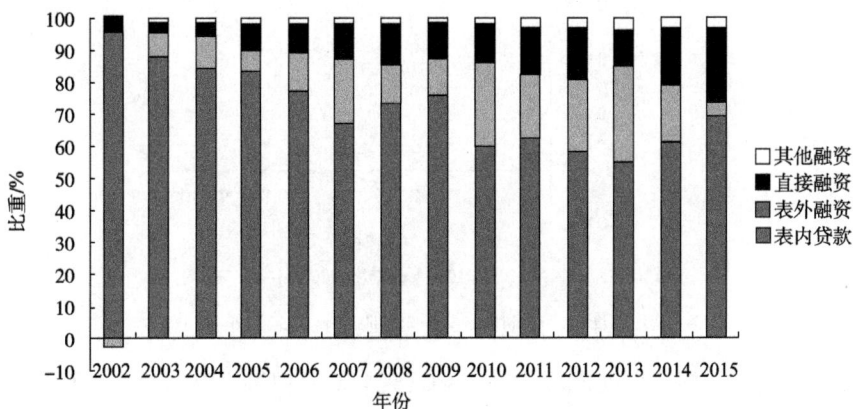

图 2　社会融资规模各部分所占比重变化趋势

相关数据引自中国人民银行网站。其中，表内贷款包括人民币贷款和外币贷款，表外融资包括委托贷款、信托贷款和未贴现的银行承兑汇票，直接融资包括非金融企业境内股票筹资和企业债券融资，其他融资包括保险公司赔偿、投资性房地产、小额贷款公司和贷款公司贷款

（二）金融创新过程中社会融资规模有效性的变化趋势

　　为了考察 2010 年金融创新进一步深入以来，社会融资规模有效性是否出现了下降态势，本专题研究借助于脉冲响应对比分析了 2002 年第一季度至 2009 年第四季度和 2010 年第一季度至 2016 年第二季度社会融资规模的有效性，结果参见图 3。从图 3 可以看出，不论在哪一个时间段内，社会融资规模的有效性都显著高于 M2，这强化了上文得到的结论。

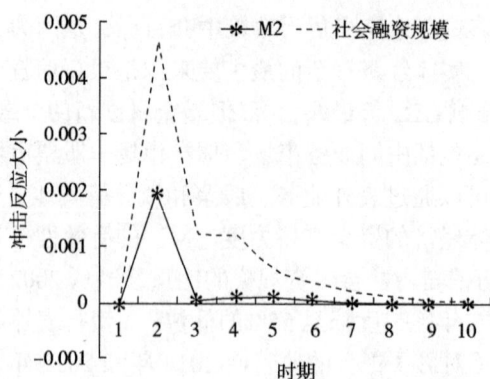

（a）2002年第一季度至2009年第四季度

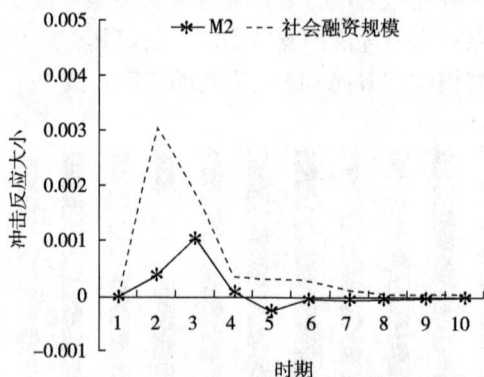

（b）2010年第一季度至2016年第二季度

图 3　分时间段样本的脉冲响应结果对比

　　更重要的是，对不同时间段内社会融资规模的有效性进行对比之后可以发现：在金融创新加速发展之前（2002 年第一季度至 2009 年第四季度）GDP 对社会融资规模脉冲响应的峰值可达到接近 0.004 7 的水平。然而，在金融创新加速发展之后（2010 年第一季度至 2016 年第二季度），GDP 对社会融资规模脉冲响应的峰值仅为 0.003 0，与 2002 年第一季度至 2009 年第四季度相比下降了 35%。这恰恰验证了本专题研究的猜想，即随着金融创新的步伐加快，社会融资规模将难以涵盖所有的新型融资方式，其有效性会随之呈现出下降趋势。

　　总体而言，2010 年以来中国金融市场出现了两类重要的新型融资方式。一类是以互联网为媒介的 P2P 网络贷款等新型融资方式[1]。2010 年我国 P2P 网贷平台的数量只有 10 家左右，而到了 2015 年则已经发展到 2 595 家（图 4）。随着网贷平台数量的扩张，P2P 网贷交易量和网贷余额也迅速增长，截至 2015 年，P2P 网贷交易量与网贷余额分别为

---

　　① 互联网金融是借助于互联网技术、移动通信技术实现资金融通、支付和信息中介等业务的新型金融模式，包括互联网化的传统金融业务、第三方支付、互联网信用服务和互联网虚拟货币等业务（郑联盛，2014）。与本部分所研究的社会融资活动密切相关的是互联网信用服务，即以互联网为媒介的 P2P 网贷、网络小贷和众筹等新型融资方式，目前 P2P 网贷规模最大。

9 823 亿元和 4 394.6 亿元，而在 2010 年分别仅为 14 亿元和 1 亿元，由此足以看出 2010 年以来 P2P 网贷发展速度之快[①]。另一类是私募股权基金、风险投资和天使投资等旨在为处于成长初期的企业提供资金的新型融资方式。由于金融市场相对滞后，三种新型融资方式在中国的发展较为迟缓，不过从 2010 年以来进入了快速发展期。图 5 显示，2008~2009 年的绝大多数月份里，私募股权和风险投资的案例数只有 20 个左右，而 2015 年平均每月案例数已经多达 224 个。私募股权和风险投资的规模也持续扩张，2008~2009 年平均每月投资额为 5.7 亿美元，而 2015 年已经高达 42.9 亿美元，年增长率达 140%[②]。天使投资基金虽然在规模上尚不及私募股权基金和风险投资，但是发展速度毫不逊色。数据显示，2010 年平均每月天使投资额仅为 1 081 万元，而 2015 年则飙升到 1.7 亿元，年增长率达 173%。

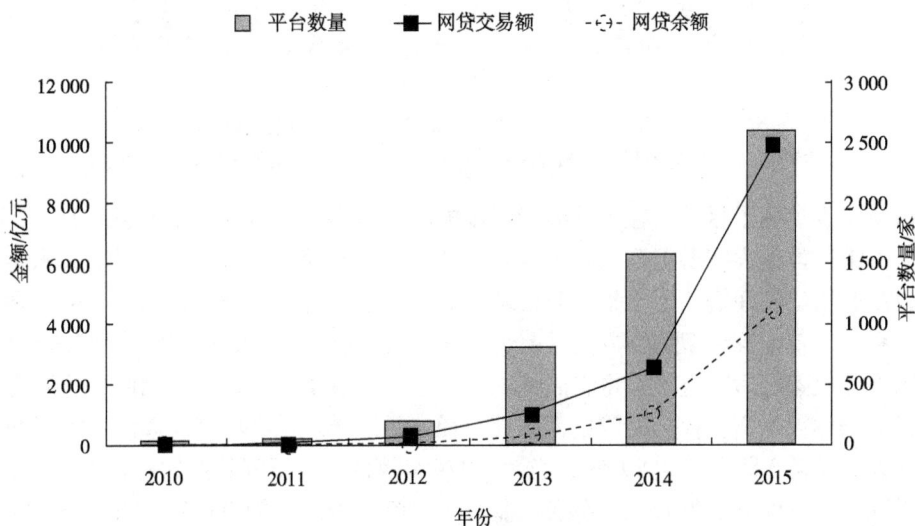

图 4　2010 年以来 P2P 网贷的发展趋势

资料来源：根据网贷之家（www.wdzj.com）发布的统计数据整理得到

　　这两类新型融资方式在社会融资活动中所起到的作用越来越大，逐渐成为企业融资过程中不可或缺的一部分。2016 年 1~4 月 P2P 网贷交易额达 5 228.97 亿元，同期社会融资规模增量为 74 048 亿元，前者已经相当于后者的 7.1%[③]。私募股权基金、风险投资和天使投资三者之和也达到了社会融资规模增量的 2.1%[④]。将二者相加可知，这

---

　　① 与 P2P 网贷相比，网络小贷和众筹等的规模仍然较小，但是它们的发展速度同样非常快。以众筹为例，《2015 年全国众筹行业年报》显示，2013 年我国正常运营的众筹平台数量只有 29 家，筹资额只有 3.4 亿元，而 2015 年平台数量已达 283 家，筹资额骤增至 114.2 亿元，两年间众筹平台数量增长了 8.8 倍，筹资额更是扩张了 32.6 倍。

　　② Wind 数据库里私募股权和风险投资相关数据在一些月份存在缺失现象，本专题研究中的平均值是针对存在统计数据的月份求得的平均值，而非所有月份的平均值。

　　③ 根据中国人民银行公布的社会融资规模增量数据和网贷之家公布的 P2P 网贷交易额数据计算得到。

　　④ 计算步骤如下：先计算出 2015 年平均每月私募股权基金、风险投资和天使投资的投资额，然后计算出 2015 年平均每月社会融资规模的增量，再用前者与后者相除即可得到。之所以使用月度数据来计算，是因为目前尚难找到相关变量权威且健全的年度数据。

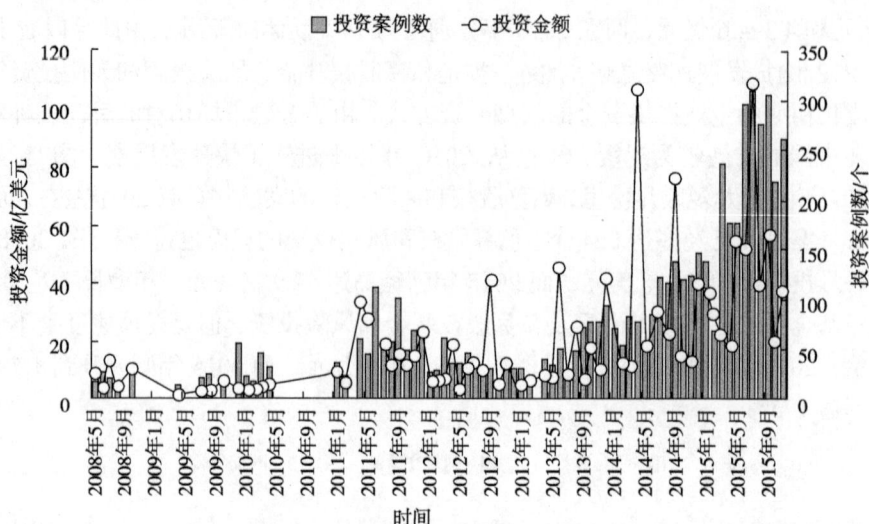

图 5　2008 年以来中国私募股权基金与风险投资的案例数和投资额

图中案例数和投资额全都是私募股权基金与风险投资二者之和；相关数据引自 Wind 数据库

两类融资已经达到了目前口径下社会融资规模的 10% 左右，而且还在不断地加速扩张[①]。中国人民银行虽然表态要把互联网金融纳入社会融资规模统计口径，但目前并未落到实处，也没有给出时间表。至于私募股权基金等，盛松成等（2015）指出，"由于私募股权基金和对冲基金等新型融资方式目前难以统计，因此尚未纳入社会融资规模统计口径，等未来条件成熟之后，再考虑将它们纳入社会融资规模统计口径"。因此，这两类融资直到目前仍然被隔离在社会融资规模统计口径之外，导致社会融资规模的指标遗漏和数据不准确，这应该是 2010 年以来社会融资规模有效性出现下降趋势的重要原因。在金融创新过程中，不仅 P2P 网贷、私募股权基金、风险投资、天使投资等已有融资方式的规模会继续扩张，而且还会不断地有其他新型融资方式涌现出来[②]，社会融资规模统计口径的遗漏程度将逐步加重，其有效性也将不断下降。

（三）稳健性检验

尽管基准模型的实证结果较好地支持了社会融资规模有效性将随着金融创新加快而下降的结论，但是基准模型仍然存在不足。中国 GDP 数据只公布到季度层面，本专题研究使用季度数据进行实证研究，这使样本量偏小，尤其是分时间段的样本量进一步减少（两个时间段的样本量分别为 32 和 26），可能会影响到实证结果的稳健性。为了弥补基准模型的不足，本专题研究借鉴盛松成和吴培新（2008）等的做法，将具有月度

---

① 近几年互联网金融的蓬勃发展不会是昙花一现，进入 2016 年以来中国银监会等部门加大了对 P2P 平台的监管力度，一些问题平台停业整顿，但是 P2P 网贷的成交量却逆势而上。网贷之家数据显示，P2P 网贷交易额于 2015 年 10 月实现了第一个万亿元，用时 7 年之久，而第二个万亿元仅仅用了 7 个月，到 2016 年 5 月 P2P 网贷交易额顺利突破两万亿元。

② 金融创新是一个持续不断的过程，本专题研究所述的两类新型融资方式可能只是冰山一角，未来金融创新将催生出更多的新型融资方式。

统计数据的工业增加值作为最终目标的代理变量,并将所有变量全都使用月度数据。这样,更新最终目标之后的样本量就变为基准模型的三倍,从而能够显著提高实证结果的稳健性。

与基准模型部分相同,稳健性检验分两步,先对整体样本进行检验,然后对分时间段样本进行检验[①]。基于稳健性检验的结果,可以得出两点重要结论。从图6和表4可以以看出,就整体样本而言,将最终目标的代理变量从季度GDP数据换成月度工业增加值数据之后,所得结果与基准模型保持一致,即社会融资规模的有效性优于M2。从图7可以发现,将整体样本划分为不同时间段之后的脉冲响应结果表明,随着金融创新的发展,社会融资规模的有效性同样已经开始下降。工业增加值对社会融资规模脉冲响应的峰值已经从2002年1~2009年12月的0.005 5下降到2010年1~2016年6月的0.003 3,跌幅达到了40%。虽然图7中的脉冲响应峰值在绝对值上与图3(基准模型)有所不同,但是它们全都印证了社会融资规模有效性正在不断下降的重要事实。这表明本专题研究实证研究的结果是比较稳健的[②]。

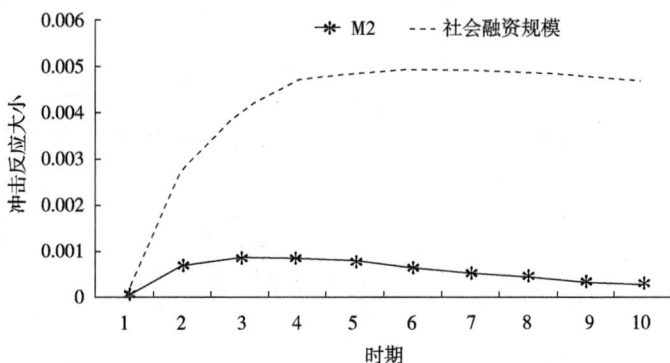

图6　整体样本脉冲响应的稳健性检验结果

表 4　整体样本方差分解的稳健性检验结果(单位:%)

时期	M2 的贡献率	社会融资规模的贡献率	工业增加值滞后项的贡献率
1	0	0	100
2	0.03	0.45	99.52
3	0.07	1.35	98.58

---

① 在进行脉冲响应分析和方差分解之前,先对所有变量进行平稳性检验,发现它们的对数时间序列都是非平稳的,而一阶差分之后都是平稳的,因此使用对数差分序列构建 SVAR 系统。囿于篇幅限制,本专题研究没有列出稳健性检验部分的 ADF 检验结果,感兴趣的读者可以向作者索取。

② 我们还将货币政策的最终目标由 GDP 换为 CPI 进行检验,结果同样支持本专题研究的结论。就整体样本而言,当 M2 发生一单位标准差的变动时,CPI 的脉冲响应峰值为 0.000 5,而当社会融资规模发生一单位标准差的变动时,CPI 的脉冲响应峰值为 0.001,后者是前者的 2 倍。可见,总体而言,社会融资规模有效性的确优于 M2。就分时间段的样本而言,在金融创新加速发展之后(2010 年 1 月至 2016 年 6 月),CPI 对社会融资规模脉冲响应的峰值仅为 0.000 6,而金融创新加速发展之前(2002 年 1 月至 2009 年 12 月)为 0.001 4。这同样表明,随着金融创新的加快,社会融资规模有效性呈现出不断下降的趋势。由于篇幅限制,没有在正文给出脉冲响应和方差分解的详细结果,感兴趣的读者可以向作者索取。

续表

时期	M2 的贡献率	社会融资规模的贡献率	工业增加值滞后项的贡献率
4	0.11	2.50	97.40
5	0.14	3.73	96.13
6	0.16	4.97	94.87
7	0.18	6.17	93.65
8	0.18	7.32	92.50
9	0.19	8.40	91.41
10	0.19	9.41	90.40

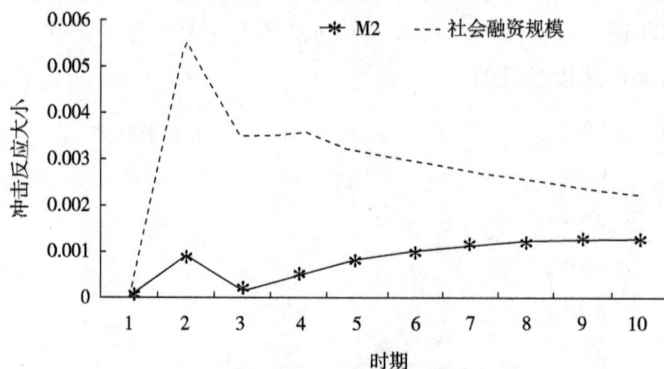

（a）2002年1月至2009年12月

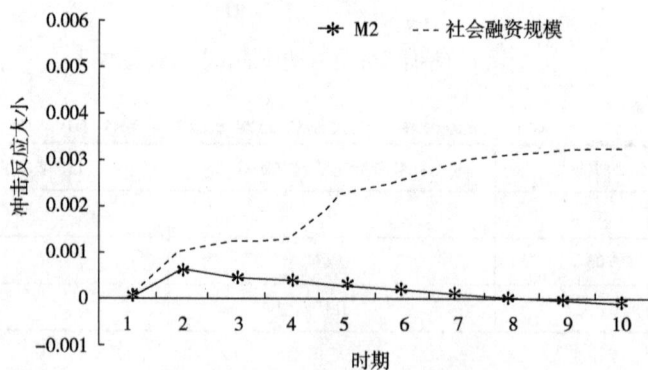

（b）2010年1月至2016年12月

图 7　分时间段样本脉冲响应的稳健性检验

四、金融创新视角下中国货币政策中介目标的转型方向

既然在金融创新的过程中，社会融资规模的有效性已经开始不断下降，那么社会融资规模也就不适合作为货币政策的中介目标。面临持续推进的金融创新，中国应该选择

什么样的货币政策中介目标呢？通过回顾历史可知，目前中国所面临的问题，美国、英国等发达国家以前都曾经历过。因此，要想找到中国货币政策中介目标的正确转型方向，有必要总结一下当时发达国家货币政策中介目标转型的经验教训。

从 20 世纪 60~70 年代开始，美国、欧元区等发达国家和地区金融市场中的个人与金融机构面临的经济环境发生了重大变化，通货膨胀率和利率迅速攀升，并且越来越难以预测。利率风险增加了市场对能够控制这种风险的金融产品和服务的需求，金融机构为了满足这些新需求进行了多种金融创新，可变利率抵押贷款和各种各样的金融衍生工具层出不穷（Mishkin，2012）。金融创新的不断深化导致各国数量型货币政策中介目标的有效性持续下降。从表 5 可知，随着金融创新的推进，美国、英国、加拿大和日本等发达国家在 70~80 年代都曾尝试修订已有的数量型中介目标以恢复其有效性。但是，金融创新进一步深入之后，修订的指标再度失效，几经周转，这些国家最终大都放弃了数量型中介目标，并转向以利率或汇率为主的价格型中介目标[①]。以美国为例，美国在 70 年代的货币政策中中介目标是 M1，随着金融创新的推进，M1 与实体经济之间的稳定关系被打破。美联储尝试将更广义的货币供应量指标 M2 作为新的中介目标，但是随着金融创新的进一步深化，到 90 年代初期 M2 与经济活动的相关性也被打破。面对这一情形，美联储彻底放弃数量型中介目标，从 1993 年开始使用价格型中介目标——联邦基准利率。

表 5　金融创新过程中发达国家货币政策中介目标的转型

国家	20 世纪 70~80 年代	20 世纪 90 年代以后
美国	先以 M1 为主，1987 年后改为以 M2 为主	逐步放弃货币供应量为主的数量型中介目标，转向以利率和汇率为主的价格型中介目标
英国	先以 M3 为主，1985 年后暂停使用 M3	
加拿大	先以 M1 为主，1982 年后改为 M2 和 M2+等	
日本	先为民间贷款增加额，1979 年后改为 M2+CDs	

注：表中只列出了各个国家主要采用过的货币供应量指标，期间多数国家还曾做过别的尝试，但是效果不佳，因此表中没有列出。以美国为例，在 M1 效果减弱之后，美联储除了公布 M2，还公布了 M3，但是 M3 在反映经济情况方面对 M2 没有太多的补充意义，在多年的货币政策制定过程中也没有起到显著作用。考虑到 M3 的编制和公布所花费的成本远大于其价值，美联储从 2006 年 3 月 23 日起停止公布 M3 数据。相关资料可参见盛松成等（2015）的论述

资料来源：根据谢杭生（1997）整理得到

有鉴于此，中国人民银行应该彻底改变思路，放弃 M2 和社会融资规模等数量型中介目标，尽早转向价格型中介目标。而且，中国采用价格型中介目标的条件正在日趋成熟。其一，近年来中国正在不断加快推进利率市场化进程，在 2013 年 7 月彻底取消了对贷款利率下限的管制，在 2015 年 10 月彻底取消了对存款利率上限的管制，利率市场化程度越来越高。其二，自 2007 年 1 月上海银行间同业拆放利率 Shibor 正式运行以来，金融市场已逐步开始形成以 Shibor 为基准的定价群，并被越来越多的金融机构接受，因

---

① 事实上，中国人民银行已经多次尝试对 M2 统计口径进行修正。2001 年 6 月，中国人民银行首次修订 M2 统计口径，将证券公司客户保证金计入 M2。2002 年年初，中国人民银行再次修订 M2 统计口径，将在中国的外资、合资金融机构的人民币存款业务，分别计入不同层次的货币供应量。2011 年 10 月，中国人民银行第三次修订 M2 统计口径，将非存款类金融机构存款和住房公积金存款纳入广义货币统计。与发达国家经验相同，对 M2 统计口径的修订只能在短期内提高 M2 的有效性，随着金融创新的发展，修订后的 M2 再次失效。

此可以考虑将 Shibor 作为价格型中介目标进行重点培育。其三，国有企业和地方投融资平台等微观主体对利率的敏感程度逐步增强，形成了对利率的市场化反应机制，从而保证价格型货币政策能够有效发挥作用[①]（郭豫媚和陈彦斌，2015）。

需要强调的是，虽然中国已经彻底取消了对贷款利率下限和存款利率上限的管制，但是利率市场化进程并没有完成。因为中国的银行业由四大国有银行垄断，在这样的银行业结构下形成的利率仍然会体现政府的干预与管制。要想真正实现利率市场化，需要通过引入大量中小民营银行将银行业市场结构由目前的寡头垄断性的市场结构改为垄断竞争性或竞争性的市场结构，从而促成真正市场化的利率，并为利率作为价格型中介目标发挥作用建立起有效的传导机制。

五、结　语

本专题研究构建了含有 GDP、M2 和社会融资规模三个核心变量的 SVAR 模型，使用脉冲响应分析和方差分解对社会融资规模的有效性进行了系统研究。结果发现，社会融资规模除了包含银行信贷，还包含银行表外业务和直接融资等，能够更好地反映金融体系对实体经济的资金支持力度，其有效性优于 M2。但是，金融创新催生出 P2P、私募股权基金、风险投资和天使投资等越来越多的新型融资方式，导致社会融资规模统计口径出现遗漏，其有效性已经明显下降。脉冲响应结果显示，2010 年第一季度至 2016 年第二季度社会融资规模对 GDP 的影响程度与 2002 年第一季度至 2009 年第四季度相比下降了 35%。

如果中国人民银行扩大社会融资规模统计口径，短期内其有效性会有一定程度上升。但是，金融创新是一个持续不断的过程，试图通过扩大社会融资规模统计口径来维持其有效性的做法是缺乏效率并且不可持续的。一方面，只有当新型融资方式出现一段时间并且发展到一定规模之后，中国人民银行才开始考虑修订统计口径，因此存在较长时滞[②]。另一方面，频频修订统计口径会使不同时期的货币政策中介目标缺乏可比性，很容易导致各界对货币政策的评估出现偏差甚至错误。可见，从金融创新的视角来看，社会融资规模不应成为货币政策的中介目标。美国、欧元区等发达国家和地区的经验表明，金融创新过程中一国货币政策中介目标应该从数量型转向价格型。而且，中国采用价格型中介目标的条件正在日趋成熟。因此，中国人民银行应该彻底转变思路，将货币政策的中介目标尽快从数量型转向价格型，培育出以 Shibor 利率为核心的价格型中介目标。

---

① 郭豫媚和陈彦斌（2015）指出，以前国企和地方投融资平台对利率不敏感的原因有两个。一是利率水平与经济增速之间的差距很大，资金成本远小于期望收益，因此利率小幅变动对企业投资决策的影响很小。二是国企和地方投融资平台面临预算软约束。当前，中国经济增速持续放缓，再加上利率市场化后利率将显著上升（陈彦斌等，2014），利率与经济增速的差距将明显缩小，这会强化国企和地方投融资平台对利率的敏感性。此外，政府债务高企在一定程度上限制了其向国企输血和对国企兜底的能力，使软预算约束问题得以缓解。

② 仍然以互联网金融为例，互联网金融从 2010 年就开始快速发展，但是直到五六年之后中国人民银行才考虑将互联网金融纳入社会融资规模的统计口径。

参 考 文 献

陈彦斌，陈小亮，陈伟泽. 2014. 利率管制与总需求结构失衡. 经济研究，（2）：18-31.

程国平，刘丁平. 2014. 社会融资规模作为货币政策中介目标的合理性. 财经问题研究，（9）：54-57.

高铁梅. 2005. 计量经济分析方法与建模——Eviews 应用及实例. 北京：清华大学出版社.

郭豫媚，陈彦斌. 2015. 利率市场化大背景下货币政策由数量型向价格型的转变. 人文杂志，（2）：49-53.

蒋益民，陈璋. 2009. SVAR 模型框架下货币政策区域效应的实证研究：1978—2006. 金融研究，（4）：108-195.

牛润盛. 2013. 金融脱媒背景下社会融资规模的工具选择. 金融监管研究，（9）：46-61.

秦化清. 2013. 社会融资总量能否作为制定货币政策规则的依据. 财经问题研究，（12）：46-50.

裘翔，周强龙. 2014. 影子银行与货币政策传导. 经济研究，（5）：91-105.

任杰，尚友芳. 2013. 我国货币政策中介目标是否应改变为利率——基于扩展的普尔分析的实证研究. 宏观经济研究，（10）：23-31.

盛松成. 2012. 社会融资规模与货币政策传导. 金融研究，（10）：1-14.

盛松成，吴培新. 2008. 中国货币政策的二元传导机制——"两中介目标，两调控对象"模式研究. 经济研究，（10）：37-51.

盛松成，许诺金，张文红. 2015. 社会融资规模理论与实践. 北京：中国金融出版社.

索彦峰. 2006. 金融创新、基本普尔分析与我国货币政策中介目标选择. 中央财经大学学报，（10）：31-37.

谢杭生. 1997. 战后西方国家货币政策目标比较. 金融研究，（6）：31-37.

元惠萍，刘飒. 2013. 社会融资规模作为金融宏观调控中介目标的适用性分析. 数量经济技术经济研究，（10）：94-108.

张春生，蒋海. 2013. 社会融资规模适合作为货币政策中介目标吗：与 M2、信贷规模的比较. 经济科学，（6）：30-43.

张嘉为，赵琳，郑桂环. 2012. 基于 DSGE 模型的社会融资规模与货币政策传导研究. 财务与金融，（1）：1-7.

张明. 2013. 中国影子银行：界定、成因、风险与对策. 国际经济评论，（3）：82-92.

郑联盛. 2014. 中国互联网金融：模式、影响、本质与风险. 国际经济评论，（5）：103-118.

周先平，冀志斌，李标. 2013. 社会融资规模适合作为货币政策中间目标吗？数量经济技术经济研究，（10）：79-93.

Amisano G，Giannini C. 1997. Topics in Structural VAR Econometrics. New York：Springer.

Bernanke B S，Boivinand J，Eliasz P. 2004. Measuring the effects of monetary policy：a factor-augmented vector autoregressive（FAVAR）approach. Quarterly Journal of Economics，120（1）：387-422.

Blanchard O J，Quah D. 1989. The dynamic effects of aggregate demand and supply disturbances. American Economic Review，79（4）：655-673.

Christiano L，Eichenbaum J M，Evansz C L. 1999. Monetary policy shocks：what have we learned andto what end. Handbook of Macroeconomics，1：65-148.

Eichenbaum M，Evans C L. 1995. Some empirical evidence on the effects of shocks to monetary policy on exchange rates. Quarterly Journal of Economics，110（4）：975-1009.

Mishkin F S. 2012. The Economics of Money，Bank and Financial Markets. New York：Pearson Education.

Poole W. 1970. Optimal choice of monetary policy instrument in a simple stochastic macro model. Quarterly Journal of Economics，84（2）：197-216.

Sims C. 1980. Macroeconomics and reality. Econometrica，48（1）：1-48.

专题研究四 中国货币政策有效性下降与预期管理研究[①]

一、引 言

中国货币政策正处于由数量型向价格型过渡的过程中，货币政策已不可避免地陷入了政策有效性大幅下降的困境。2008 年金融危机以来中国经济增速已由高速增长阶段进入中高速增长阶段，经济增速放缓已成必然趋势。在此期间，中国人民银行除了使用基准利率、准备金率和正逆回购等常规工具，还创设了 SLO、常备借贷便利、中期借贷便利和抵押补充贷款等新型货币政策工具进行调控，2008 年以来年均 M2 增长率达到 17.5%，较 2000~2007 年高 1.1 百分点。然而，在经济增速逐步放缓的背景下，积极的货币政策操作并没有发挥有效作用，产出缺口进一步扩大、通货膨胀率大幅回落[②]，表明货币政策平抑经济周期性波动的能力已经大幅下降。《2015 年第二季度中国货币政策执行报告》中也指出，货币政策存在传导机制不畅的问题，信贷渠道和利率渠道均不能充分发挥作用，对货币政策有效性造成了不利影响。更进一步，相关实证研究也证实，金融危机后中国货币政策中介目标 M2 与 GDP 间的关系明显减弱，表明货币政策调控宏观经济的能力有所降低（盛松成和翟春，2015）。

在货币政策有效性下降的背景下加强预期管理尤为重要。国际经验表明，预期管理有助于提高货币政策有效性，尤其是 2008 年金融危机以来，前瞻性指引作为预期管理的手段之一在美国和欧洲均发挥了十分重要的作用。Bernanke（2012）指出，在名义利率受到零下界约束时，预期管理能够有效推动经济复苏。Campbell 等（2012）通过更为严谨的实证分析，检验了金融市场对前瞻性指引政策的反应以及前瞻性指引政策对就业和通货膨胀的影响，进一步肯定了预期管理的积极作用。由于中国货币政策的有效性已大幅下降，所以中国应该比发达国家更加重视预期管理。同时，预期管理具有调整成本低

① 作者：郭豫媚，中央财经大学金融学院讲师（本部分时为中国人民大学经济学院博士研究生）；陈伟泽，美国波士顿大学经济系博士研究生；陈彦斌，中国人民大学经济学院教授、副院长。本专题研究原载于《经济研究》2016 年第 1 期，有改动。

② 中国产出缺口由 2008~2011 年的 1.2 百分点扩大至了 1.8 百分点（郭豫媚和陈彦斌，2015），通货膨胀率在 2014 年降至了 1%左右。

的特点，这可以从两个层面来理解。从附加预期的菲利普斯曲线的理论视角来看，通过预期管理引导市场预期可以在不影响产出或就业的情况下达到降低通货膨胀的目标。从预期管理实践来看，在信息全球化的互联网时代，沟通作为预期管理的主要手段，操作成本极低。此外，相比传统货币政策，预期管理具有政策时滞性短的优点。传统货币政策存在一定的时滞，从中央银行发现经济运行问题到货币政策制定与决策，再到政策效果的实现都需要时间。以沟通为主要途径的预期管理则可以通过信息的迅速传播，更快地影响公众的预期以达到政策效果，从而节省政策效果实现环节所需要耗费的时间，缓解政策时滞问题。因此，加强预期管理对提高中国货币政策有效性具有重要意义。

中国预期管理研究尚处于起步阶段，相关研究主要集中于文献综述和实证分析。以程均丽（2007）、徐亚平（2009）、李拉亚（2011）和马文涛（2014）为代表的一系列研究已对预期管理理论的起源、发展以及最新研究进展进行了述评。在此基础上，不少实证研究检验了中央银行信息沟通这一预期管理方式是否能够有效影响预期，其研究结果基本肯定了信息沟通引导市场预期的作用。例如，徐亚平（2006）通过构建货币政策透明度指数发现，1995~2005年中国货币政策透明度远高于1985~1994年，并发现货币政策透明度的增加能较好地引导市场预期，提高货币政策传导的有效性；卞志村和张义（2012）采用中国2001~2011年的季度数据，利用SVAR模型分析发现中国人民银行信息披露比传统货币政策工具在引导预期方面时滞更短，但影响程度小于利率工具。理论研究方面，姚余栋和谭海鸣（2013）通过在"新共识"宏观经济模型中引入通胀预期和中央银行票据发行利率对中国货币政策进行了动态分析，并指出中国货币政策应以管理通胀预期为主。

总体而言，已有研究缺乏对中国预期管理关键性问题的深入分析与研究。国内有关预期管理的文献大部分都只是对预期管理理论的发展以及预期管理的国际经验进行总结与归纳，或者简单套用国外的模型与实证方法，不仅没有区分中国预期管理问题与发达国家的异同，而且没有抓住中国预期管理的本质和关键性问题。如果对中国自身的预期管理问题没有深刻的认识，就难以从预期管理理论及其国际实践中汲取适合于中国的经验与模式，从而难以找到真正能够提高中国货币政策有效性的预期管理方式。另外，已有研究更多地采用实证研究方法，使用定量宏观模型的仍较少。已有的检验预期管理有效性的文章大都采用广义自回归条件异方差（exponential generalized autoregressive conditional heteroscedasticity，EGARCH）和SVAR等实证分析方法或者是统计分析方法。但是实证方法对数据的依赖性较强，考虑到研究预期管理需要对中央银行信息披露程度等因素进行量化，而这一类指标的建立主观性较强且在理论上未形成规范，因此容易导致研究的严谨性和稳健性有所不足。而定量宏观模型对时间序列数据的依赖性较小，能够较好地避免上述问题。并且，实证方法只能基于历史数据对过去的货币政策有效性进行检验，无法对未来货币政策的变化进行相关的政策实验，从而难以评价货币政策转型过程中和转型后有效性的变化，更难以考察引入预期管理后货币政策有效性的可能变化。而在定量宏观模型框架下，不仅可以刻画货币政策由数量型向价格型转变的不同阶段，通过建立福利损失函数定量评估和比较不同阶段货币政策有效性的变化，还能够引入预期管理进行政策实验，从而评价预期管理的作用。

　　本专题研究将在分析中国货币政策有效性下降原因和梳理已有预期管理研究的基础上，构建一个包含预期误差冲击和预期管理的新凯恩斯 DSGE 模型，从而刻画货币政策的失效并研究预期管理的作用，进而对中国的预期管理提出相关政策建议。本专题研究的主要贡献有以下三点。第一，本专题研究在一个标准的新凯恩斯模型的基础上刻画了货币政策的失效，提供了一个能够研究中国货币政策失效问题的 DSGE 模型。定量宏观模型的优势是，能够明确各变量间的作用机制和因果关系，通过数值模拟考察外生冲击或参数变化的定量影响，尤其适合于货币政策的相关研究。第二，在货币政策有效性不足的大框架下，本专题研究进一步将预期管理模型化，并定量研究预期管理在货币政策失效背景下应对经济波动的能力。数值模拟结果表明，预期管理不仅能够大幅减小经济波动，而且能促使经济更快地回归到稳态。并且，福利损失分析表明，在货币政策失效的背景下引入预期管理可以使社会福利损失下降近 40%。第三，本专题研究对中国预期管理的关键性问题做了回答。本专题研究认为，当前中国货币政策由数量型向价格型过渡的过程中将不可避免地陷入政策有效性下降的困境，因此需要尤其重视预期管理。中国可以从明确货币政策目标、拓宽中国人民银行与市场沟通的途径、丰富中国人民银行与市场沟通的内容、加强中国人民银行研究能力和减小政策发布滞后性等方面进行改进。

二、货币政策有效性下降的原因与预期管理理论起源

（一）中国货币政策有效性下降的原因分析

　　中国货币政策有效性下降的根源在于，货币政策正处于由数量型向价格型转型的过程之中，面临数量型货币政策有效性大幅下降而价格型货币政策尚不健全的困境。首先，人民币贷款占社会融资规模的比重大幅下降使中国长期以来使用的数量型货币政策对信贷市场的控制力大幅减弱，这是引起货币政策有效性下降的主要原因。中国长期以来采用数量型货币政策框架，在这一框架下，货币渠道和信贷渠道是货币政策的重要传导渠道，其中信贷渠道是主要传导渠道。信贷渠道起作用有两个重要前提：一是借款者依赖于银行贷款；二是货币政策可以改变贷款相对于其他信用形式的供给量。然而，随着金融创新的出现和融资渠道的增加，人民币贷款在社会融资规模中的占比逐步降低，借款者不断减少对银行贷款的依赖，导致第一个前提发生根本性改变①。2002~2014 年，社会融资总额中新增人民币贷款占比大幅下滑：2002 年，新增人民币贷款占社会融资总额的比重达 91.9%，2009 年以后该比重已下降至 60%以下，2013 年更是降低至 51.4%。

　　其次，中国市场化基准利率体系和利率传导机制尚不健全，从而导致数量型货币政策有效性开始下降时无法立即通过价格型货币政策来弥补。随着存贷款利率管制的解除，

---

　　① 对于金融创新和融资渠道的拓展改变了信贷渠道的传导机制，已有研究已达成共识。例如，彭兴韵（2008）认为，银行信贷与货币政策最终目标之间的相关性受金融结构变动的深远影响；随着金融市场的发展，企业融资和居民资产选择正在出现脱媒的趋势，对银行机构传统的存贷款金融服务需求在逐步下降。

中国利率市场化进程接近尾声，但中国的基准利率体系依然没有市场化。根据国际经验，基准利率需具备市场化、基础性和可控性的特点。然而，中国的存贷款基准利率并不是通过再贴现和公开市场操作等工具来间接影响的，而是直接由中国人民银行决策而定。这意味着中国的基准利率体系尚没有市场化，中国人民银行在基准利率定价中并不是起间接干预的作用，而是充当了一个具有绝对定价权的角色。并且，中国基准利率的调整不需要再贴现和公开市场操作，没有直接影响市场的流动性，进一步表明中国价格型货币政策体系还十分不成熟。此外，由于中国利率传导机制不健全，基准利率与其他市场利率间的传导不通畅，价格型货币政策难以发挥有效作用。

（二）预期管理的理论起源与背景

关于预期管理的理论研究最早是在经济危机的背景下提出的。Krugman（1998）认为，在流动性陷阱下仅仅实施扩张性货币政策是不够的，中央银行还必须提高公众的通货膨胀预期，这是因为扩张性货币政策的效果会被低通胀预期甚至通缩预期抵消；如果公众相信中央银行的扩张性货币政策并不是暂时的，从而推高通货膨胀预期，那么经济就能够走出流动性陷阱。此后，越来越多的学者开始致力于预期管理的研究，并发现预期管理在帮助经济走出危机的过程中发挥了重要的作用（Eggertsson and Woodford，2003；Eggertsson，2008；Cooper and Willis，2010；Mishkin，2011）。

随着预期纳入货币政策宏观框架成为宏观经济学界的"新共识"，预期管理问题的重要性也大幅上升。宏观经济学界"新共识"中的重要一条内容是，预期在通货膨胀决定和货币政策向宏观经济的传导过程中起关键作用，且货币政策能够影响公众预期（Bean，2007；Mishkin，2011）。Friedman 和 Kuttner（2010）更是指出，当前货币政策起作用的途径已不是传统的流动性渠道，而是预期渠道。由此，货币政策理论与实践都更加关注预期管理问题。

预期管理对货币政策有效性的影响是预期管理研究领域的核心问题。在货币政策实践中，各国中央银行发现经济危机下货币政策面临零利率下限约束的问题，这使危机时期货币政策的效率大大下降。在 Krugman（1998）等关于经济危机时期预期管理研究的基础上，许多学者开始注意到预期管理对于提高货币政策有效性（特别是在零利率下限约束下）的重要作用。Woodford（2003）介绍了预期管理的基本思想，并指出中央银行影响市场和价格的关键手段是管理未来利率变化的预期（这实际上是对未来货币政策走势的预期）。Woodford（2005）通过构建一个简化的新凯恩斯主义模型进一步探讨了预期管理对货币政策有效性的影响，并通过数值模拟分析发现，当货币政策受到零利率下限约束时，提高市场的通货膨胀预期能够减少危机带来的福利损失，从而提高政策有效性。Morris 和 Shin（2002，2008）构建了一个包含私人信息和公共信息的模型，为预期管理研究提供了一个基本框架，他们认为经济人在形成预期时会依赖公共信息，因此货币政策透明度会通过改变公共信息集影响市场预期，从而影响货币政策有效性。Morris 和 Shin（2008）还进一步指出，相比直接使用货币政策工具而言，中央银行传递信息更为重要，现代货币政策的核心问题是管理和协调预期。

　　由于传统货币政策在经济危机时容易受到限制而难以发挥作用，预期管理随着其自身理论的发展逐渐得到发达国家中央银行的重视和青睐。以美国为例，21 世纪以来，以前瞻性指引政策为代表的预期管理在美国货币政策中的地位逐步上升，并已成为美国货币政策调控的重要手段。21 世纪初，由于互联网泡沫的破裂，美国联邦基金利率逐步下调以应对经济的疲软，其结果是联邦基金利率逐步逼近零下限而失去进一步调控能力。在这一背景下，美联储推出了前瞻性指引政策，开始对未来货币政策的操作进行说明。这一时期美国的前瞻性指引主要是开放式指引，只是表明美联储会在未来维持低利率，但对于低利率的期限有多长并不给出明确答案。2008 年金融危机后，美国货币政策再次面临零下限约束，前瞻性指引政策成为这一轮美国货币政策调控的重要手段，并得到了进一步的完善。在这一时期，前瞻性指引从简单的开放式指引演变为日历式指引和目标式指引。日历式指引主要是在开放式指引的基础上给出了明确的时间，如 2011 年 8 月美联储表态称"直到 2013 年中期，维持极低的联邦基金利率是合适的"。目标式指引是在开放式指引中加入量化的政策目标，如 2012 年 12 月指出"只要失业率仍处于 6.5%以上，将联邦基金利率保持在极低水平是合适的。联邦公开市场委员会设定的通货膨胀长期目标为 2%……"除了进行前瞻性指引外，美联储还通过定期发布联邦公开市场委员会会议纪要等手段来进行沟通，反映出美联储对于预期管理的重视。

　　随着预期管理理论和实践的逐步发展，预期管理受到越来越广泛的关注，但是学界并没有对预期管理进行严格定义。不过，通过对相关研究的梳理和归纳可以发现，学者对预期管理的理解并没有很大差异。预期管理主要是指政府通过信息沟通来引导市场预期从而达到政策目标的过程。预期是影响市场行为决策从而影响宏观经济运行的重要因素，而预期管理正是通过信息的沟通来改变市场进行预期时的信息集，从而影响市场预期，进而达到调控宏观经济的目的。

　　总结发达国家预期管理的实践经验可以发现，沟通是预期管理的主要手段，而根据沟通内容的不同，预期管理又可以划分为以下三种类型。一是对政策目标进行沟通。明确的政策目标是市场进行预期的重要依据。事实上，被英国、加拿大、德国、澳大利亚、新西兰和西班牙等发达国家所青睐的通货膨胀目标制正是通过明确政策目标来进行预期管理的。通货膨胀目标制通过明确通货膨胀目标，锚定公众对通货膨胀的长期预期，达到稳定通货膨胀的目的。二是对当前货币政策操作和经济运行状况进行沟通。市场与政府间存在信息不对称，因此政府对货币政策的操作进行解释并对当前实际经济运行状况做出解读，有助于市场更好地理解货币政策意图和把握经济运行状况，形成更为理性的预期。中央银行会议纪要、货币政策报告和官员讲话等即属于这一类型。三是对未来货币政策的可能走向进行沟通。在实际经济运行中，市场在进行投资决策时更为关心的是长期利率，而长期利率是由当前利率和未来利率共同决定的。因此，未来货币政策的变化影响市场对未来利率的预期，并进而影响投资。前瞻性指引政策正是在这样的逻辑下提出的。

三、基 准 模 型

为了定量评估预期管理在中国传统货币政策有效性下降的过程中对货币政策有效性的影响，本专题研究以 Justiniano 等（2010）所建立的新凯恩斯模型为基本框架，在此基础上构建了一个包含预期误差冲击和预期管理的 DSGE 模型。本专题研究的模型与 Justiniano 等（2010）的主要差别在于对货币政策的刻画。Justiniano 等（2010）将货币政策设定为传统的泰勒规则形式，并仅仅研究了这一特定规则下外生冲击对经济周期的影响。本专题研究则从以下角度对货币政策进行了拓展：货币政策框架方面，本专题研究不仅考虑了价格型的利率规则，还研究了数量型规则下的经济波动；货币政策有效性方面，本专题研究除了考虑价格型和数量型两种规则下货币政策有效的情形外，还借鉴 Farmer 等（2015）的方法，引入了货币政策无效的情形，并在该情形下刻画了预期管理。这两方面的扩展使本专题研究得以刻画中国货币政策的整个转型过程，即中国过去的数量型货币政策有效阶段、当前数量型和价格型货币政策有效性均不足的转型过程以及未来价格型货币政策有效的最终方向，并在此基础上着重考察预期管理在货币政策转型过程中的作用。

（一）最终产品厂商

代表性最终产品厂商根据以下的 Dixit-Stiglitz 生产技术将连续统的中间产品 $Y_{i,t}$，$i \in [0,1]$ 进行组合，生产唯一的最终消费品 Y_t，并在完全竞争的最终产品市场上将其销售：

$$Y_t = \left[\int_0^1 Y_{i,t}^{\frac{1}{1+\lambda_{f,t}}} \mathrm{d}i \right]^{1+\lambda_{f,t}}$$

价格加成冲击 $\lambda_{f,t}$ 遵循如下的随机过程：

$$\log\left(1+\lambda_{f,t}\right) = \left(1-\rho_f\right) \cdot \log\left(1+\lambda_f\right) + \rho_f \cdot \log\left(1+\lambda_{f,t-1}\right) + \varepsilon_{f,t}, \ \varepsilon_{f,t} \sim i.i.d.\mathrm{N}(0,\sigma_f^2)。$$

在本模型中，劳动力市场是完全竞争的，不存在工资黏性以及工资加成冲击，因此上述的价格加成冲击是成本推动冲击的唯一来源。

（二）中间产品厂商

中间产品厂商是生产中间产品的垄断竞争厂商，其生产函数服从 Cobb-Douglas 形式：

$$Y_{i,t} = \max\left\{ K_{i,t}^{\alpha} \left(A_t L_{i,t}\right)^{1-\alpha} - A_t \psi, 0 \right\}$$

其中，$K_{i,t}$ 和 $L_{i,t}$ 分别代表中间厂商 i 租赁的有效资本与劳动数量；α 为资本产出弹性；ψ 为单位技术水平的固定生产成本；A_t 代表中性技术进步，其增长率 $z_t = \log\left(A_t / A_{t-1}\right)$ 服从以下技术冲击过程：$z_t = \left(1-\rho_z\right)\gamma + \rho_z z_{t-1} + \varepsilon_{z,t}, \varepsilon_{z,t} \sim i.i.d.\mathrm{N}(0,\sigma_z^2)$。遵循新凯恩斯 DSGE 模型的通常做法，本专题研究按照如下方式引入价格黏性：在每一期有固定比例 ς_p 的厂

商无法按照利润最大化原则对其产品价格进行调整，只能照指数化规则调整价格，$P_{i,t} = \pi^{1-\iota}\pi_{t-1}^{\iota} \cdot P_{i,t-1}$。其中，$\pi$ 为稳定状态下的通货膨胀；$\iota \in [0, 1]$ 为对于稳态通胀率与上一期通胀率的相对调整权重；剩余 $1-\varsigma_p$ 比例的厂商则可以根据产品的需求函数选择预期利润最大化的价格。由于家庭拥有公司，在对利润的贴现因子 $\beta^s \Lambda_{t+s} / \Lambda_t$ 中，β 为家庭主观贴现因子，Λ_t 为名义收入对家庭的边际效用。故其目标函数为

$$\max_{P_{i,t}} \; E_t\left\{\sum_{s=0}^{\infty}\varsigma_p^s \cdot \frac{\beta^s \Lambda_{t+s}}{\Lambda_t}\left[P_{i,t}\left(\prod_{k=1}^{s}\pi^{1-\iota}\pi_{t+k-1}^{\iota}\right)Y_{i,t+s} - W_{t+s}L_{i,t+s} - r_{t+s}^k K_{i,t+s}\right]\right\}$$

（三）家庭的决策

假设经济中存在连续统的家庭，目标是最大化其期望终身效用。为了分析从数量型货币政策到价格型货币政策的转型过程，本专题研究在基准模型中使用将货币引入效用函数的方法来刻画家庭的货币需求方程。借鉴 Fernández-Villaverde 和 Rubio-Ramirez（2007）等传统 DSGE 模型文献中相关货币进入效用函数的设定，本专题研究代表性家庭的最优化问题如下：

$$E_0\left\{\sum_{t=0}^{\infty}\beta^t\left[\log(C_t - hC_{t-1}) + \upsilon \log(M_t) - \phi\frac{L_t^{1+\eta}}{1+\eta}\right]\right\}$$

其中，C_t 为消费；L_t 为劳动时间；M_t 为实际货币余额；$h \in [0, 1]$ 刻画消费习惯程度；η 为劳动供给弹性。同时，家庭拥有原始资本并进行资本积累：$\bar{K}_t = (1-\delta)\bar{K}_{t-1} + \mu_t[1-S(I_t / I_{t-1})]I_t$。其中，$I_t$ 为新增投资，$S(I_t / I_{t-1})$ 为资本调整成本，稳态时 $S = S' = 0$。投资冲击 μ_t 服从以下随机过程：

$$\log\mu_t = \rho_\mu \cdot \log\mu_{t-1} + \varepsilon_{\mu,t}, \varepsilon_{\mu,t} \sim i.i.d.\mathrm{N}\left(0, \sigma_\mu^2\right)$$

并且，家庭选择资本开发率 u_t，根据 $K_t = u_t\bar{K}_{t-1}$ 将原始资本 $\bar{K}_t$ 转化为有效资本 K_t，并将有效资本 K_t 以 $P_t r_t^k$ 的价格租赁给中间厂商。同时，家庭向名义工资率为 W_t 的完全竞争的劳动力市场提供劳动。家庭的预算约束为

$$P_tC_t + P_tI_t + P_tM_t + B_t + P_tT_t \leq P_{t-1}M_{t-1} + R_{t-1}B_{t-1} + \Pi_t + W_tL_t + P_tr_t^k K_t - P_ta(u_t)\bar{K}_{t-1}$$

其中，T_t 为政府征收的总量税；B_t 为政府债券的持有量；R_{t-1} 为 $t-1$ 期的名义利率；Π_t 为家庭从其持有的公司所获得的名义利润。$a(u_t)$ 单位资本开发成本，稳态时，$u=1$、$a=0$ 且 $\chi \equiv a''(1) / a'(1)$。

（四）货币政策

本专题研究将中国货币政策从数量型过渡到价格型的过程划分为三个阶段，并在转型过程中的双失效阶段考虑了预期管理，共计刻画四种货币政策情形，用以比较分析中国货币政策转型过程中政策有效性的变化以及预期管理的作用，具体设定如表 1 所示。

表1　货币政策由数量向价格转型过程中的四种情形

四种货币政策情形		转型前	转型中		转型后
		数量有效（情形1）	双失效		价格有效（情形4）
			双失效+无预期管理（情形2）	双失效+有预期管理（情形3）	
数量型	有效	√			
	无效		√	√	√
预期管理	有			√	
	无	√	√		√
价格型	有效（泰勒规则）				√
	无效（利率管制）	√	√	√	

注：由于中国长期以来主要采用数量型货币政策，故将情形1作为本专题研究参数校准与估计的基准模型

情形1：数量有效。

在该情形下，中国人民银行采用数量型货币政策，能够有效控制流通在市场上的货币数量。同时由于过去中国在数量型货币政策框架下利率受到管制，故借鉴陈彦斌等（2014），设定管制利率为 $R_t = \bar{R}$。需要说明的是，此处的利率为价格型货币政策框架下的中介目标利率，而非利率工具。由于中国利率传导机制不畅，本专题研究简单假定利率中介目标无法自由浮动，不受利率工具的影响，从而较为简洁地刻画了价格型货币政策失效情形下货币政策利率无法有效影响市场利率的特征。

同时，本专题研究借鉴 Liu 和 Zhang（2010）将数量型货币政策设定为

$$M_t = M_{t-1}^{\rho_m} \left[\left(\frac{\pi_t}{\pi} \right)^{\phi_\pi^1} \left(\frac{Y_t}{Y_t^*} \right)^{\phi_y^1} \right]^{1-\rho_m} \eta_{m,t}$$

其中，ρ_m 为货币政策平滑系数；ϕ_π^1 和 ϕ_y^1 分别为情形1下货币政策对通胀与产出的反应系数；$\eta_{m,t}$ 为货币政策冲击，服从 $\log \eta_{m,t} = \rho_{mp} \log \eta_{m,t-1} + \varepsilon_{m,t}, \varepsilon_{m,t} \sim i.i.d. N(0, \sigma_{mp}^2)$。Liu 和 Zhang（2010）在 McCallum（1988）的基础上对中国数量型货币政策进行深入探讨，并对 McCallum 规则进行扩展来拟合中国数量型货币政策。这些扩展包括滞后项、对产出缺口的反应项以及对通胀缺口的反应项，比较符合中国货币政策在实践中的考虑与操作特点[①]。

情形2：双失效+无预期管理。

该情形下利率仍然受到管制，价格型货币政策依然不能起作用。同时，随着金融创新的发展，市场流动性不再完全由中国人民银行控制，市场能够创造流动性以弥补或吸收市场对流动性的需求。市场总体流动性 $\tilde{M}_t$ 为中国人民银行提供的流动性 M_t 与由金融

---

① 本专题研究与 Liu 和 Zhang（2010）的差别在于本专题研究使用实际货币余额作为数量型货币政策的核心变量，而 Liu 和 Zhang（2010）使用的是名义货币量。使用实际货币余额仅仅改变了通货膨胀这一项的指数，并没有根本性地改变数量型货币政策的核心特征，并且这样处理的好处在于能够大大地简化数值计算。

创新提供的流动性 M_t^f 的总和，$\tilde{M}_t = M_t + M_t^f$。根据家庭效用函数和预算约束可以求得家庭货币需求方程为

$$M_t^d = v / [P_t(\Lambda_t - \beta E_t \Lambda_{t+1})]$$

其中，Λ_t 为名义收入对家庭的边际效用。货币市场出清条件要求：

$$v / [P_t(\Lambda_t - \beta E_t \Lambda_{t+1})] = M_t^d = \tilde{M}_t = M_t + M_t^f$$

可以看到，没有金融创新的情况下，$M_t^f = 0$，中央银行完全控制市场中的货币供给，从而能够有效影响家庭货币需求量；在有金融创新的情况下，$M_t^f = v / [P_t(\Lambda_t - \beta E_t \Lambda_{t+1})] - M_t$ 总能弥补家庭货币需求与中国人民银行货币供给的差额，当 M_t 发生变化时，M_t^f 可以通过反向变化来抵消 M_t 的变动，从而降低中国人民银行货币供给对家庭货币需求的影响。这就是金融创新下市场流动性不完全由中国人民银行控制时数量型货币政策失效的内在逻辑。

同时，本专题研究借鉴 Farmer 等（2015）的设定引入通胀预期误差冲击：$\eta_t = \pi_t - E_{t-1}\pi_t$，其中 $\log\eta_t = \rho_\eta \log\eta_{t-1} + \varepsilon_{\eta,t}$，$\varepsilon_{\eta,t} \sim i.i.d.N(0, \sigma_\eta^2)$。引入通胀预期误差的考虑如下。第一，在数量型与价格型货币政策均失效后，市场无法形成准确预期。事实上，数量型和价格型货币政策本身具有预期管理的功能，能够通过改变货币供应量或调整利率很明确地传递货币政策意图，从而影响市场预期。但在数量型和价格型货币政策双失效并且又没有其他预期管理手段来引导预期时，市场预期就会出现偏差。第二，由于在货币政策双失效的设定下模型求解时会产生不确定性（indeterminacy）问题，Farmer 等（2015）表明只要在模型中引入一个预期冲击就能解决不确定性的求解问题。Farmer 等（2015）提出了两种预期误差冲击，一种是通胀预期误差冲击，另一种是产出缺口误差冲击。本专题研究采用前者的考虑是，根据 Farmer 等（2015）中提出的定理 1，在本专题研究模型中使用通胀预期误差或采用产出缺口误差实际上是等价的，并且实践中货币政策的变化对通胀预期具有更直接的影响。此外，已有的对预期管理的研究中也比较强调通货膨胀预期管理。例如，李宏瑾等（2010）指出应通过采取积极措施管理通胀预期来防范和化解通胀风险。综上，本专题研究在模型中引入通胀预期误差冲击[①]。

情形 3：双失效+有预期管理。

本专题研究在情形 2 的基础上加入预期管理，从而研究中国人民银行使用预期管理政策代替传统的货币政策会产生何种影响。沿用情形 2 中的设定，市场总体流动性 $\tilde{M}_t$ 为中国人民银行提供的流动性 M_t 与由金融创新提供的流动性 M_t^f 总和，公众对通胀的预期误差为 $\eta_t = \pi_t - E_{t-1}\pi_t$。

与情形 2 不同的是，情形 3 下中国人民银行可以通过沟通影响公众的通胀预期误差，从而达到引导公众预期的效果。需要明确的是，预期管理的目标与货币政策目标是一致的，明确这一点是将预期管理模型化的重要现实基础。因此，预期管理的最终目标是平抑通胀与产出波动。并且，有效的预期管理应当在经济过热时，即产出和通货膨胀明显

---

① 数值模拟结果进一步证实，通胀预期误差冲击是货币政策双失效阶段经济波动的一个重要来源（具体请参见本专题研究第四部分）。

高于均衡水平或政策目标水平时，通过降低通货膨胀预期来降低消费和投资，从而达到抑制产出和通货膨胀进一步上升的目的。反之，当产出和通货膨胀回落至均衡水平或政策目标水平之下时，应引导通胀预期上升，从而刺激消费和投资。基于上述考虑，本专题研究借鉴经典的泰勒规则形式，将预期管理政策设定如下：

$$\eta_t = \eta_{t-1}^{\rho_\eta} \left[\left(\frac{\pi_t}{\pi} \right)^{-\phi_\pi^3} \left(\frac{Y_t}{Y_t^*} \right)^{-\phi_y^3} \right]^{1-\rho_\eta} \varepsilon_{\eta,t}$$

其中，ρ_η 为预期管理平滑系数；ϕ_π^3 和 ϕ_y^3 分别为情形 3 下预期管理对通胀与产出的反应系数，且 ϕ_π^3 和 ϕ_y^3 均大于 0；$\varepsilon_{\eta,t} \sim i.i.d.\mathrm{N}(0,\sigma_\eta^2)$ 为预期误差冲击的白噪声。

情形 4：价格有效。

价格型货币政策体系是中国货币政策的转型方向，因此本专题研究考虑在利率市场化进程结束以及利率传导机制健全之后，中国人民银行可以通过利率规则来实现平抑宏观经济波动的情形（即利率不再受到管制，$R_t = \overline{R}$ 不成立）。遵循泰勒规则的一般形式，本专题研究设定价格型货币政策规则如下[①]：

$$\frac{R_t}{R} = \left(\frac{\pi_t}{\pi} \right)^{\phi_\pi^4} \left(\frac{Y_t}{Y_t^*} \right)^{\phi_y^4} \eta_{R,t}$$

其中，ϕ_π^4 和 ϕ_y^4 分别为情形 4 下价格型货币政策对通胀与产出的反应系数；$\eta_{R,t}$ 为货币政策冲击，服从 $\log \eta_{R,t} = \rho_{mp} \log \eta_{R,t-1} + \varepsilon_{R,t}, \varepsilon_{R,t} \sim i.i.d.\mathrm{N}(0,\sigma_R^2)$。另外，在该情形下市场总体流动性 $\widetilde{M}_t$ 依然为中国人民银行提供的流动性 M_t 与由金融创新提供的流动性 M_t^f 的总和。

（五）财政政策

政府支出由以下等式决定：$G_t = (1-1/g_t)Y_t$。其中 g_t 为政府支出冲击，且遵循以下随机过程：

$$\log g_t = \left(1-\rho_g\right) \log g + \rho_g \log g_{t-1} + \varepsilon_{g,t}, \varepsilon_{g,t} \sim i.i.d.\mathrm{N}(0,\sigma_g^2)$$

（六）资源约束条件

在均衡中，经济体的资源约束可由以下等式刻画：

$$C_t + I_t + G_t + a\left(u_t\right)\overline{K}_{t-1} = Y_t$$

---

① 情形 4 是对未来中国价格型货币政策的假设，因此作者在该情形中暂没有考虑利率平滑系数。并且，稳健性检验表明即使引入利率平滑系数（作者分别尝试了利率平滑系数为 0.2、0.5、0.6 和 0.8 的情形）也不会改变下文的主要结论。

四、参数设定和模型适用性分析

（一）参数校准与估计

本专题研究将货币政策情形 1 下的模型作为基准模型对参数进行设定，参数设定主要使用校准和估计两类方法。首先，根据实际数据或已有研究对部分参数进行校准，这些参数包括 $\{\beta, \gamma, \alpha, \delta, g\}$。家庭主观贴现因子 β，已有文献的取值范围为[0.95，0.99]，本专题研究取 0.98。根据郭豫媚和陈彦斌（2015）的计算结果，中国 1996 年第一季度至 2009 年第四季度非劳动力与资本因素的年均增长率为 0.04，调整为季度增长率约为 0.01，故本专题研究将稳态技术增长率 γ 设定为 0.01。$\{\alpha, \delta, g\}$ 三个参数值的校准方法是使模型稳态下的消费率（消费与产出之比）、投资率（投资与产出之比）和实际利率与现实经济中的数据相匹配。选取这三个矩条件的考虑如下：资本产出弹性决定了厂商的生产技术，是影响投资率的重要参数；根据稳态方程 $C/Y=1/g-I/Y$ 可知，参数 g 对稳态消费率和投资率有重要影响；根据稳态方程 $\rho=e^{\gamma}/\beta-(1-\delta)$，参数 δ 决定稳态下实际利率水平。本专题研究根据 1996 年第一季度至 2009 年第四季度[①]中国实际经济数据计算得到消费率、投资率、实际利率分别为 34.7%、33.8%和 6%。经校准后，$\{\alpha, \delta, g\}$ 分别取 0.54、0.032 和 1.38（表 2），且在该组参数下模型稳态的消费率、投资率、实际利率分别为 36.2%、36.2%和 6.3%，较好地匹配了现实数据。

表 2　参数校准

参数	描述	校准值
β	家庭主观贴现因子	0.98
γ	稳态技术增长率	0.01
α	资本产出弹性	0.54
δ	折旧率	0.032
g	稳态政府支出比率	1.38

其次，运用贝叶斯估计方法估计剩余参数，这些参数包括 $\{\tau, h, \lambda_f, \log L^{SS}, \eta, \varsigma_p, \chi, S'', \rho_m, \phi_\pi^1, \phi_y^1\}$ 以及 $\{\rho_f, \rho_z, \rho_\mu, \rho_g, \rho_{mp}; \sigma_f, \sigma_z, \sigma_\mu, \sigma_g, \sigma_{mp}\}$。本专题研究选取了 1996 年第一季度至 2009 年第四季度的产出、消费、投资、通货膨胀率和 M2 数据对模型参数进行贝叶斯估计。为消除数据的季节性和趋势项，本专题研究借鉴 Smets 和 Wouters（2007）、Justiniano 等（2010）的数据处理方式，采用 X11 方法对上述观测变量进行季节调整，并且采用一阶差分将数据的趋势项去除，经检验差分序列是平稳的。贝叶斯估计的先验分布设定与后验分布结果见表 3。

---

① 本专题研究在对情形 1 的基准模型进行校准与估计时，采用了 1996 年第一季度至 2009 年第四季度的数据，主要原因如下：进入 2010 年以后中国货币政策有效性的强度出现了明显下降，货币政策已逐渐由情形 1 进入情形 2 的阶段。2010 年后，在金融创新的持续影响下，人民币贷款占社会融资规模比重较 2010 年以前显著下降，基本保持在 55%左右的低水平且趋于稳定，表明数量型货币政策已进入了一个有效性明显不足的阶段，而此时价格型货币政策框架尚未建立。

表 3 贝叶斯估计参数

参数	描述	先验设定			后验结果		
		先验分布	均值	标准差	均值	置信区间[10%,90%]	
τ	价格调整权重	B	0.5	0.15	0.51	0.28	0.77
h	消费习惯程度	B	0.5	0.15	0.71	0.61	0.79
λ_f	稳态价格加成	N	0.15	0.05	0.16	0.08	0.24
$\log L^{SS}$	稳态劳动的对数	N	0	0.5	0.28	−0.25	0.94
η	劳动供给弹性	G	2	0.75	0.24	0.07	0.40
ς_p	卡尔沃定价参数	B	0.66	0.1	0.65	0.54	0.76
χ	资本开发成本弹性	G	5	1	5.96	4.89	6.83
S''	资本调整成本	G	4	1	2.32	1.24	3.45
ρ_m	货币政策平滑系数	B	0.6	0.2	0.61	0.46	0.76
ϕ_π^1	通胀反应系数	N	1	0.3	1.92	1.54	2.17
ϕ_y^1	产出反应系数	N	0.2	0.05	0.31	0.25	0.36
ρ_f	价格加成冲击系数	B	0.6	0.2	0.69	0.55	0.87
ρ_z	技术冲击系数	B	0.6	0.2	0.07	0.01	0.11
ρ_μ	投资冲击系数	B	0.6	0.2	0.09	0.02	0.16
ρ_g	政府支出冲击系数	B	0.6	0.2	0.12	0.04	0.21
ρ_{mp}	货币政策冲击系数	B	0.6	0.2	0.15	0.03	0.25
σ_f	价格加成冲击标准差	I	0.01	1	0.02	0.02	0.03
σ_z	技术冲击标准差	I	0.05	1	0.01	0.01	0.02
σ_μ	投资冲击标准差	I	0.05	1	0.15	0.08	0.21
σ_g	政府冲击标准差	I	0.05	1	0.02	0.01	0.02
σ_{mp}	货币政策冲击标准差	I	0.05	1	0.01	0.01	0.01

注：N 代表正态（normal）分布，B 代表 Beta 分布，G 代表 Gamma 分布，I 代表逆 Gamma 分布

除基准模型的数量型货币政策有效情形外，其他三种货币政策情形下的参数设定如下。对于情形 2，除 $\{\rho_\eta, \sigma_\eta\}$ 外的基础参数均采用基准情形下的校准和估计值，并在此基础上采用经处理的 2010 年第一季度至 2014 年第四季度的产出、消费、投资和通货膨胀率数据对 $\{\rho_\eta, \sigma_\eta\}$ 进行贝叶斯估计，估计结果见表 4。对于情形 3，$\{\rho_\eta, \sigma_\eta\}$ 的值采用情形 2 的估计值，ϕ_π^3 和 ϕ_y^3 均取 1，其余参数采用基准情形的校准和估计值。由于预期管理针对通货膨胀和产出进行反应，故先将 ϕ_π^3 和 ϕ_y^3 简单设为 1，在本专题研究后续数值分析中将会对 ϕ_π^3 和 ϕ_y^3 进行调整，以考察反应系数变化对预期管理有效性的影响。对于情形 4，货币政策反应系数 ϕ_π^4 与 ϕ_y^4 分别取泰勒规则的经典设定值 1.5 和 0.5，剩余参数均采用基准情形下的设定。

表 4　预期冲击的贝叶斯估计结果

参数	描述	先验设定			后验结果		
		先验分布	均值	标准差	均值	置信区间[10%，90%]	
ρ_η	预期误差冲击系数	B	0.6	0.2	0.53	0.23	0.82
σ_η	预期误差冲击标准差	I	0.05	1	0.01	0.01	0.01

（二）模型适用性分析

本专题研究通过对比模型模拟结果与实际经济变量的标准差，检验模型对于刻画中国经济现实和解释中国货币政策有效性的适用性。由于本专题研究的基准模型是对 1996 年第一季度至 2009 年第四季度中国经济进行匹配，故表 5 中给出的实际经济变量的标准差也是 1996 年第一季度至 2009 年第四季度的数值。表 5 的结果表明，除投资外[①]，模型模拟所得到的消费、M2 和通货膨胀的标准差与实际值均十分接近，表明本专题研究模型较好地拟合了中国实际经济状况。

表 5　模型标准差与实际经济变量标准差对比

变量	消费	投资	M2	通货膨胀
模型模拟	1.18	1.46	0.99	0.48
实际经济	1.36	5.23	1.18	0.66

注：此处的标准差均为相对标准差，即各变量标准差与产出标准差之比

本专题研究模型的一个重要设定是在双失效情形下引入预期误差冲击，为检验这一设定的合理性与适用性，本专题研究在情形 2 的模型设定下对 2010 年第一季度至 2014 年第四季度产出波动和通货膨胀率波动进行方差分解。表 6 的方差分解结果表明，预期误差冲击是 2010 年第一季度至 2014 年第四季度产出和通货膨胀波动的一个重要来源，的确是刻画货币政策有效性下降前后的一个重要冲击。此外，投资冲击是除预期误差冲击外影响产出和通胀波动的第二大冲击，这与中国高投资发展模式下投资是影响经济波动的主要因素的特点相符合，进一步表明本专题研究模型适用于研究中国宏观经济波动。

表 6　2010 年第一季度至 2014 年第四季度产出和通胀的方差分解结果（单位：%）

变量	价格加成冲击	技术冲击	投资冲击	政府支出冲击	预期误差冲击
y	16.16	14.17	27.66	11.06	30.94
π	3.47	0.72	14.83	4.13	76.85

① 投资方差无法匹配的原因在于基于本专题研究对投资和生产函数的相关设定，投资率的稳态条件与投资的方差两个条件无法同时满足，事实上，Justiniano 等（2010）也存在上述问题。通常，在无法同时满足上述两个条件时应优先满足稳态条件，这是因为如果稳态条件无法匹配，即使动态的方差在数值上匹配，其对投资动态的刻画也是有偏误的。此外，本专题研究尝试放弃稳态条件而匹配投资的方差，发现 α 需小于 0.17，这与已有研究对资本产出弹性的估计相去甚远。另外，现实经济的产出核算中除消费和投资外还包括进出口，而本专题研究模型是封闭模型，故贝叶斯估计使模型中的投资包含了进出口因素的影响，导致模型中投资方差无法与现实数据较好匹配。

五、数值模拟：预期管理的有效性分析

货币政策是应对宏观经济波动的重要手段，因此平抑经济波动的能力是评价货币政策有效性最重要的指标（Barro，1986；Woodford，1999；Ball，1999）。本专题研究将分别运用脉冲响应分析和福利损失分析方法对预期管理进行评价。

（一）脉冲响应分析

本部分通过比较情形 2 与情形 3 两种情形下的脉冲响应，考察预期管理在货币政策双失效时的作用。首先考察预期误差冲击的脉冲响应，因为预期误差冲击是货币政策失效后产生的冲击，并且模型适用性分析也表明这一冲击对于解释货币政策有效性下降后的经济波动十分重要。

脉冲响应结果表明，预期管理能够大幅度减小经济波动。图 1 给出了情形 2（双失效+无预期管理，虚线）与情形 3（双失效+有预期管理，实线）两种情形下，1 单位正的预期误差冲击的脉冲响应。如图 1 虚线所示，无预期管理时，1 单位的预期误差冲击产生后产出、消费、投资和通货膨胀率均出现上升，其中产出、投资和通胀的上升幅度尤为明显：产出上升近 2 百分点，消费上升约 0.5 百分点，投资上升幅度超过了 2 百分点，通胀上升近 1.2 百分点。相比之下，若在数量型和价格型货币政策均失效的情况下引入预期管理，则经济波动将会大幅度减小。产出、消费与投资的上升幅度分别为 0.3 百分点、0.08 百分点和 0.3 百分点，比没有预期管理时的偏离幅度下降了近 85%；通货膨胀率上升了约 0.6 百分点，比没有预期管理时的上升幅度减少了 50%。

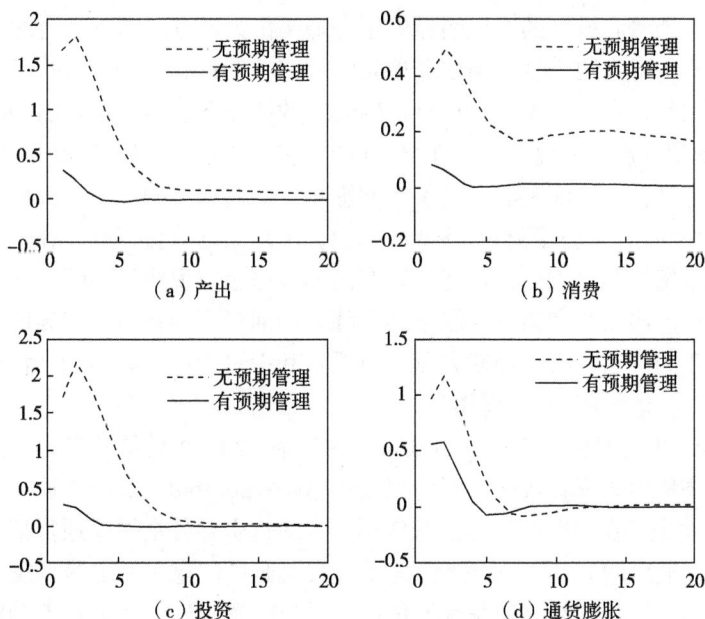

图 1　预期误差冲击的脉冲响应图比较

横轴表示模型中的期数，纵轴表示每一期变量的实际水平偏离其稳态水平的百分比

　　同时，预期管理还促使经济更快地收敛到稳态，进一步表明预期管理能够有效应对经济波动。无预期管理时，产出、投资和通货膨胀率在第 8 期左右基本收敛到了稳态，其中消费回归稳态的速度较慢，在 20 期后依然偏离稳态近 0.17 百分点。然而，引入预期管理后，产出、投资和通胀大约在第 5 期就基本回归至稳态水平，其速度比无预期管理时提高了近 40%。

　　预期管理能够较好平抑预期误差冲击的关键在于预期管理能够逆周期引导通货膨胀预期。当经济中产生正向预期误差冲击后，市场的通货膨胀预期误差会增大，从而推高经济中的通货膨胀。通货膨胀的上升将使利率管制之下厂商的实际投资成本减小，这就刺激厂商增加投资扩大生产。与此同时，当家庭发现经济中的通货膨胀上升后，家庭意识到其手中的货币在未来会加速贬值，故会增加当期消费。在投资和消费的带动下，最终经济体的总产出也上升。这就解释了情形 2 下产出、消费、投资和通货膨胀率出现上升的原因。然而，若中央银行采用预期管理对产出和通货膨胀的变化做出反应，那么当预期误差冲击推高产出和通货膨胀后，中央银行会引导预期误差下行以抵消一部分预期误差冲击的影响，从而降低市场中的预期误差。预期误差的下降使经济中的通货膨胀率下降，进而带动投资、消费和产出回落。因此，当引入预期管理后经济波动幅度会大幅度减小且能更快收敛回稳态。

　　本专题研究进一步考察了价格加成冲击下预期管理的作用。图 2 给出了情形 2（双失效+无预期管理，虚线）与情形 3（双失效+有预期管理，实线）两种情形下 1 单位正的价格加成冲击的影响。与预期误差冲击下的情况类似，预期管理能够使经济中的波动大幅度减小。在没有预期管理的情况下，价格加成冲击使产出、消费与投资分别下降了约 1.1 百分点、0.27 百分点和 1.4 百分点，通货膨胀率下降近 0.25 百分点。而引入预期管理后，产出、消费和投资的降幅明显缩小，降幅仅为没有预期管理时的 25%，通货膨胀率也有所下降，降幅约为没有预期管理时的 60%。同样，预期管理也促使经济更快地收敛回稳态，尤其是产出和投资，在有预期管理的情况下在第 8 期左右即基本收敛回稳态，而在没有预期管理的情况下经济在第 20 期左右才能收敛到稳态。在价格加成冲击下，产品成本迅速上升，对厂商利润形成了不利影响。厂商利润的减少一方面促使厂商缩减投资，另一方面使家庭收入随利润降低而减少，于是家庭消费缩减。在这两方面因素的影响下，总需求出现明显收缩，最终导致产出和通胀也出现明显下降。在有预期管理的情况下，面对负产出缺口和通货膨胀率的下降，预期管理会相对地引导市场通货膨胀预期上升。这股正向的通货膨胀预期力量会对投资和消费产生正向的刺激作用，从而减缓价格加成冲击对整体经济产生的影响。

　　上述结论与 Woodford（2005）和 Campbell 等（2012）的结论基本一致，均肯定了预期管理在提高货币政策有效性方面的积极作用。Woodford（2005）通过构建一个简化的 DSGE 模型发现，在利率政策无法起作用时，通过引导公众提高通货膨胀预期可以减小经济中产出和通胀的波动。Campbell 等（2012）通过构建一个中等规模的 DSGE 模型也得到了相似结论，发现提高通胀预期可以使产出、核心通胀与人均劳动供给都更接近于目标水平。本专题研究结论与上述研究的不同之处在于对货币政策的刻画更为细致，

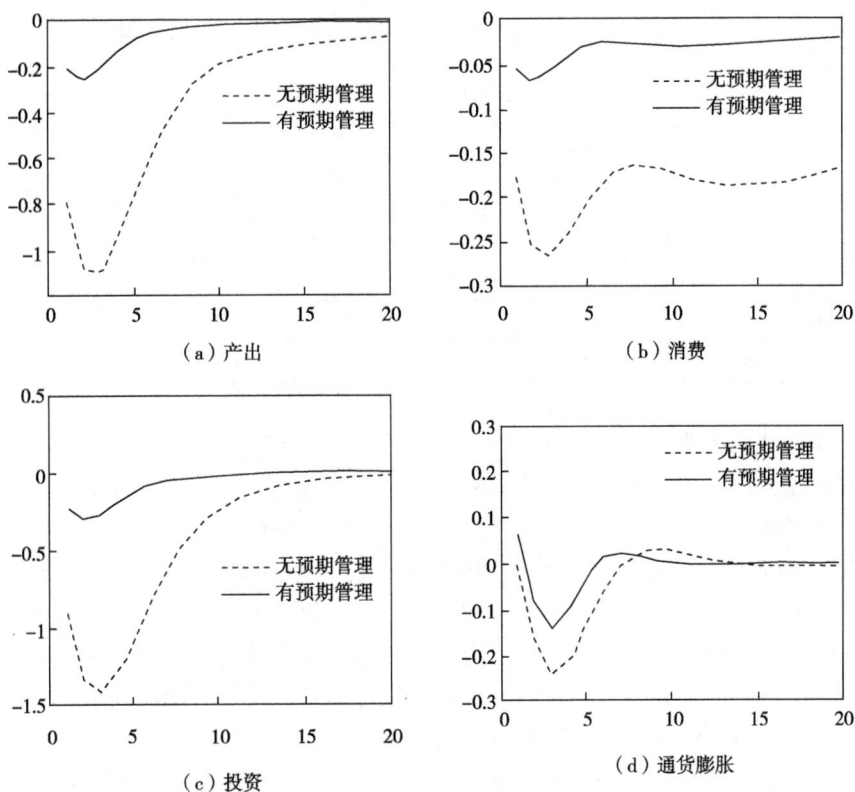

（a）产出　　　　　　　　　　　（b）消费

（c）投资　　　　　　　　　　　（d）通货膨胀

图 2　价格加成冲击的脉冲响应图比较

横轴表示模型中的期数，纵轴表示每一期变量的实际水平偏离其稳态水平的百分比

不同于传统新凯恩斯模型中给出的价格加成冲击的脉冲响应图，此处给出的实际上是价格加成冲击的非预期影响，这是因为在 Farmer 等（2015）的框架下无法得到传统意义上包含非预期影响和预期影响的基础冲击脉冲响应。Farmert 等（2015）解决不确定性求解问题的方法是引入通胀预期误差。通胀预期误差是基础冲击与预期误差冲击的产物。在没有任何基础冲击的情况下，预期误差的变化完全来自于预期误差冲击，因此该情况下的脉冲响应分析是有效的。但如果要分析基础冲击的脉冲响应，基础冲击也会引起预期误差冲击，并且基础冲击对预期误差冲击的影响目前仍无法通过数值求解，因此无法甄别基础冲击与预期误差冲击对预期误差的影响程度的大小。这也就意味着在 Farmer 等（2015）框架下的传统基础冲击脉冲响应事实上是基础冲击与预期误差冲击的混合结果，因此所得到的脉冲响应并不能真实反映出基础冲击对宏观变量的影响。解决上述问题的一个办法是仅考虑基础冲击的非预期影响

且贴近中国现实。Woodford（2005）和 Campbell 等（2012）中货币政策失效是由于名义利率受到零下界约束，这是与美国的货币政策问题相联系的，但这也使预期管理的作用仅仅在萧条时期名义利率接近于 0 时才得以体现。本专题研究对货币政策失效的考虑则不仅仅局限于价格型的利率政策，而是通过金融创新与利率管制对数量型和价格型两个方面同时进行刻画，更贴近中国现实。并且，在本专题研究框架下所提出的预期管理不仅适用于利率易受到零下限约束的经济萧条情形，还同时适用于经济过热的情形。

（二）福利损失分析

在脉冲响应分析的基础上，本专题研究借鉴 Ball（1999），进一步使用福利损失分析方法对预期管理的作用进行评估。福利损失函数及其参数设定如下：　$L = \mathrm{var}(Y) +$

$\mu \operatorname{var}(\pi)$ ，$\mu=0.5$。据此可计算得到四种情形下的福利损失，如表 7 所示。

表 7　货币政策有效性的比较

四种货币政策情形	转型前	转型中		转型后
	数量有效（情形 1）	双失效		价格有效（情形 4）
		双失效+无预期管理（情形 2）	双失效+有预期管理（情形 3）	
$\operatorname{var}(Y)$	17.52	33.23	20.27	23.63
$\operatorname{var}(\pi)$	3.97	4.54	2.19	2.33
$L=\operatorname{var}(Y)+0.5\operatorname{var}(\pi)$	19.51	35.50	21.37	24.80

　　数值模拟结果表明，数量型货币政策或者价格型货币政策只要有一个起作用时，全社会的福利损失均大幅低于两者均失效的情形。在数量型货币政策有效的情形下，由产出波动和通胀波动引起的全社会福利损失仅为 19.51，在价格型货币政策有效的情形下福利损失仅为 24.80。相比之下，当经济中的货币政策无法起作用、不能有效平抑经济波动时，经济中的产出波动和通胀波动均会增加：在双失效且无预期管理的情形下，产出波动（33.23）和通胀波动（4.54）均高于数量有效与价格有效时的情形，这也进一步导致双失效情形下社会的福利损失（35.50）远高于数量有效和价格有效时的福利损失。需要说明的是，尽管数值结果表明，数量有效时的福利损失比价格有效时小，但这与当前中国货币政策由数量型转向价格型的改革方向并不矛盾，原因主要有以下两点。第一，数量有效下的福利损失虽然小于价格有效时的福利损失，但其差距并不大，故理论上数量型与价格型货币政策的有效性并无实质性差别。第二，金融创新和利率市场化已是必然趋势，数量型货币政策起作用的环境已经一去不复返，因此现实经济难以重回数量型货币政策有效的情形。

　　更为重要的是，预期管理能够在价格型和数量型货币政策均失效的状况下大幅提高货币政策有效性。如表 7 所示，若在双失效的情况下引入预期管理，通过引导公众预期来干预市场的投资和消费决策，则产出波动和通胀波动都会出现明显下降。预期管理使产出波动由 33.23 下降至 20.27，通胀波动由 4.54 下降至 2.19，全社会福利损失由 35.50 下降至 21.37，福利损失降幅接近 40%。因此，预期管理在价格型与数量型货币政策均不能发挥作用时，能够有效地平抑经济波动，降低全社会福利损失，是一种有效的管理手段。这意味着，在当前货币政策有效性出现明显下降的情况下，中央银行应该重视预期管理。

　　在以上数值模拟实验中，预期管理的反应系数被简单地设定为 1，即对产出和通胀偏离稳态的水平进行一一对应的反应。然而现实中对预期的引导并不可能如此精确，只能把握预期的方向，故本部分将放松反应系数设定为 1，通过改变产出和通胀的反应系数来进一步用福利损失分析方法考察预期管理的有效性。图 3 给出了基于预期管理系数变化的等福利损失曲线图。横轴和纵轴分别为预期管理对产出与通胀的反应系数。图 3 中每一条曲线都是一条等福利损失曲线，在同一曲线上的所有点对应的福利损失大小均相等，且其福利损失即为曲线上所标注的数字。

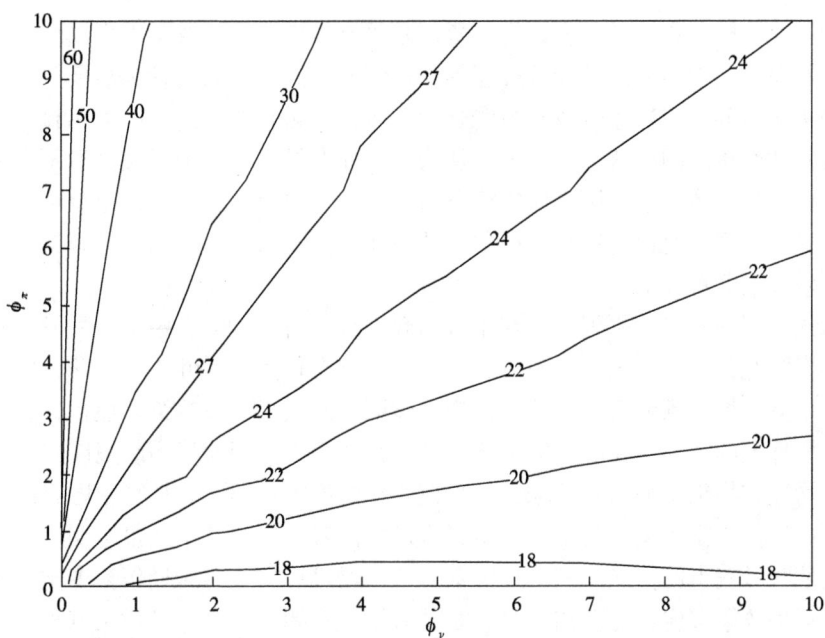

图 3 基于预期管理系数变化的等福利损失曲线图

图 3 表明，预期管理系数的变化在较大范围内都几乎不会改变本专题研究的结论，即预期管理能够在双失效的情况下改善社会福利损失。除了产出反应系数很小且通胀反应系数很大的情形外，在大多数情形下引入预期管理后社会的福利损失相比"双失效+无预期管理"时 35.50 的水平均有不同程度的减小。即使产出和通胀的反应系数均小于 0.2，远小于本专题研究基准情形中的设定，社会的福利损失也仅为 30，明显小于无预期管理时的 35.50。这是因为，尽管预期管理的力度随着反应系数的减小而减弱，但相对于没有预期管理时而言，预期总能在中央银行的管理下得到一定程度的修正，使经济波动更小。另外，当产出和通胀的反应系数同时扩大时，预期管理也较好地将福利损失控制在低位[①]。

六、总结与政策含义

本专题研究在一个标准新凯恩斯模型的基础上刻画了数量型和价格型货币政策的双失效特征，并研究了预期管理在货币政策失效时应对经济波动的能力。研究发现，当货币政策失效时，预期管理能够使产出、消费和投资波动幅度下降 75%~85%，使通货膨胀波动下降近 50%，并能促使经济更快地回归到稳态。同时，福利损失分析表明，在货币政策失效的背景下引入预期管理可以使社会福利损失下降近 40%。

---

① 对于图 3 左上角产出反应系数较小而通胀反应系数较大（或可以理解为通胀反应系数大幅高于产出反应系数）的区域，预期管理反而加大了福利损失，这主要是因为当通胀的反应系数远大于产出的反应系数时，预期管理在应对某些冲击时反而会通过影响通胀预期误差而加剧通胀波动。

　　基于上述分析，本专题研究认为在货币政策有效性下降的背景下中国应尤其重视预期管理。然而，当前中国的预期管理还存在很多不足，市场预期较为混乱。例如，2014年5月中央银行表示对国家开发银行和建设银行进行再贷款，这一政策出台后，市场上形成了两种截然相反的解读。部分人士认为，定向宽松表明中国人民银行不会采取总量宽松的货币政策，体现了中国人民银行坚持稳健货币政策的态度。但也有许多机构和学者认为，尽管中国人民银行反复重申货币政策要保持定力，但定向宽松政策实际上意味着总量宽松政策即将到来。

　　中国预期管理不足的原因主要在于货币政策最终目标过多、中国人民银行与市场沟通的信息不够充分以及中国人民银行的信息披露存在较大滞后性。基于此，中国应着重从以下几个方面加强预期管理。第一，进一步明确并减少货币政策调控目标，这有利于形成理性和稳定的预期。在中国复杂的经济运行环境下，当前货币政策应主要以维持合理的经济增速和物价水平为目标来进行相机抉择的调控。第二，拓宽中国人民银行与市场沟通的途径，丰富中国人民银行与市场沟通的内容，提高货币政策透明度，增加市场在形成预期时可获得的信息。中国人民银行与市场进行沟通的途径包括中国人民银行会议纪要、货币政策报告、记者招待会、官员讲话、新闻发布会、专栏文章和中国人民银行官员学术研究成果等，内容可以包含中国人民银行对未来经济形势的判断、未来货币政策的走势。尤其应注重对货币政策操作进行事前沟通和事后解释，及时公布货币政策相关操作及其意图，避免市场误读。第三，加强中国人民银行的研究能力。较强的研究能力是中国人民银行进行有效预期管理的前提。这是因为，预期管理理论之所以强调中央银行与市场的沟通，就是认为中央银行比市场掌握了更多关于经济运行的信息、对未来经济的走势有更好的判断力。中央银行的这种优势一部分来源于中央银行是政府机构的组成部分，具有信息优势；另一部分则来源于中央银行具有较强的研究能力和专业水平。第四，及时公布重要的货币政策操作及其相关信息，以减少政策滞后性，防止公众误读而产生错误预期。

参 考 文 献

卞志村, 张义. 2012. 央行信息披露、实际干预与通胀预期管理. 经济研究, (12): 15-28.

陈彦斌, 陈小亮, 陈伟泽. 2014. 利率管制与总需求结构失衡. 经济研究, (2): 18-31.

程均丽. 2007. 央行预期管理研究最新进展. 金融研究, (5B): 1-10.

郭豫媚, 陈彦斌. 2015. 中国潜在经济增长率的估算及其政策含义: 1979—2020. 经济学动态, (2): 12-18.

李宏瑾, 钟正生, 李晓嘉. 2010. 利率期限结构、通货膨胀预测与实际利率. 世界经济, (10): 120-138.

李拉亚. 2011. 预期管理理论模式述评. 经济学动态, (7): 113-119.

马文涛. 2014. 预期管理理论的形成、演变与启示. 经济理论与经济管理, (8): 43-57.

彭兴韵. 2008. 加强利率机制在中国货币调控中的作用. 经济学动态, (2): 60-67.

盛松成, 翟春. 2015. 央行与货币供给. 北京: 中国金融出版社.

徐亚平. 2006. 货币政策有效性与货币政策透明制度的兴起. 经济研究, (8): 24-34.

徐亚平. 2009. 公众学习、预期引导与货币政策的有效性. 金融研究, (1): 50-65.

姚余栋, 谭海鸣. 2013. 通胀预期管理和货币政策——基于"新共识"宏观经济模型的分析. 经济研究, (6): 45-57.

Ball L M. 1999. Policy Rules for Open Economies. Chicago：University of Chicago Press.

Barro R J. 1986. Reputation in a model of monetary policy with incomplete information. Journal of Monetary Economics，17（1）：3-20.

Bean C R. 2007. Is there a new consensus in monetary policies//Arestis P. Is There a New Consensus in Macroeconomics. London：Palgrave MacmiLan UK.

Bernanke B S. 2012. The Federal Reverse and the Financial Crisis. Princeton：Princeton University Press.

Campbell J R，Evans C L，Fisher J D，et al. 2012. Macroeconomic effects of federal reserve forward guidance. Brookings Papers on Economic Activity，12（1）：1-80.

Cooper R，Willis J L. 2010. Coordination of expectations in the recent crisis： private actions and policy responses. Economic Review，95（5）：15-39.

Eggertsson G B. 2008. Great expectation and the end of the depression. American Economic Review，98（4）：1476-1516.

Eggertsson G B，Woodford M. 2003. The zero bound on interest rates and optimal monetary policy. Brookings Papers on Economic Activity，34（1）：139-211.

Farmer R E A，Khramov V，Nicolo G. 2015. Solving and estimating indeterminate DSGE models. Journal of Economic Dynamics and Control，54：17-35.

Fernández-Villaverde J，Rubio-Ramirez J. 2007. How structural are structural parameters? National Bureau of Economic Research Working Paper，No. 13166.

Friedman B M，Kuttner K N. 2010. Implementation of monetary policy：how do central banks set interest rates? National Bureau of Economic Research Working Paper，No. 16165.

Justiniano A，Primiceri G E，Tambalotti A. 2010. Investment shocks and business cycles. Journal of Monetary Economics，57（2）：132-145.

Krugman P R. 1998. It's baaack：Japan's slump and the return of the liquidity trap. Brooking Panel on Economic Activity，29（2）：137-206.

Liu L，Zhang W. 2010. A new Keynesian model for analysing monetary policy in Mainland China. Journal of Asian Economics，21（6）：540-551.

McCallum B T. 1988. Robustness properties of a rule for monetary policy. Carnegie-Rochester Conference Series on Public Policy，29：173-204.

Mishkin F S. 2011. Monetary policy strategy：lessons from the crisis. Prepared for the ECB Central Banking Conference.

Morris S，Shin H S. 2002. Social value of public information. American Economic Review，92（5）：1521-1534.

Morris S，Shin H S. 2008. Coordinating expectations in monetary policy//Touffut J P. Central Banks as Economic Institutions. Northampton：Edward Elgar.

Smets F，Wouters R. 2007. Shocks and frictions in US business cycles：a bayesian DSGE approach. American Economic Review，97（3）：586-606.

Woodford M. 1999. Optimal monetary policy inertia. National Bureau of Economic Research Working Paper，No. 7261.

Woodford M. 2003. Interest and Prices：Foundations of a Theory of Monetary Policy. Princeton：Princeton University Press.

Woodford M. 2005. Central bank communication and policy effectiveness. National Bureau of Economic Research Working Paper，No.11898.

专题研究五 "债务—通缩"风险与货币政策财政政策协调[①]

一、引 言

近 20 年来中国已经发生了三轮通缩,第一轮出现在 1998~2002 年,第二轮出现在 2009 年,第三轮是新常态以来出现的,2014~2015 年表现得尤为明显,通缩对中国而言已经不再是罕见事件。新常态以来,在各类价格指数持续走低的同时[②],企业和政府部门的债务日益高企:企业部门杠杆率从 2007 年的 97%升高到 2014 年 123%的历史和国际高位(李扬等,2015);"四万亿"投资计划和 2012 年以来的多轮"微刺激"导致政府债务不断升高。当高债务和通缩并存时,一国将面临"债务—通缩"风险,而美国"大萧条"和日本"大衰退"等国际经验表明"债务—通缩"会给经济体造成严重冲击,因此很有必要研究中国应该如何应对"债务—通缩"风险。

关于"债务—通缩"的应对策略,总体而言有三种观点。第一种观点认为应该重点使用财政政策应对"债务—通缩"。在凯恩斯看来,"大萧条"时期经济处于流动性陷阱之中,货币政策是失效的,需要使用财政政策应对"债务—通缩"。辜朝明(2008)认为"债务—通缩"时经济面临的是资产负债表衰退,企业几乎不存在借贷意愿,即便降到零利率也不会激发企业投资热情,财政政策才是应对"债务—通缩"的有效途径。第二种观点认为应该重点使用货币政策应对"债务—通缩"。Fisher 主张使用货币政策的"再通胀"效应应对"债务—通缩"(Fisher,1932)。Mishkin(2012)对 Fisher 的思路进行了拓展,并强调货币政策可以通过资产负债表的途径发挥效果。而且,Mishkin(2012)认为财政政策时滞较长,导致其效果不如货币政策,因此应该重点使用货币政策应对"债务—通缩"。第三种观点倡导加强货币政策与财政政策协调来应对"债务—通缩"。Bernanke(2003)指出,中央银行购买国债可以为财政政策创造出空间。Krugman(2015)则认为,货币政策与财政政策协调能够更好地恢复公众信心,有效实现再通胀,

---

① 作者:陈小亮,中国社会科学院经济研究所《经济研究》编辑;马啸,美国加利福尼亚大学圣地亚哥分校经济系博士研究生。本专题研究原载于《经济研究》2016 年第 8 期,有改动。

② GDP 平减指数由 2012 年的 9.1%下滑至 2015 年的–0.5%,同期 CPI 由 5.4%下降至 1.4%,PPI 更是由上升 6.0%转为下跌 5.2%。

从而帮助经济摆脱萧条。关于中国"债务—通缩"风险应对策略的相关研究，大致也可以归结到以上三类[①]。

　　货币政策理论的最新发展表明，除了信贷途径，货币政策还可以通过提升资产价格和修复资产负债表等途径发挥效果，所以第一种观点低估了货币政策应对"债务—通缩"的能力。"债务—通缩"比普通衰退持续时间更长，明显超过财政政策时滞，而且财政政策同样可以产生"再通胀"效应，所以第二种观点低估了财政政策应对"债务—通缩"的能力。故而，本专题研究认为应该注重两类政策协调使用从而更有效地应对"债务—通缩"，但是已有文献对此研究得还不够深入。其一，应对"债务—通缩"时货币政策与财政政策的协调机理仍然是个"黑箱"。已有研究主要基于 IS-LM 模型分析二者的配合，并没有结合"债务—通缩"背景深入剖析。其二，相关研究使用的大都是定性分析或实证方法，不仅难以刻画宏观变量之间的相互关系，而且不能定量判断政策协调是否比单独使用某项政策的效果更佳。其三，已有研究通常直接将美国"大萧条"和日本"大衰退"等"债务—通缩"典型案例的经验教训用于中国，而没有考虑中国货币政策转型过程中政策有效性下降以及地方政府债务制约财政政策落实等具体问题，因此很可能药并不对症。

　　为了弥补已有研究的不足，本专题研究构建了含有高债务和通缩特征的 DSGE 模型，并对货币政策和财政政策进行"中国化"修正，研究中国应该如何协调使用两类政策以应对"债务—通缩"风险。本专题研究的结果表明，应对"债务—通缩"时，单独使用货币政策或财政政策都需要很大的政策力度，容易导致政策不可持续。政策协调可以为财政政策创造空间并为货币政策节省空间，提高政策可持续性，使中国更好地应对"债务—通缩"风险。一方面，货币政策的"再通胀"效应有助于减轻政府实际债务负担和融资成本，从而为财政政策创造空间。另一方面，积极财政政策能够扩大总需求从而推高产品价格，这会产生一定的"再通胀"效应，减轻货币政策为实现"再通胀"而需要宽松的力度，从而为货币政策节省空间。

　　本专题研究的主要贡献是，基于所构建的 DSGE 模型明确提出了货币政策与财政政策协调应对"债务—通缩"的核心机理，在一定程度上丰富了"债务—通缩"理论。Bernanke（2003）等研究认为货币政策与财政政策协调应对"债务—通缩"的机理是，中央银行购买国债从而为财政政策创造空间。本专题研究认为这一操作的本质是货币政策财政化，容易出现货币超发现象，从而引发通胀压力并削弱中央银行的独立性，因此不宜使用。本专题研究基于所构建的模型研究发现，政策协调应对"债务—通缩"的核心操作是财政政策与货币政策"双宽松"，为财政政策创造空间并为货币政策节省空间，增强政策可持续性，从而提高一国应对"债务—通缩"的能力。

---

　　① 第一类观点可参见余永定（2015）等研究，第二类观点可参见刘元春等（2016）研究，第三类观点可参见刘哲希等（2016）研究。

二、应对"债务—通缩"的国际经验与启示

美国 1929~1933 年的"大萧条"和日本 20 世纪 90 年代以来的"大衰退"是全世界范围内比较有代表性的"债务—通缩"案例。梳理美国和日本的经验教训,有助于全面把握使用货币政策和财政政策应对"债务—通缩"时应该注意的问题,从而更为深入地研究中国应对"债务—通缩"风险的策略。基于对美国和日本历史资料的分析,并结合相关研究,本专题研究主要得到了三点启发。

(一)应对"债务—通缩"时,货币政策和财政政策都能发挥作用,二者同时发力效果更佳

"大萧条"期间美国表现出典型的"债务—通缩"特征[①]。通胀率从 1930 年的-2.6%降至 1931~1932 年的-10%左右。通缩加重了企业实际债务负担,1929 年企业债务规模为 760.9 亿美元,经过偿还之后名义债务降到了 1932 年的 646.8 亿美元,实际债务反而升至 989.6 亿美元。此外,通缩还推高了融资成本,削弱了企业投资动机,给美国经济带来了沉重打击。为了帮助经济摆脱困境,罗斯福总统实施了一系列新政。就货币政策而言,罗斯福取消金本位制使美元贬值,并成立存款保险制度稳定储户信心,使货币供给量显著增加。1930~1933 年 M1 始终负增长,而 1934 年与 1935 年 M1 增速分别达到了 10.1%和 18.3%。就财政政策而言,罗斯福放弃了平衡预算的理念,加大财政刺激力度,财政支出规模从 1932~1933 年的 46 亿美元左右大幅提升到了 1936 年的 82.3 亿美元。政策刺激之下美国经济明显复苏,到 1937 年基本恢复到"大萧条"前的水平。

虽然已有研究对罗斯福新政中货币政策和财政政策作用效果的大小存在争议,但是大多数文献认为两类政策都起到了一定效果。货币政策方面,Christiano 等(2003)构建 DSGE 模型并进行数值模拟发现,金融改革和宽松货币政策实施之后货币供给量的增加是美国复苏的重要原因,如果 1929 年就采取类似举措,"大萧条"的冲击将会减轻 80%。相比之下,Romer(1992)等研究认为财政政策效果较小,这主要是因为政策力度不够。Eggertsson(2008)则强调,虽然财政政策力度不大,但是与"大萧条"期间的政策定位相比出现了根本性转变,从而给予了公众信心,如果没有财政政策和货币政策的刺激,美国 1937 年的 GDP 将比 1933 年下降 30%而非上升 39%。

为摆脱"大衰退"期间的"债务—通缩"困境,日本出台了多轮刺激政策。货币政策方面,1991 年 7~1995 年 9 月日本中央银行将政策利率从 8%降至 0.5%,1999 年 3 月甚至推出"零利率政策"。财政政策方面,1992 年 8~2000 年 10 月日本先后出台了 9 轮以扩大公共投资为核心的刺激方案,在应对 2008 年金融危机和实施安倍经济学过程中也相继出台了 10 余轮财政刺激方案。不少研究认为,日本虽然出台了高强度的刺激政策,但是仍然没有帮助经济彻底摆脱萧条,因此总需求管理政策治理日本"债务—通缩"的效果不佳。在他们看来,日本存在的金融系统老化和企业制度僵化等制度性

---

① 美国"大萧条"时期的实际利率数据根据 Mankiw(2009)计算得到,债务数据引自 Fisher(1932)。

问题才是症结所在。日本的确存在比较严重的制度性问题，但是泡沫经济破灭后的大多数年份里产出缺口为负（Nishizaki et al.，2014），因此仍然有必要借助总需求管理稳增长。事实也表明，每当出台刺激政策的时候，经济都会好转，两类政策同时发力效果尤为明显[①]。

（二）政策可持续性对一国治理"债务—通缩"的效果起着决定性作用

美国在应对"大萧条"时并不是一帆风顺的，由于货币政策和财政政策过早转向，美国经济在1937年和1938年再度衰退。货币政策方面，美联储从1936年下半年到1937年上半年三次提高存款准备金率，准备金率几乎翻倍。财政政策方面，联邦政府大幅缩减开支并提高针对于富裕人群和大公司的税率，财政赤字从1936年的43亿美元降至1938年的不足5亿美元。在经济尚未完全复苏尤其是处于零利率陷阱的情况下，公众信心较为脆弱，政策转向打击了公众的信心，再次引发了通缩预期，导致经济出现了二次衰退。直到罗斯福总统重启积极财政政策和宽松货币政策之后，美国的经济才真正摆脱了"大萧条"。

日本在应对"债务—通缩"时也曾多次出现政策不可持续的情况。其一，1995~1996年经济复苏之后，由于政府债务负担过重，日本于1997年开始财政重建，压缩财政支出并将消费税率从3%提高到5%，对居民消费造成了不小打击。政策转向导致初见好转的经济急转直下，1998年经济增速跌至−2%，这是日本泡沫经济破灭之后首次出现负增长。其二，1999~2000年的刺激政策收到成效后，日本中央银行于2000年8月将政策利率从0.03%提高到0.25%，再度打击了市场信心。其三，安倍经济学短期内取得了显著成效，但是由于政府债务负担过重，财政政策不可持续，安倍政府2014年4月将消费税率从5%提高到8%，再次将刚刚好转的经济压了下去。

（三）加强政策协调可能会增强政策可持续性，从而提高一国应对"债务—通缩"的能力

已有研究普遍认为"债务—通缩"比普通萧条的持续时间更长、危害更大，因此政策力度要大，而且持续时间要足够长（Krugman，1998；辜朝明，2008），但是，它们大都没有考虑各国是否有足够的政策空间，即没有考虑政策的可持续性。而美国、日本的经验则表明，"债务—通缩"时期尤其是利率水平较低时，公众的信心比较脆弱，预期很容易改变，因此保持政策可持续性非常重要。

那么怎样才能提高政策的可持续性呢？理论上主要有两条途径，一是拓宽政策空间，二是减小实现既定调控目标所需的政策力度以节省政策空间。考虑到美国和日本在治理"债务—通缩"时，货币政策和财政政策同时发力的效果更佳，本专题研究认为政策

---

① 例如，在多轮财政刺激和货币政策宽松之后，经济增速从1993年的0.2%快速恢复到了1995的1.9%和1996年的2.6%。又如，安倍经济学第一支箭（松财政）和第二支箭（宽货币）落地之后，日本经济增速从2011年的−0.5%大幅升高到了2013年的1.6%。

协调（双宽松）可能会通过上述两条途径来提高政策可持续性。对于前者，"再通胀"不仅能够降低企业的债务负担和融资成本，而且能够减轻政府的实际债务负担，政府就可以把原本用来偿债的资金用于加大财政政策力度，这相当于拓宽了财政政策的空间。对于后者，积极财政政策直接增加了总需求，有助于减缓产品价格的下滑态势，这同样会产生一定的"再通胀"效果，为了实现"再通胀"所需要的货币政策力度也就随之减小，这相当于节省了货币政策的空间。本专题研究的核心任务就是验证上述机制是否存在，进而给出中国应对"债务—通缩"风险的最优政策组合。

三、基准模型构建

本专题研究将基于 Schmitt-Grohe 和 Uribe（2005）等研究政策协调的一般性文献，构建含有高债务和通缩特征的 DSGE 模型，试图研究货币政策和财政政策协调是否能够提高政策可持续性，从而提高中国应对"债务—通缩"的能力。本专题研究秉持"大宏观"理念[①]，对已有模型进行了两方面拓展，以确保模型对中国问题有足够的解释能力。第一，借助于融资约束和预算软约束刻画出中国企业部门债务主要集中在国企的特点，并借助于偏好冲击模拟出通缩现象，从而得到高债务和通缩并存的模型经济。第二，将货币政策和财政政策进行"中国化"修正。货币政策方面，同时引入利率和存款准备金率两类工具，以体现中国价格型和数量型货币政策工具并存的特点。财政政策方面，与 Schmitt-Grohe 和 Uribe（2005）等将财政支出外生化的常见做法不同，本专题研究将财政支出内生化，以反映中国的政府部门擅长使用财政政策稳增长的特点。

（一）家庭偏好和预算约束

假设模型经济中的代表性家庭存在数量标准化为 1 且无限期存活的工人，他们通过提供劳动获得工资收入。代表性家庭中比例为 υ 的工人向国企提供劳动，剩余 $1-\upsilon$ 的工人向非国企提供劳动。家庭能够借助银行存款实现跨期平滑消费，而且存款本身也可带来效用。采用与 Fernandez-Villaverde 和 Rubio-Ramirez（2006）类似的效用函数，将家庭最优化问题表示为

$$v_w(d_{t-1}) = \max_{\{c_t, d_t, l_{1,t}, l_{2,t}\}} \left[o_t \log(c_t) + \eta \log(d_t) - \upsilon \psi_1 l_{1,t}^{1+\gamma} / (1+\gamma) - (1-\upsilon)\psi_2 l_{2,t}^{1+\gamma} / (1+\gamma) + \beta E v_w(d_t) \right]$$

（1）

$$\text{s.t.} \quad d_t / R_t^b + c_t \leq d_{t-1} / \pi_t + \upsilon w_{1,t} l_{1,t} + (1-\upsilon) w_{2,t} l_{2,t}$$

其中，c_t 表示消费；d 表示存款，假设存款和贷款的期限均为 1 期，因此 d_t 表示第 $t+1$ 期到期的存款；$\upsilon l_{1,t}$ 和 $(1-\upsilon)l_{2,t}$ 表示代表性家庭向国企与非国企提供的劳动量；$w_{1,t}$ 和

[①] "大宏观"理念是陈彦斌教授在 2015 年 11 月举办的首届"大宏观·全国论坛"上首次提出的。现代宏观经济理论与模型对金融、产业和贫富差距等要素的刻画不够全面，在解释中国宏观问题时具有一定的局限性。为此，陈彦斌教授提出了"大宏观"理念，倡导创新宏观经济学研究范式，构建更加贴近中国实际的宏观模型，以破解理论与中国宏观经济重大问题脱节的时代性难题。

$w_{2,t}$ 为国企与非国企提供的工资水平；π_t 表示通胀率；$R_t^b = 1 + i_t^b$，i_t^b 为银行存款利率；β 为时间贴现因子；γ 为 Frisch 劳动供给弹性的倒数；η、ψ_1 和 ψ_2 分别为与存款效用与劳动供给效用相关的参数。

o_t 表示偏好冲击。Eggertsson（2008）总结关于美国"大萧条"的相关研究发现，偏好冲击以外的其他类型冲击都无法同时产生"大萧条"期间价格水平下降和产出下滑等特征。鉴于此，本专题研究引入偏好冲击 o_t 来刻画通缩特征。o_t 服从 AR（1）过程 $\log(o_t) = \rho_o \log(o_{t-1}) + v_{o,t}$，其中 $v_{o,t}$ 是均值为 0、标准差为 σ_o 的正态分布。

（二）两部门的生产技术

与陈彦斌等（2014）类似，假设模型经济中的生产部门由国企和非国企组成，两类企业均由标准化为 1 的代表性企业家经营。企业家使用前期积累的资本存量以及雇佣的劳动进行生产，生产函数为 C-D 形式。两类企业生产的产品被称为中间品，提供给零售商用来生产最终品。企业家需要为经营收入支付一定的税收，税后收入用于消费和投资，其目标是最大化终身效用的贴现值。可以将国有部门企业家的最优化问题表示成如下递归形式：

$$v_s(k_{s,t-1}, \text{loan}_{s,t-1}, I_{s,t-1}) = \max_{\{c_{s,t}, I_{s,t}, \text{loan}_{s,t}, l_{1,t}\}} [\log(c_{s,t}) + \beta E v_s(k_{s,t}, \text{loan}_{s,t}, I_{s,t})] \quad （2）$$

$$\text{s.t.} \quad c_{s,t} + \text{loan}_{s,t-1}/\pi_t + I_{s,t} \leqslant \text{loan}_{s,t}/R_t^s + [(1-\tau)/\chi_t] z_t A_s k_{s,t-1}^{\alpha_s} (\mu^t \upsilon l_{1,t})^{1-\alpha_s} - w_{1,t} \upsilon l_{1,t}$$

$$u_t \{1 - S[I_{s,t}/(\mu I_{s,t-1})]\} I_{s,t} = k_{s,t} - (1-\delta)k_{s,t-1}$$

其中，下标 S 表示国有企业；$k_{s,t}$ 表示资本存量；$\text{loan}_{s,t}$ 表示贷款余额；$I_{s,t}$ 和 $c_{s,t}$ 表示企业家的投资与消费，第一个约束条件是预算约束；$R_t^s = 1 + i_t^s$，i_t^s 表示国企负担的贷款利率；τ 表示税率；χ_t 为零售商的产品加成比例；A_s 表示国企的生产率；μ 表示单个工人生产技术的增长率；α_s 表示国企的资本收入份额。假设国企面临融资约束，参考 Kiyotaki 和 Moore（1997）将资本品作为抵押以防范道德风险，且融资约束满足 $E[\text{loan}_{s,t}/\pi_{t+1}] = \lambda_s k_{s,t}$[①]，其中 $\text{loan}_{s,t}/\pi_{t+1}$ 为第 $t+1$ 期的实际债务，λ_s 为国企资产负债率。第二个约束条件是资本调整方程，其中 δ 表示资本折旧率，投资的调整成本 $S[I_{s,t}/(\mu I_{s,t-1})] = \kappa[1 - I_{s,t}/(\mu I_{s,t-1})]^2/2$，$\kappa$ 表示投资调整成本参数，稳态时 $S(1) = 0$。

z_t 和 u_t 分别表示生产技术冲击与投资技术冲击，引入两种冲击是为了给下文校准过程中的贝叶斯估计提供便利，这与 Ireland（2004）等的做法类似。z_t 服从 AR（1）过程 $\log(z_t) = \rho_z \log(z_{t-1}) + v_{z,t}$，其中 $v_{z,t}$ 是均值为 0、标准差为 σ_z 的正态分布。u_t 服从 AR（1）过程 $\log(u_t) = \rho_u \log(u_{t-1}) + v_{u,t}$，其中 $v_{u,t}$ 是均值为 0、标准差为 σ_u 的正态分布。

非国企企业家的最优化问题可以写成与国企企业家类似的形式：

---

① 稳态附近国企与非国企的资本回报率均高于实际利率，故融资约束以等式形式成立。

$$v_f(k_{f,t-1}, \text{loan}_{f,t-1}, I_{f,t-1}) = \max_{\{c_{f,t}, I_{f,t}, \text{loan}_{f,t}, l_{2,t}\}} [\log(c_{f,t}) + \beta E v_f(k_{f,t}, \text{loan}_{f,t}, I_{f,t})] \quad （3）$$

$$\text{s.t.} \quad c_{f,t} + \text{loan}_{f,t-1} / \pi_t + I_{f,t} \leq \text{loan}_{f,t} / R_t^f + [(1-\tau)/\chi_t] z_t A_f k_{f,t-1}^{\alpha_f} (\mu^t(1-\upsilon) l_{2,t})^{1-\alpha_f} - (1-\upsilon) w_{2,t} l_{2,t}$$

$$u_t\{1 - S[I_{f,t} / (\mu I_{f,t-1})]\} I_{f,t} = k_{f,t} - (1-\delta) k_{f,t-1}$$

其中，下标 f 表示非国企，以便与国企进行区分，不过相关变量所代表的含义是相同的。$R_t^f = 1 + i_t^f$，i_t^f 表示非国企承担的贷款利率。非国企融资约束为 $E[\text{loan}_{f,t} / \pi_{t+1}] = \lambda_f k_{f,t}$，$\lambda_f$ 表示非国企的资产负债率。非国企与国企主要有如下几点不同。其一，非国企在激励机制和管理制度等方面具有优势，生产效率高于国企，即 $A_f > A_s$。其二，国企具有资本密集型特征，非国企具有劳动密集型特征，即 $\alpha_s > \alpha_f$。其三，预算软约束和政府隐性担保使国企比非国企容易获得贷款，因此国企资产负债率更高，即 $\lambda_s > \lambda_f$。其四，非国企存在信息不透明、抵押物不充分等问题，因此贷款利率要高于国企，即 $i_t^f > i_t^s$。国企所具有的融资成本偏低和容易获得贷款的优势导致其债务负担高于非国企，由此便可以刻画出中国企业部门高债务主要集中在国企的特征。

（三）零售商

与 Bernanke 等（1999）的经典设定相同，本专题研究引入垄断竞争的零售商以生成价格黏性。假设经济体中存在数量标准化为 1 的连续零售商，其利润全部用于消费。每家零售商能够将国企或非国企的 1 单位中间品转化为 1 单位差异化的最终品并出售。家庭、企业家和政府对最终品的偏好遵从 Dixit-Stiglitz 形式，即最终品以 $y_t = \left(\int y_t(i)^{(\varepsilon-1)/\varepsilon} di\right)^{\varepsilon/(\varepsilon-1)}$ 的形式被用于消费、投资或政府购买，其中 ε 表示最终品间的替代弹性。在垄断竞争市场上，每家零售商都有一定的定价权，假定其定价行为遵循 Calvo 定价，每期 $1-\theta$ 比例的零售商能够定价，其余则按照稳态通胀率 π 调整价格。假设第 i 家零售商在第 t 期能够进行定价，其目标是借助定价权实现贴现利润最大化：

$$\max_{p_t^*(i)} \sum_{j=0}^{\infty} \theta^j Q_{t,t+j} E_t \left\{ [\pi^j p_t^*(i) / p_{t+j}] y_{t+j|t}(i) - (1/\chi_{t+j}) y_{t+j|t}(i) \right\} \quad （4）$$

其中，$Q_{t,t+j}$ 表示第 $t+j$ 期相对于第 t 期的随机贴现因子[①]，$y_{t+j|t}$ 表示给定第 t 期定价后第 $t+j$ 期的需求水平；$p_t^*(i)$ 表示零售商所制定的最优价格水平；χ_t 表示产品成本加成比例。

（四）银行部门

借鉴罗时空和龚六堂（2013）以及林仁文和杨熠（2014）等文献的做法，假设存在数量标准化为 1 的代表性银行，银行吸收家庭的存款，将其中一部分以法定存款准备金的形式交给中央银行保管，剩余部分则贷款给企业或购买国债。如果中央银行降息，商

---

① 求解模型时，假定零售商的随机贴现因子和家庭的随机贴现因子相同。

业银行获得资金的成本降低，其发放贷款的成本也会降低。如果中央银行降准，商业银行可以把存款中更大比例的资金用于发放贷款。

假设商业银行存款利率为 $R_t^b = R^b \left(R_t^d / R^d \right)^{\zeta}$，其中 R_t^d 表示中央银行的存款基准利率，R^b 和 R^d 代表变量稳态值，R_t^d / R^d 反映了存款基准利率的调整幅度。随着利率市场化的推进，中央银行存款基准利率对商业银行存款利率的引导作用逐渐减弱，因此引入参数 ζ 反映政策利率对商业银行存款利率的引导能力。将上式在稳态附近对数线性化得到 $R_t^b - R^b \approx \zeta \left(R_t^d - R^d \right)$，能够更直观地理解 ζ 的政策含义。关于商业银行的贷款利率，假设对国企的贷款利率由基准利率 R_t^l 决定，即 $R_t^s = R_t^l$。对非国企的贷款利率 R_t^f 则由对应信贷市场的资金供求决定，其中资金供给是银行存款扣除准备金、购买国债和向国企贷款之后剩余的部分，资金需求是非国企对资金的需求总额。基于上述设定，银行部门的资金约束可以写为

$$[(1-rr) + \xi(rr - rr_t)](d_t / R_t^b) = b_t / R_t^b + loan_{s,t} / R_t^s + loan_{f,t} / R_t^f \tag{5}$$

其中，rr_t 表示法定存款准备金率；rr 表示稳态时的存款准备金率；b_t 表示国债。为简化模型，假设国债利率与银行存款利率相等。ξ 反映降准释放流动性中进入实体经济的比例，$0 < \xi < 1$，ξ 越大表示降准后释放的资金中流向实体经济的比例越高。

假设均衡状态下银行的收益恰好能够支付坏账损失和工资开销等所有的运营成本：

$$b_t + loan_{s,t} + loan_{f,t} + rr_t d_t / R_t^b = (1+\omega)\left[1 + (1-\xi)(rr_t - rr)\right]d_t \tag{6}$$

式（6）等号左边是银行贷款和国债的到期收益以及法定存款准备金，等号右边是银行的运营成本和到期支付的存款，其中 ω 表示银行业的总资产收益率，$1 + (1-\xi)(rr_t - rr)$ 表示流入实体经济或者用于支付法定存款准备金的存款比例。

（五）货币政策与财政政策的规则和目标

基于上述设定，模型中政府部门的预算方程可以表示为

$$g_{t-1} + \frac{b_{t-1}}{\pi_t} = \frac{b_t}{R_t^b} + \frac{\tau z_t \left\{ A_s k_{s,t-1}^{\alpha_s} \left(\mu^l \upsilon l_{1,t} \right)^{1-\alpha_s} + A_f k_{f,t-1}^{\alpha_f} \left[\mu^l (1-\upsilon) l_{2,t} \right]^{1-\alpha_f} \right\}}{\chi_t} + \left[rr_t \frac{d_t}{R_t^b} - rr_{t-1} \frac{d_{t-1}}{\pi_t R_{t-1}^b} \right] \tag{7}$$

式（7）等号左端分别为政府财政支出和偿还上期债务的支出，等号右端依次为本期新发国债的实际收入、税费收入和银行部门法定存款准备金的增量。有两点需要说明：其一，根据规定，商业银行的法定存款准备金存储在中央银行，为简化处理和保证最终产品市场出清，假定增加的准备金全部转移给中央银行用于购买国债，因此可视为铸币税。其二，本专题研究将财政支出内生化。中国政府属于典型的"增长主义政府"，当经济增速下滑时，各级政府能够及时采取大规模财政刺激稳增长，但这会导致政府债务规模不断加重，2009 年"四万亿"投资计划的实施就反映了这一问题。将财政支出内生化便可以基于稳增长的视角，深入研究积极财政政策对产出和政府债务的影响。

模型经济中，政策变量包括财政支出、存款基准利率、贷款基准利率和法定存款准备金率。根据已有研究，良好的政策规则不仅要使模型经济在稳态附近存在唯一均衡解，

而且要具有现实可操作性，即政策规则是可观测变量的反应函数。接下来，本专题研究遵循这两个条件设定政策规则。

货币政策规则方面，考虑到中央银行对存贷款基准利率的调整通常采取对称性操作，本专题研究将存贷款基准利率的调整幅度设置为相等。借鉴经典文献的做法，将利率规则和法定存款准备金率规则设定为通胀缺口和产出缺口的反应函数：

$$R_t^d / R^d = R_t^l / R^l = (\pi_t / \pi)^{\varphi_{1,\pi}} (y_t / y)^{\varphi_{1,y}} , \quad \text{rr}_t / \text{rr} = (\pi_t / \pi)^{\varphi_{2,\pi}} (y_t / y)^{\varphi_{2,y}} \qquad （8）$$

其中，y、R^d、R^l 分别表示稳态时的产出和存贷款基准利率；$\varphi_{1,\pi}$ 和 $\varphi_{1,y}$ 分别表示基准利率对通胀与产出缺口的反应系数；$\varphi_{2,\pi}$ 和 $\varphi_{2,y}$ 分别表示存款准备金率对通胀与产出缺口的反应系数。

财政政策规则方面，本专题研究将财政支出作为政府债务和产出缺口的反应函数。理论上讲，虽然政府能够采取逆周期财政政策稳定经济，但是为了维持长期财政收支平衡，财政政策空间会受到现期债务规模的约束。具体到中国，"四万亿"投资计划实施后，地方政府债务快速积累，极大地限制了地方政府落实中央积极财政政策的能力。据此，本专题研究将财政政策规则设定为如下形式：

$$\text{gov}_t / \text{gov} = (b_t / b)^{\phi_{1,b}} (y_t / y)^{\phi_{1,y}} \qquad （9）$$

其中，$\text{gov}_t = g_t / Ey_{t+1}$ 表示下一期财政支出占政府产出目标的比重，以反映中国政府事先根据产出目标安排财政支出预算的事实；gov 和 b 分别表示稳态时财政支出占产出的比重与政府债务规模；$\phi_{1,b}$ 和 $\phi_{1,y}$ 分别表示财政政策对政府债务与产出缺口的反应系数。

基于上述货币政策和财政政策规则，就可以对不同类型的货币政策与财政政策之间的相互协调开展理论研究和数值模拟实验。与 Schmitt-Grohe 和 Uribe（2005）等文献相同，假定在每一类货币政策和财政政策的组合下，政府都会选择最优的政策规则系数以达到最佳调控效果。国内大量研究表明，中国各级政府的主要政策目标是稳增长，货币政策在很大程度上是配合财政政策稳增长。因此，假设"债务—通缩"背景下政府的政策目标是产出最大化[①]。

（六）市场均衡条件

市场均衡要求在给定的政策序列 $\{R_t^l, R_t^d, rr_t, g_t\}_{t=0}^{\infty}$ 和初始条件下，存在价格向量 $\{p_t, w_{1,t}, w_{2,t}, R_t^s, R_t^f, R_t^b\}_{t=0}^{\infty}$，使家庭部门最优解 $\{c_t, d_t^S, l_{1,t}^S, l_{2,t}^S\}_{t=0}^{\infty}$（上标 D 表示需求，S 表示供给）、国企企业家最优解 $\{c_{s,t}, I_{s,t}, \text{loan}_{s,t}^D, l_{1,t}^D\}_{t=0}^{\infty}$、非国企企业家最优解 $\{c_{f,t}, I_{f,t}, \text{loan}_{f,t}^D, l_{2,t}^D\}_{t=0}^{\infty}$、零售商最优解 $\{y_t(i), p_t(i)\}_{t=0}^{\infty}$、银行部门最优解 $\{d_t^D, \text{loan}_{s,t}^S, \text{loan}_{f,t}^S, b_t^S\}_{t=0}^{\infty}$ 和政府债券需求量 $\{b_r^D\}_{t=0}^{\infty}$ 满足：劳动力市场、中间品市场、最终品市场、银行存贷款市场和政府债券市场分别出清。

---

① 在偏好冲击生成需求下降和通缩特征的情况下，这一政策目标等同于产出缺口最小化。

四、参数校准和模型求解

（一）参数校准依据和校准结果

模型需要校准的参数分为两类。一类是与稳态相关的参数，在计算出模型稳态的基础上，利用已有研究或可观测变量的矩条件进行校准。另一类是与转移动态相关的参数，使用贝叶斯估计进行校准。两类参数校准时均使用 2000 年第一季度至 2014 年第四季度的数据，因此模型经济中的 1 期代表现实中的一个季度。如无特别说明，相关数据均引自《中国统计年鉴》和国家统计局网站。

企业部门与稳态相关参数的校准。第一，参考 Song 等（2011）令时间贴现因子 $\beta = 0.99$，参考 Fernandez-Villaverde（2010）令资本折旧率 $\delta = 0.025$，借鉴文献普遍做法令零售商的替代弹性 $\varepsilon = 10$。第二，分别计算工业企业中国企和非国企的资产负债率平均值，得到 $\lambda_s = 0.65$、$\lambda_f = 0.4$。第三，对于资本产出份额 α_s 和 α_f，引用林仁文和杨熠（2014）的估算结果，令 $\alpha_s = 0.6$、$\alpha_f = 0.45$。第四，企业生产率参数在稳态时满足 $A_f / A_s = [y_s k_s^{\alpha_s} (\upsilon l_1)^{1-\alpha_s}] / [y_s k_f^{\alpha_f} ((1-\upsilon) l_2)^{1-\alpha_f}]$。不失一般性，将 A_s 标准化为 1，由于稳态时资本和劳动由模型内生决定，所以校准 A_f 的关键是求得产出比 y_s / y_f。引用罗时空和龚六堂（2013）的研究结果计算 y_s / y_f 之后，可以得到 $A_f = 1.31$。第五，将郭豫媚和陈彦斌（2015）的增长核算结果转化为季度数据，得到技术增长率 $\mu = 1.01$。第六，使用非金融企业生产税和收入税之和占增加值的比重计算得到企业税率 $\tau = 0.25$。

银行部门与稳态相关参数的校准。第一，将 1 年期存贷款基准利率、商业银行存款利率、法定存款准备金率、通货膨胀率分别取校准时间段内的平均值并调整为季度水平，得到 $R^d = 1.007$、$R^l = 1.015$、$R^b = 1.007$、$\mathrm{rr} = 0.15$、$\pi = 1.005$。第二，林仁文和杨熠（2014）计算得出银行业的总资产收益率为 2.5%，进行季度调整后即可得到 $\omega = 0.006$。

家庭部门与稳态相关参数的校准。第一，利用 2008 年和 2013 年经济普查数据校准得到国企雇佣工人占比 $\upsilon = 0.2$。第二，存款偏好参数在稳态时满足 $\eta = (\mu / R^d - \beta / \pi) / (c / d)$。利用上文校准得到的企业资产负债率、模型内生得到的资本以及李扬等（2015）估算的政府债务数据计算出稳态存款规模 d，再将之与式（1）得到的消费 c 代入 η 的表达式，可得 $\eta = 0.56$。第三，关于劳动效用参数 ψ_1 和 ψ_2，模型稳态时满足 $\upsilon \psi_1 l_1^{\gamma+1} = (1-\alpha_s) y_s / c$ 和 $(1-\upsilon) \psi_2 l_2^{\gamma+1} = (1-\alpha_f) y_f / c$。林细细和龚六堂（2007）等估算出劳动投入 $l_1 = l_2 = 0.24$，据此可以校准得到 $\psi_1 - 22.29$、$\psi_2 - 7.66$。第四，已有研究大都将 Frisch 劳动供给弹性取为 2，进行季度调整之后得到 $\gamma = 0.5$。

与转移动态相关参数的校准。本专题研究首先对人均 GDP、人均投资、人均消费和 CPI 进行季节调整，然后利用 HP 滤波去趋势以分离出这些变量时间序列中的经济周期部分，再使用贝叶斯估计得到相关参数①。进行贝叶斯估计时，需要明确校准数据所处时期内使用的政策规则，本专题研究进行如下处理。第一，由于缺乏政府债务的季度数据，故而将政府财政支出占 GDP 的比重设置在稳态水平，即有 $\phi_{1,b} = \phi_{1,y} = 0$。第二，除了稳增长，过去很长时期内中央银行调整存款准备金率的一个重要目的是对冲外汇占款，因此难以精确估计稳增长所采用的存款准备金率规则。为便于分析，将存款准备金率设置在稳态水平，即有 $\varphi_{2,\pi} = \varphi_{2,y} = 0$。第三，以经典的 Taylor 规则作为先验分布进行贝叶斯估计，并通过迭代得到后验分布，估计结果显示，$\varphi_{1,\pi}$、$\varphi_{1,y}$ 的估计值与张岐山和张代强（2007）等相近。与转移动态相关参数的校准结果参见表 1。

表 1　基准模型中与转移动态相关参数的贝叶斯估计结果

参数	变量含义	先验分布			后验分布	
		分布类型	均值	标准差	均值	90%置信区间
ρ_o	家庭偏好冲击自回归系数	B	0.55	0.1	0.967	[0.967, 0.967]
ρ_z	生产技术冲击自回归系数	B	0.5	0.2	0.924	[0.923, 0.926]
ρ_u	投资技术冲击自回归系数	B	0.5	0.2	0.982	[0.981, 0.983]
σ_o	家庭偏好冲击标准差	I	0.01	0.1	0.009	[0.002, 0.016]
σ_z	生产技术冲击标准差	I	0.01	0.1	0.007	[0.003, 0.012]
σ_u	投资技术冲击标准差	I	0.01	0.1	0.007	[0.003, 0.012]
θ	Calvo 定价参数	B	0.55	0.05	0.828	[0.828, 0.828]
κ	投资调整成本参数	G	9.5	1	4.510	[4.450, 4.581]
$\varphi_{1,\pi}$	利率对通胀缺口反应系数	N	1.5	0.1	1.089	[1.086, 1.091]
$\varphi_{1,y}$	利率对产出缺口反应系数	N	0.3	0.1	0.112	[0.111, 0.112]

注：N 代表正态分布，B 代表 Beta 分布，G 代表 Gamma 分布，I 代表逆 Gamma 分布

（二）模型求解及其适用性分析

本专题研究采用标准的 DSGE 解法求解模型，首先利用一阶条件和资源约束条件求解稳态，其次在稳态附近对数线性化以求解模型的转移动态。通过对比模型经济和现实经济的可观测变量矩条件，可以发现模型适用性较好。其一，稳态时最终消费、政府消费、投资率与财政赤字占 GDP 的比重分别为 59.7%、13.3%、40.3% 和 2.1%，与现实经济中的 54.0%、14.2%、42.1% 和 1.5% 较为接近。其二，模型中企业债务占 GDP 的比重为 110.6%（其中 70.9% 集中在国企），政府债务占 GDP 的比重为 62.5%，与中国企业和政府的债务特征一致。其三，稳态时国企的贷款利率约为 6%，非国企的贷款利率约为 10%，与非国企融资成本明显高于国企的典型事实相符。

---

① θ 的后验分布均值约为 0.83，对应的价格调整周期在 6 个季度左右，κ 的后验分布均值为 4.5，二者的取值范围与文献保持一致。

通过基准模型可以考察引入偏好冲击后,在不加大政策力度时模型经济的走势。数值模拟结果表明,偏好冲击将引发 0.83 百分点的通缩(图 1)。正如"债务—通缩"理论所述,高债务背景下,通缩会对企业产生多方面冲击:压低产品价格,从而压缩企业利润空间;抬高实际利率,从而推高企业融资成本;加剧实际债务负担,从而恶化企业资产负债表。这些因素共同抑制企业的投资需求,导致经济衰退。与稳态相比,国企投资下滑 14.1%,非国企投资下滑 30.6%,进而使实际产出减少 6.1 百分点。而且,当通缩来临时,即使政府不加大财政政策力度,政府实际债务负担也会加重(基准模型中政府债务占 GDP 比重将会比稳态时提高 4.5 百分点左右),再加上实际利率上升推高了融资成本,政府推动经济增长的能力将会被削弱。如果遭遇更大的冲击,经济将会陷入更严重的"债务—通缩"恶性循环。

五、政策实验和数值模拟分析

受国际经验的启发,如果将货币政策与财政政策协调使用,可能会增强政策的可持续性,从而提高中国应对"债务—通缩"的能力。为了验证这一猜想,并考察背后的作用机理,本专题研究基于所构建的 DSGE 模型开展政策实验:首先将基准情形与单独采用财政政策或货币政策应对"债务—通缩"的情形进行对比,以考察单独使用一类政策的利弊;其次将单独采用财政政策或货币政策的情形(单一宽松)与政策协调的情形(双宽松)进行对比,以考察政策协调能够带来的益处大小及其作用机理。相关政策实验方案设定和政策反应系数取值见表 2。

表 2　不同政策实验的方案及政策反应系数设定

政策方案	政策内容	政策反应系数		
		财政支出 $(\phi_{1,b}, \phi_{1,y})$	降息 $(\varphi_{1,\pi}, \varphi_{1,y})$	降准 $(\varphi_{2,\pi}, \varphi_{2,y})$
基准情形	财政支出增速、利率、准备金率均保持不变	(0, 0)	(0, 0.02)	(0, 0)
积极财政政策	增加财政支出	(0, −1)	(0, 0.02)	(0, 0)
宽松货币政策	降息	(0, 0)	(1.5, 0.5)	(0, 0)
	降准	(−0.05, 0)	(0, 0)	(0, 20)
	降息+降准	(−0.15, 0)	(0, 0.5)	(0, 20)
积极财政政策宽松货币政策	增加财政支出+降息	(0, −3.2)	(1.5, 0.5)	(0, 0)
	增加财政支出+降准	(−1, −4)	(0, 0)	(0, 20)
	增加财政支出+降息+降准	(−1, −4)	(0, 0.5)	(0, 20)

注:原则上只采取积极财政政策(货币政策)时,货币政策(财政政策)反应系数应该为 0。然而,解的唯一性需要 Blanchard-Kahn 条件得到满足,即模型中前瞻性变量的个数需要等于导致模型发散的特征值的个数。为此,本专题研究对部分反应系数进行了小幅调整以保证 Blanchard-Kahn 条件在所有政策实验均得到满足

(一)单独增加财政支出应对"债务—通缩"风险的效果

如果不改变货币政策力度,单独通过增加财政支出应对"债务—通缩",那么当政

府执行最优财政政策规则时，需要将赤字率提高 0.5 百分点（图 1）。一方面，财政支出的增加直接意味着总需求的增加，从而带来产出的增加。另一方面，总需求的增加会使产品价格下跌的态势有所缓解，通胀率将由基准情形下的-0.83%提升到-0.07%，这会减轻企业实际债务负担并降低融资成本，激励企业扩大投资。从图 1 可以看出，财政政策刺激之下国企和非国企投资的下降幅度与基准情形相比明显收窄。积极财政政策将通过上述两条机制减缓需求冲击给经济体造成的波动，使总产出水平下跌幅度缩小 2/3。这充分体现了中国财政政策在稳增长方面的成效，也说明余永定（2015）等倡导使用积极财政政策应对"债务—通缩"的观点有其合理性。

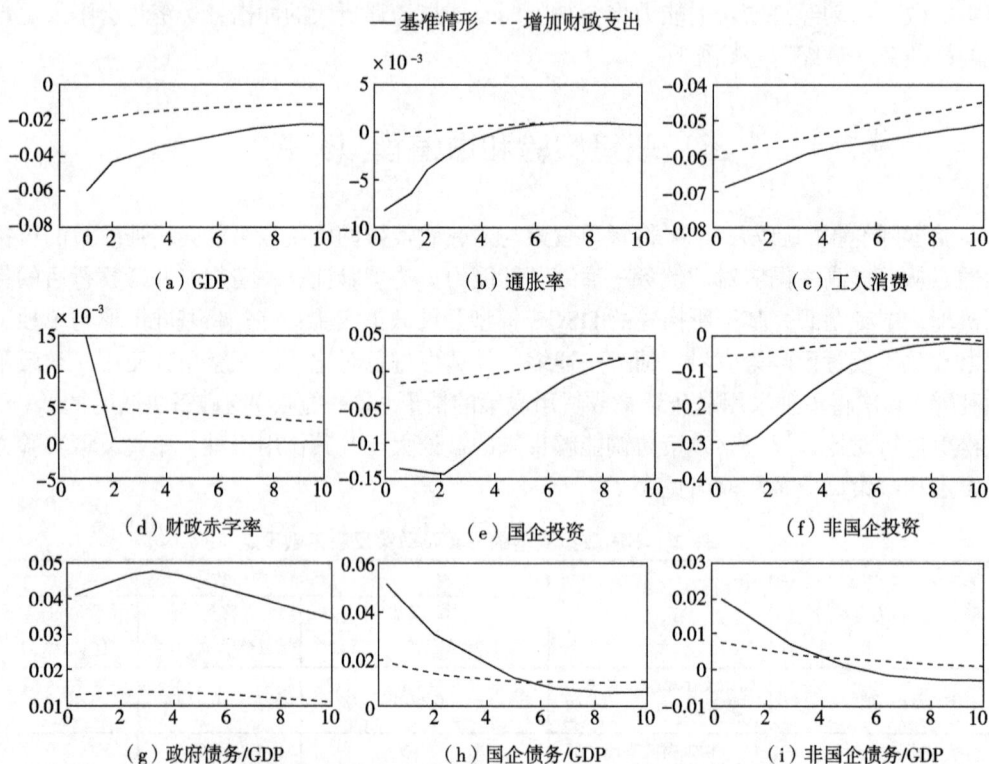

图 1　单独使用财政政策应对"债务—通缩"的效果及其与基准情形的对比

横轴表示模型中的期数，纵轴表示每一期变量的实际水平偏离其稳态水平的百分比

　　不过，在政府债务尤其是地方政府债务不断加剧的情况下，积极财政政策越来越难以落实。近年来中国财政政策的定位一直是"积极财政政策"而且力度不断加大，2012~2014 年目标赤字率从 1.5%提高到了 2.1%，但是实际赤字率分别仅为 1.63%、1.87%和 1.78%[①]，变化并不大。究其原因，房地产周期性调整导致土地出让金大幅缩减，再加上《国务院关于加强地方政府性债务管理的意见》（简称 43 号文）中"政府债务不得通过企业举借"和"坚决制止地方政府违法违规举债"等规定限制了地方政府通过投融资

[①] 目标赤字率根据历年政府工作报告整理得到，实际赤字率根据财政部公布的数据计算得到。

平台融资的能力。模拟结果表明，如果政府迫于"债务—通缩"压力而落实积极财政政策，那么政府债务率将再提高 1.1%~1.4%[①]，进一步压缩财政政策空间。考虑到财政政策本身难以使经济彻底摆脱困境，一旦经济体遭受新的冲击，财政政策的可持续性将会遭受严峻考验。美国 1937 年以及日本 1997 年和 2014 年财政政策中断引发的不良后果值得警惕。一旦财政政策不可持续，将会打击公众信心，导致中国财政政策应对"债务—通缩"的效果大打折扣。

（二）单独降准或降息应对"债务—通缩"风险的效果

参数 ξ 决定了降准释放流动性中流向实体经济的比例，ζ 决定了降息对企业融资成本的引导能力，在考察货币政策应对"债务—通缩"风险的效果之前首先要确定两个参数的取值。就 ξ 而言，降准释放流动性中的一部分用于对冲外汇占款减少带来的基础货币投放问题，另一部分流入股市等虚拟经济，但是由于中央银行还使用 SLO 和 SLF 等工具对冲外汇占款减少，虚拟经济资金的来源也很难判断，因此难以确定 ξ 的取值。基于此，本专题研究在基准模型中令 $\xi = 0.5$，并通过对 ξ 取值做稳健性分析来评估降准的效果（表3）。就 ζ 而言，可以通过考察中央银行降低基准存款利率之后各银行对于存款利率的调整幅度，来确定降息对企业融资成本的引导能力。结合 2014 年 11 月至 2015 年年底中国人民银行六次降息之后主要商业银行的存款利率调整状况，计算得出 $\zeta = 0.8$[②]。

降准能够通过两条途径来应对"债务—通缩"风险。一是信贷途径，降准可以释放流动性从而增加可贷资金供给。二是资产负债表途径，降准可以通过"再通胀"效应降低企业的融资成本和债务负担（Mishkin，2012）。上述两条途径都能够激励企业增加投资。与国企相比，非国企面临的融资约束更紧，因此非国企对降准的反应更为敏感(图2)，投资恢复得更快。在最优货币政策规则下，中国人民银行需要降准 0.6 百分点左右。国企和非国企投资在很大程度上弥补了总需求冲击带来的产出缺口，总产出只比稳态低 0.2 百分点左右。相比之下，降息则难以实现"再通胀"的效果。因为中国的降息只是中国人民银行降低了基准利率，并没有采取公开市场操作来增加资金供给，所以也就不会产生"再通胀"效果。在最优货币政策规则下，中国人民银行需要降息 1.4%~1.8%，通过拉动企业投资来减缓经济体的萧条程度。

上述结果表明，降准和降息都能够在一定程度上缓解"债务—通缩"风险。不过，中国人民银行却一直保持"稳健货币政策"的定位。刘元春等（2016）强调，要想避免中国进入资产负债表衰退，货币政策必须全面转向宽松，而且宽松力度要足够大。本专题研究认为，刘元春等（2016）的主要思路还是借助于货币政策的"再通胀"效应帮助经济摆脱困境，仍然没有考虑政策可持续性。最优货币政策规则下降息的幅度达到了 1.4%~1.8%，而稳态存款基准利率水平只有 2.8 百分点，因此降息空间会急剧压缩，政策

---

① 此处指的是与稳态相比政府债务率将再提高 1.1~1.4 百分点。如无特别说明，文中政策实验的结果都是与稳态进行对比分析。

② 该部分"降息"均是指降低存款基准利率，中国人民银行通常采取对称性操作，因此降低存款利率和降低贷款利率的政策含义是一致的。

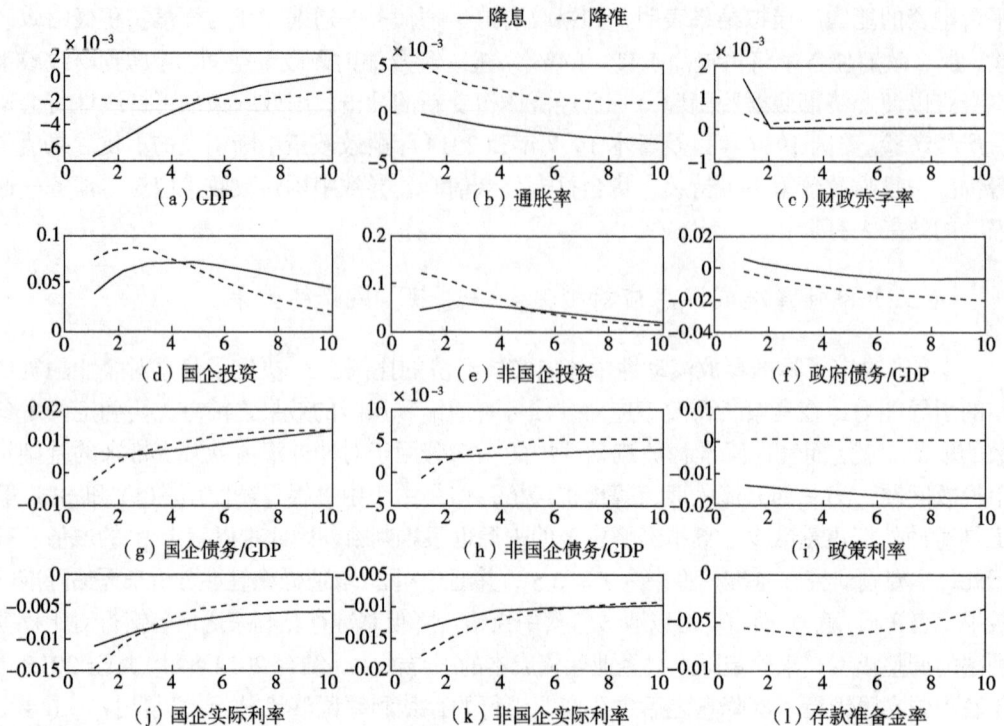

图 2　单独降准或降息应对"债务—通缩"的效果
横轴表示模型中的期数，纵轴表示每一期变量的实际水平偏离其稳态水平的百分比

可持续性大大减弱。与降息相比，降准空间尚在，但是降准也会带来一定的负面影响。一是降准的效果与降准后资金流向高度相关，从表 3 可以看出如果资金主要流向虚拟经济而非实体经济，那么降准效果将大打折扣，流入虚拟经济的流动性还可能引发资产泡沫等不良后果。2015 年上半年的股市暴涨和 2016 年上半年的房地产泡沫很大程度上就是宽松货币政策释放的流动性所致。二是降准带来的"再通胀"效应在前 3 期将会使通胀率高于稳态 1%~2%，即达到 3%~4%的水平①，从而催生一定的通胀压力。

（三）不同政策协调应对"债务—通缩"风险的效果

上文的政策实验结果表明，增加财政支出、降准和降息政策在应对"债务—通缩"时都能起到一定的效果，但是也都存在一些弊端。不管是财政政策还是货币政策，如果单独发力来应对"债务—通缩"风险，将会显著压缩政策空间，导致政策不可持续。接下来考查政策之间的协调配合是否可以提高政策可持续性。基于所构建的模型，本部分考察的政策协调包括降准和降息这两种货币政策之间的协调以及货币政策与财政政策之间的协调，其中后者是考察的重点。

---

① 模型经济中的通胀率是季度通胀率，此处转化为年度通胀率，使之更贴近现实。

表3　降准释放资金流向实体经济的权重对降准幅度和降准效果的影响（单位：%）

降准之后经历的 时期数		1	2	3	4	5	6	7	8	9	10
产出对 稳态的 偏离幅度	$\xi=0.1$	−0.7	−0.7	−0.7	−0.7	−0.7	−0.6	−0.6	−0.6	−0.6	−0.5
	$\xi=0.5$	−0.2	−0.2	−0.2	−0.2	−0.2	−0.2	−0.2	−0.2	−0.1	−0.1
	$\xi=0.9$	−0.1	−0.1	−0.1	−0.1	−0.1	−0.1	−0.1	−0.1	0.0	0.0
降准 幅度	$\xi=0.1$	−2.0	−2.0	−2.0	−2.0	−2.0	−1.9	−1.8	−1.8	−1.7	−1.5
	$\xi=0.5$	−0.6	−0.6	−0.6	−0.6	−0.6	−0.6	−0.5	−0.5	−0.4	−0.4
	$\xi=0.9$	−0.3	−0.3	−0.3	−0.3	−0.3	−0.3	−0.2	−0.2	−0.1	−0.1

　　关于降准和降息之间的协调，如前所述，中国的降息不会带来经济体资金供给量的变化，因此将二者搭配才能够起到与美联储降息相似的效果，以往中国人民银行也通常将二者配合使用。随着降息空间的收窄，部分学者认为未来中国应该更加依赖降准。通过图2可以看出，在最优政策规则下降准稳增长的效果的确优于降息。不过，本专题研究认为中国仍然需要注重降准与降息的协调配合。综合图2和图3可以发现，降准和降息配合使用不仅能够提高货币政策的效果，而且降准和降息的幅度还大大缩小，尤其是降息的幅度缩小了80%左右，从而提高货币政策的可持续性。

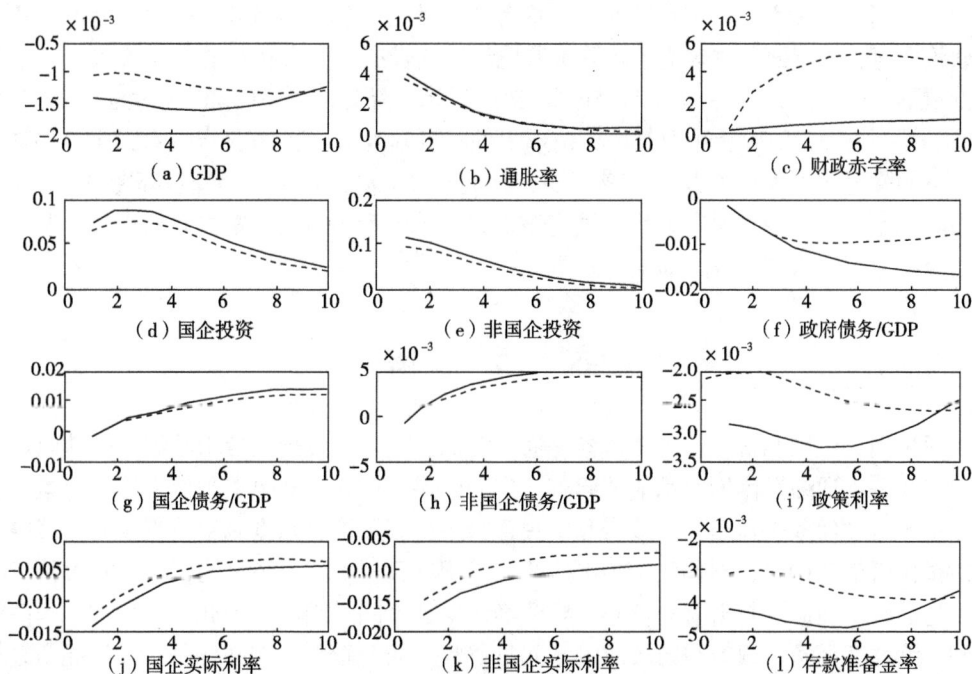

图3　货币政策与财政政策协调应对"债务——通缩"的效果

横轴表示模型中的期数，纵轴表示每一期变量的实际水平偏离其稳态水平的百分比。根据本专题研究的基准模型，财政政策与货币政策协调包括三种情形（各种情形下的政策反应系数见表2）。由于前两种情形下的核心机理与第三种情形基本相同，为简化分析在图中只呈现第三种情形的模拟结果

　　至于应对"债务—通缩"困境时货币政策与财政政策协调的必要性，Bernanke（2003）等文献已经提及，在他们看来政策协调的核心是中央银行购买国债从而为财政政策创造出空间。这一操作的本质是货币政策财政化，货币发行量很容易超过经济体正常需求量，经济萧条时通胀压力不会显现，但是一旦经济复苏通胀压力将高企。而且，货币政策财政化会削弱中央银行独立性，使中央银行信誉受损，不利于中央银行进行通胀预期管理等操作。与之不同，本专题研究所提出的政策协调机制是指，"积极财政政策+宽松货币政策"（双宽松）能够为财政政策创造空间并为货币政策节省空间，从而增强政策可持续性。财政政策方面，有了货币政策的"再通胀"效应，政府的实际债务负担将会减轻，融资成本也会降低，两方面力量能够为财政政策创造出新的空间。货币政策方面，在积极财政政策的配合下全社会总需求增加，企业产品销售价格将会升高从而同样会产生一定的"再通胀"效应，这会减轻货币政策为了实现"再通胀"而需要宽松的力度，从而为货币政策节省空间。

　　数值模拟结果显示，财政货币政策协调时，最优财政政策规则之下赤字率最多可以提高 0.53 百分点。虽然只使用财政政策应对"债务—通缩"时赤字率也需要提高 0.3%~0.5%，但是两种情形存在本质差别。只使用财政政策时，赤字率提高的同时政府实际债务率必须也要提高 1.1%~1.4%，而在货币政策配合的情形下，赤字率提高的情况下政府实际债务率反而下降了 1 百分点左右。正是财政政策与货币政策配合为财政政策创造了空间，才使不需要增加政府实际债务负担就可以加大财政政策的宽松力度。就货币政策而言，一方面，财政货币政策协调情形下的降准幅度为 0.35 百分点左右，比单独降准情形下的降准幅度要小 40%~50%，比同时降准降息情形下的降准幅度也要小 20%左右。另一方面，财政货币政策协调情形下的降息幅度为 0.25 百分点左右，比单独降息情形下的降息幅度缩小了多达 75%左右，比同时降准降息情形下的降息幅度也小了 7%左右。基于此，本专题研究认为中国应该加强货币政策与财政政策之间的有效协调，从而使经济免于陷入"债务—通缩"陷阱。

六、结　语

　　通过回顾美国和日本治理"债务—通缩"的经验可以发现，货币政策和财政政策在应对"债务—通缩"困境时都能够起到一定的效果。但是，如果单独使用货币政策或财政政策应对"债务—通缩"，政府和中央银行不得不采取高强度刺激政策，而政策空间可能很快就消耗殆尽，导致政策难以持续。美国和日本的经验还表明，政策不可持续之后发生的政策转向会打击公众信心，导致经济体再度陷入困境。因此，在目前中国高债务和通缩并存而货币政策与财政政策空间日益收窄的背景下，有必要研究如何提高政策可持续性，从而使中国经济免于陷入"债务—通缩"陷阱。

　　本专题研究在 Schmitt-Grohe 和 Uribe（2005）等研究政策协调一般性文献的基础上，构建了含有高债务和通缩特征的 DSGE 模型，并对货币政策和财政政策进行了"中国化"修正，以探寻政策协调应对"债务—通缩"的作用机理。基于所构建的模型，本专题研究发现政策协调应对"债务—通缩"的核心机理是两类政策"双宽松",为财政政策创造空间并为货币政策节省空间,增强政策可持续性,从而提高一国应对"债务—通缩"的能力。一方面,货币政策的"再通胀"效应有助于减轻政府的实际债务负担和融资成本,为财政政策创造新的空间。另一方面,积极财政政策能够扩大全社会总需求,企业产品销售价格将会升高从而产生一定的"再通胀"效应,这会减轻货币政策为了实现"再通胀"而需要宽松的力度,从而节省货币政策空间。有鉴于此,本专题研究认为在高债务和通缩并存的背景下,中国应该加强货币政策与财政政策协调来应对"债务—通缩"风险。

要想使政策协调之后达到理想的调控效果,还需要提高货币政策和财政政策本身的有效性。就货币政策而言,中国货币政策框架正在由数量型向价格型转变,中国人民银行基准利率对市场利率的引导能力越来越弱,亟须构建市场化的基准利率以提高价格型货币政策的有效性。降准效果取决于降准释放资金的流向,流向实体经济尤其是高效率企业的资金比率越高,效果越好。因此,在应对"债务—通缩"时,有必要实施定向降准等手段提高数量型货币政策的有效性。就财政政策而言,现行财税体制下地方政府事权与财权不匹配,高企的债务负担限制了地方政府落实积极财政政策的能力。为了化解债务困境,十八届三中全会提出深化财税体制改革,"建立事权和支出责任相适应的制度"。未来应该加快财税体制改革,确保中央制定的积极财政政策能够落到实处。

参 考 文 献

陈彦斌,陈小亮,陈伟泽.2014.利率管制与总需求结构失衡.经济研究,(2):18-31.

辜朝明.2008.大衰退:如何在金融危机中幸存和发展.北京:东方出版社.

郭豫媚,陈彦斌.2015.中国潜在经济增长率的估算及其政策含义.经济学动态,(2):12-18.

李扬.1999.货币政策与财政政策的配合:理论与实践.财贸经济,(11):3-11.

李扬,张晓晶,常欣.2015.中国国家资产负债表2015:杠杆调整与风险管理.北京:中国社会科学出版社.

林仁文,杨熠.2014.中国市场化改革与货币政策有效性演变.管理世界,(6):39-52.

林细细,龚六堂.2007.中国债务的福利损失分析.经济研究,(1):56-67.

刘元春,闫衍,刘晓光.2016.持续探底进程中的中国宏观经济——2015—2016年中国宏观经济分析与预测.经济理论与经济管理,(1):5-45.

刘哲希,韩少华,陈彦斌.2016."债务—通缩"理论的发展与启示.财经问题研究,(6):3-11.

罗时空,龚六堂.2013.金融抑制、金融摩擦与企业债务融资的经济周期性.经济研究,(S1):118-131.

余永定.2015-07-08.需防范债务—通缩陷阱.中国证券报,第A05版.

张岐山,张代强.2007.前瞻性货币政策反应函数在我国货币政策中的检验.经济研究,(3):20-32.

Bernanke B S. 2003. Some thoughts on monetary policy in Japan. Remarks to the Japan Society of Monetary Economics in Tokyo.

Bernanke B S, Gertler M, Gilchrist S. 1999. The financial accelerator in a quantitative business cycle framework. Handbook of Macroeconomics, 1: 1342-1385.

Christiano L, Motto R, Rostagno M. 2003. The great depression and the friedman-schwartz hypothesis. Journal of Money, Credit and Banking, 35 (6): 1119-1197.

Eggertsson G B. 2008. Great expectations and the end of the depression. American Economic Review, 98(4): 1476-1516.

Fisher I. 1932. Booms and Depressions: Some First Principles. New York: Adelphi.

Fernandez-Villaverde J. 2010. The econometrics of DSGE models. SERIEs, 1: 3-49.

Fernandez-Villaverde J, Rubio-Ramirez J F. 2006. A baseline DSGE model. Working Paper.

Ireland P N. 2004. Technology shocks in the new Keynesian model. National Bureau of Economic Research Working Paper, No. 10309.

Kiyotaki N, Moore J. 1997. Credit cycles. Journal of Political Economy, 105 (2): 211-248.

Krugman P. 1998. It's baaack: Japan's slump and the return of the liquidity trap. Brookings Papers on Economic Activity, 29 (2): 137-206.

Krugman P. 2015-10-20. Rethinking Japan. New York Times, The Opinion Pages.

Mankiw N G. 2009. Macroeconomics. New York: Worth Publisher.

Mishkin F S. 2012. The Economics of Money, Bank and Financial Markets. New York: Pearson Education.

Nishizaki K, Sekine T, Ueno Y. 2014. Chronic deflation in Japan. Asian Economic Policy Review, 9 (1): 20-39.

Romer C D. 1992. What ended the great depression. Journal of Economic History, 52: 757-784.

Schmitt-Grohe S, Uribe M, 2005. Optimal fiscal and monetary policy in a medium-scale macroeconomic model. National Bureau of Economic Research Macroeconomics Annual, 20: 427-444.

Song Z, Storesletten K, Zilibotti F. 2011. Growing like China. American Economic Review, 101(1): 196-233.

专题研究六 产业政策不能成为宏观调控的主要工具[①]

与发达国家对产业政策持有较为谨慎的态度不同，产业政策在中国宏观调控中一直备受重视，几乎涉及国民经济中所有大类行业。对于改革开放之初经济发展水平较为落后的中国来讲，政府借鉴发达国家的发展经验，通过制定产业政策明确和引导产业发展方向，确实对经济增长起到了一定的促进作用。时至今日，中国已经成为全世界第二大经济体，与发达国家的差距明显缩小，"追赶效应"有所减弱，产业政策有效性随之下降。可见，产业政策在经济发展的一定阶段有其存在的价值，但也不是万能的，彻底肯定和彻底否定产业政策的极端态度都有失偏颇。单从宏观调控视角来看，产业政策不符合宏观调控工具的基本要求，而且会降低宏观经济政策的调控效率，因此不能成为宏观调控的主要工具，政府需要大幅弱化产业政策的宏观调控职能。

一、宏观调控旨在对短期经济波动进行逆向调节，而产业政策周期较长，与宏观调控的短期定位相冲突

宏观调控的广泛运用源于凯恩斯主义的兴起。凯恩斯主义认为，当经济体受到总需求或总供给等外部冲击时，由于价格与工资黏性及公众"动物精神"的存在，市场资源配置不会在受到冲击后迅速回到均衡状态，经济呈现出扩张或紧缩的短期波动现象。因此，政府需要通过宏观调控等政策手段缓冲外部冲击，从而实现对短期波动的逆周期调节，这要求调控工具满足灵活有效、时滞较短等要求。理论与实践均表明，货币政策是应对经济波动最灵活有效的工具，而当经济陷入深度衰退时财政政策也要积极发挥作用。然而，产业政策的时滞较长，与宏观调控针对短期波动进行逆周期调节的定位相冲突。产业政策在实施过程中，需要相关部门全面调研并且制定产业规划和发展战略，政策内在时滞较长，而从政策实施到收到成效的外在时滞更长。以扶持新兴产业为例，新兴产业的发展需要经历初创阶段、成长阶段和成熟阶段等环节，这往往需要数年甚至数十年。而且，如果产业政策过度迁就短期"稳增长"等目标，政策制定过程中不可避免地会受

① 作者：陈彦斌，中国人民大学经济学院教授、副院长。本专题研究原载于 2016 年 9 月 26 日《经济观察报》，有改动。

到政治周期等因素的影响，从而扭曲市场发展规律，引发资源错配和结构失衡等问题。例如，国家早在 2003 年就把抑制钢铁和电解铝的投资规模确定为产业政策目标之一，然而 2008 年全球金融危机期间刺激经济时又将这两个行业列入十大振兴产业之列，导致这些行业的产能过剩问题进一步加剧。

二、产业政策容易以宏观调控之名行微观干预之实，从而降低宏观经济政策的调控效率

　　宏观调控和微观干预都是对市场机制的补充，但是二者存在本质上的区别。宏观调控主要是政府运用政策手段缓冲外部冲击，平抑经济波动。而微观干预的核心是用政府之手矫正市场失灵现象。然而在中国，宏观调控与微观干预的关系始终难以厘清，甚至部分学者认为宏观调控就是政府干预。这是因为，当前中国宏观经济政策框架的构建与完善其实是在计划经济时期政府直接干预经济的调控模式上做加减法，保留一部分行政干预手段的同时增强对财政政策与货币政策等工具的运用。这一调控思路在市场化改革初期有效解决了市场机制不完善的问题，但也造成宏观调控与微观干预界限模糊不清的局面。因此，产业政策以宏观调控之名行微观干预之实的现象时有发生，而这会从三个方面影响宏观经济政策的调控效率。第一，由于政府本身难以收集与处理所有的市场信息并做出动态最优化决策，过多的微观干预会扰乱市场对资源的配置效率，进一步加剧经济波动。例如，最近十余年，政府部门一直试图挑选出要重点发展的新兴产业与要淘汰的落后产业，从而实现"稳增长"与"调结构"的目标。但是产业结构"越调越乱"，不仅落后产业陷入了"越淘汰越过剩"的怪圈，而且重点发展的新兴产业也陆续出现了产能过剩问题，加剧了经济下行压力。第二，微观干预的频繁使用会进一步制约民营企业的发展，导致经济增长复苏乏力。市场准入限制与融资难融资贵问题始终是制约大多数民营企业发展的两大瓶颈，其原因在于政府对市场干预过多。以宏观调控之名行微观干预之实则会进一步制约民营企业的发展空间。例如，产业政策在治理产能过剩时常见的举措是以产能规模来决定企业是否退出，这使生产效率更高但规模较小的民营企业往往成为被淘汰的对象。民营企业占据六成以上的中国经济总量，微观干预对民营经济发展的制约导致经济增长乏力，从而降低了宏观调控效率。第三，以宏观调控之名行微观干预之实催生了寻租空间，进一步损害了宏观经济政策的调控效率。微观干预手段的透明度差且可伸缩性强，这为寻租活动创造了较大空间。党的十八大后反腐浪潮中出现的国家发改委价格司等核心权力部门的"塌方式腐败"现象就是深刻的教训。而且一些研究表明，寻租活动会带来挤出私人部门投资等弊端，抑制经济活力。因此，微观干预会降低宏观调控效率，使其对经济增长的推动作用减弱。

三、"四万亿"实践表明将产业政策作为宏观调控主要工具的副作用较大

　　面对 2008 年金融危机引发的外部需求持续萎缩的局面，政府明确地将"扩内需"视为保增长的根本途径并出台了"四万亿"投资计划。同时为确保这一计划迅速而有效地落实，国务院于 2009 年陆续出台了"十大产业振兴规划"与"七大战略性新兴产业"等重大产业规划，明确资金使用方向，并通过加快项目审批、促进企业兼并重组以及信贷与税收优惠等手段拉动投资需求。在产业政策的有力推动下，2010 年有色、石化及钢铁等包含在产业振兴规划中的行业投资增速大幅上升，分别比上一年高出 19 百分点、12.5 百分点及 7.4 百分点，支撑了投资的快速增长。中国随之成为全球范围内复苏最快的主要经济体，到 2010 年中国经济增速已经回升至 10.6%，接近于危机前的增速。但是，着力于短期刺激的产业政策副作用较大且留下了较多后遗症。一是产能过剩问题更加突出。IMF 的评估报告指出，中国的产能利用率在 2011 年下降到仅有 60%，甚至不及 2008 年 80%的平均水平。其中，钢铁、有色、船舶等被列入产业振兴规划中的行业产能过剩情况最为严重。二是经济结构失衡现象进一步恶化。由于产业政策以拉动短期投资为主要着力点，2010 年与 2011 年投资率分别高达 47.2%和 47.3%，比危机前上升了 6.5 百分点左右，为改革开放以来的最高点。此外，为配合产业政策落实，地方政府过度扩张举债规模，导致债务问题逐渐凸显。审计署数据显示，2010 年年底地方政府负债规模达到 10.7 万亿元，较 2008 年翻了一倍。综上所述，产业政策不应继续承担"稳增长"等具体的宏观调控任务，因而需要大幅弱化产业政策的宏观调控职能。不仅如此，产业政策本身也不应继续对新兴产业的发展前景与方向做出明确判断，不应过多干预经济结构的调整。对于前者，技术创新具有高度不确定性，是不可预测的。20 世纪 90 年代日本将重点放在人工智能技术上而错失信息技术和互联网技术等主流领域的发展机遇等大量例子表明，要准确预言未来的科技走向可能只是个天真的童话。对于后者，当前中国产能过剩等结构失衡问题的关键是政府对市场机制的重视程度不够，扭曲了要素价格，从而弱化了企业预算约束。因此，优化产业结构重在深化以国企改革与要素价格改革为核心的市场化改革，而不能依靠产业政策。未来，产业政策一方面应该致力于推动基础性科学研究的发展，着力缩小中国与发达国家在核心技术层面的差距；另一方面应该以放松管制和促进竞争为核心，从而促进中国长期经济增长。

专题研究七　中国宏观经济政策体系面临的困境与改革方向[①]

一、引　言

过去十年，中国经济增长态势发生了显著的变化，GDP 增速呈现明显的下行态势。2007 年 GDP 增速高达 14.2%，2008~2011 年降至 9.6%，而在 2012~2015 年更进一步下滑至 7.4%。面对经济的下行压力，宏观经济政策始终在积极地应对与调整。2008 年全球金融危机时期推出了以"四万亿"为代表的强刺激政策，新常态下又进行了调控理念与方式的创新，实施了区间管理、"微刺激"及定向调控等新的政策手段。但是，宏观经济政策的调控效果却不尽如人意。不仅经济增速的放缓势头未得到缓解，反而进一步呈现出经济萧条的迹象。2015 年的 GDP 增速为 6.9%，降至近 25 年来的最低点，而且衡量经济运行冷热的两大指标——产出缺口与 GDP 平减指数双双为负。

宏观经济政策不断调整却仍难以止住经济增速下行的原因是多重的。例如，2008 年全球金融危机之后，长期以来支撑中国经济高速增长的人口红利、体制改革红利、全球化红利以及技术进步红利均在不同程度地消退，客观上造成了经济增速下行的局面。又如，新常态下宏观经济政策面对"三期叠加"带来的巨大下行压力而应对力度不足，一定程度上导致了负向产出缺口的持续扩大。中国宏观经济政策框架本身也存在一些明显的缺陷与不足，使宏观经济政策的调控效率不高，这是难以有效止住经济增速持续下行的重要原因。

鉴于"十三五"期间中国经济将面临更为严峻的保增长任务，GDP 平均增速要保持在 6.5%左右，才能完成"到 2020 年实现国内生产总值和城乡人均收入比 2010 年翻一番"以及"到 2020 年全面建成小康社会"等重要发展目标，这就要求宏观经济政策必须要解决自身存在的突出问题，破解当前效率低下的困境。因此，本专题研究以过去十年作为切入点，分为反危机时期和新常态时期两个阶段对宏观经济政策的实施情况与效果进行系统梳理，在此基础上总结宏观经济政策体系存在的突出问题，从而为宏观经济政策框

　　① 作者：陈彦斌，中国人民大学经济学院教授、副院长；刘哲希，中国人民大学经济学院博士研究生。本专题研究原载于《中国人民大学学报》2016 年第 5 期，有改动。

架的转型提供思路。

二、反危机时期（2007~2011 年）的宏观经济政策

我国自 2001 年加入 WTO 以来，受益于"出口-投资"联动机制的驱动与人口红利、体制改革红利、全球化红利及技术进步红利四大红利的集中释放，经济增速持续加快，2007 年高达 14.2%。然而，2008 年全球金融危机的爆发导致美国、日本、欧元区等主要经济体的经济增速快速回落，对中国的出口需求造成了沉重的打击。出口总额增速由 2008 年前三个季度的 22.4% 迅速下滑至第四季度的 4.2%，2009 年第一季度更是同比下降了 19.7%。受此影响，中国 GDP 增速由 2008 年前三个季度的 10.6% 下滑至第四季度的 7.1%，2009 年第一季度 GDP 增速更是只有 6.2%，为季度增速数据公布以来的最低点。

（一）宏观经济政策应对危机的举措

面对宏观经济形势的突然变化，政府迅速调整宏观经济政策的目标与定位。在 2008 年第三季度，政府将宏观经济政策的调控目标由"控总量、稳物价、调结构、促平衡"调整为"保增长、控物价"，进而又在第四季度将首要调控目标明确为"防止经济增速快速下滑"。与此同时，宏观经济政策的定位也由"稳健财政政策+从紧货币政策"调整为"积极财政政策+适度宽松货币政策"（表 1），意图推动产品需求（IS 曲线）与货币供给（LM 曲线）的双双扩张，以防止经济增速下滑趋势的恶化。2009 年，面对外部需求持续萎缩的情况，宏观经济政策更加明确地将"扩内需"视为"保增长"的根本途径，并将二者列为调控的核心目标。相应地，宏观经济政策在此后两年延续了"积极财政政策+适度宽松货币政策"的政策组合。

表 1 过去十年宏观经济政策的调控目标与政策定位

年份	宏观经济政策的主要调控目标	宏观经济政策的政策定位
2007	促增长、调结构、转方式	稳健财政政策+稳健货币政策
2008	控总量、稳物价、调结构、促平衡	稳健财政政策+从紧货币政策
	保增长、控物价	
	防止经济增速快速下滑	积极财政政策+适度宽松货币政策
2009	扩内需、保增长、调结构、转方式	积极财政政策+适度宽松货币政策
2010	调结构、保增长、防通胀	积极财政政策+适度宽松货币政策
2011	稳物价、保增长、调结构	积极财政政策+稳健货币政策
2012	稳增长、调结构、管理通胀预期	积极财政政策+稳健货币政策
2013	稳增长、转方式、调结构	积极财政政策+稳健货币政策
2014	稳增长、调结构、促改革	积极财政政策+稳健货币政策
2015	稳增长、调结构、转方式	积极财政政策+稳健货币政策
2016	稳增长、调结构、惠民生、防风险	积极财政政策+稳健货币政策

资料来源：根据历年中央经济工作会议整理，其中 2008 年调控目标的变化是根据 2009 年政府工作报告中内容整理的

在具体操作实践中，积极财政政策是"保增长"与"扩内需"的核心手段。2008 年 11 月 5 日，中央制订了"四万亿"的大规模财政刺激计划，两年内向保障性住房建设、汶川灾后重建以及基础设施建设等领域投入了 4 万亿元的财政资金。2009 年财政赤字率由上一年的 0.4% 大幅提升至 2.3%，为改革开放以来的最大增幅。如果进一步将地方政府的举债规模考虑在内，总体财政赤字率更是高达 12.3%。货币政策的定位则由"从紧"调整为"适度宽松"，在 2008 年 9 月至年底的短短 4 个月内，中国人民银行 5 次下调金融机构存贷款基准利率，4 次下调存款准备金率，同时暂停对商业银行信贷额度的管控。2009 年 M2 增速高达 28.5%，为近 30 年来的峰值。新增信贷规模达到 9.59 万亿元，同比增速高达 95.3%。产业政策在应对危机的宏观调控中同样发挥了重要作用。国务院于 2009 年陆续出台了"十大产业振兴规划"与"七大战略性新兴产业"等产业规划及相关实施细则，通过加快项目审批、促进企业兼并重组以及信贷与税收优惠等手段拉动经济增长。

（二）反危机政策下经济短暂复苏与后续的复杂局面

在财政政策、货币政策与产业政策的积极应对下，中国成为全球范围内复苏最快的主要经济体。GDP 增速在 2009 年第一季度下降至 6.2% 的低位后开始企稳回升，全年增速已达到了 9.2%。同期，全球经济仍处于衰退困境之中，平均经济增速只有 -0.5%。2010 年中国经济增速更是进一步回升至 10.6%，接近于全球金融危机前的经济增长水平。

但是，以"四万亿"为代表的刺激政策副作用较大，留下了较多后遗症。一是物价水平快速上升，商品房价格迅猛上涨。CPI 由 2009 年的 -0.7% 大幅回升至 2010 年的 3.3%，PPI 更是由 -5.4% 上升到 5.5%。2011 年 CPI 进一步上升至 5.4%，PPI 达到了 6%。全国商品房平均价格则在 2009~2011 的上涨了约 41%，其中北京的涨幅达到 77%、上海的涨幅更达到 92%。二是产能过剩问题更加突出。IMF 评估报告指出，中国的产能利用率由 2008 年 80% 下滑至 2011 年的 60% 左右，其中钢铁、船舶等被列入产业振兴规划中的行业产能过剩情况最为严重。三是地方政府加大举债规模以刺激经济扩张，导致债务问题逐渐凸显。审计署数据显示，2010 年年底地方政府负债规模达到 10.7 万亿元，较 2008 年增加了 1 倍。四是经济结构失衡现象进一步恶化。宏观经济政策以拉动投资为主要着力点，2010 年与 2011 年投资率分别高达 47.2% 和 47.3%，比危机前上升了 6.5 百分点左右。不仅如此，2011 年宏观经济政策逐步回归常态化，将财政政策与货币政策组合调整为"积极财政政策+稳健货币政策"后，中国经济增速再次呈现出快速的回落态势，由 2011 年第一季度的 10.2% 下降至第四季度的 8.7%，这很大程度上源自上述副作用与后遗症带来的下行压力。

三、新常态下（2012~2016 年）的宏观经济政策

受四大红利不断减弱的影响，2012 年以来中国经济逐渐步入以"三期叠加"为核心特征的新常态，即增长速度换挡期、结构调整阵痛期与前期刺激政策消化期。GDP 增速

呈现持续放缓的态势，由 2012 年第一季度的 8.0%下滑至 2016 年第一季度的 6.7%。消费、投资及出口的增速降幅更为明显。社会零售品销售增速由 2011 年的 17.1%下滑至 2015 年的 10.7%。同期全社会固定资产投资增速由 23.8%下滑至 10.0%，出口总额增速则由 20.3%转为–2.8%。

（一）宏观经济政策应对经济下行的举措

面对增速换挡与结构调整的双重压力，宏观经济政策自 2012 年起就一直将首要目标定位为"稳增长"，并兼顾"调结构"（表 1）。由此，宏观经济政策的定位始终坚持"积极财政政策+稳健货币政策"，以更易于精准发力的财政政策为核心，旨在稳定增长的同时进一步改善经济结构。从具体操作来看，财政政策方面，政府的财政支出规模不断扩张，赤字率由 2011 年的 1.1%上升至 2015 年的 3.5%，达到了改革开放以来的最高点。货币政策方面，在稳健的政策定位下，M2 增速较 2008~2010 年适度宽松时期明显下降，保持在 12%~14%平稳运行。产业政策方面，其宏观调控职能进一步强化，尤其在 2015 年提出的供给侧结构性改革"三去一降一补"目标中，产业政策承担了"去产能"与"补短板"的重要任务。

另外，基于前期刺激政策消化的压力，新常态以来宏观经济政策不再搞"大水漫灌"，而是推出了多种新型调控模式与工具，以兼顾"稳增长"和"调结构"。一是提出了"区间管理"的调控思路，将宏观经济政策的目标界定为一个合理区间。区间上限为"防通胀"，下限为"稳增长"，而且在下限之外还将"保民生"作为底线。二是采用"微刺激"政策主动进行预调与微调。"微刺激"本身虽然仍属于政府依靠项目投资等手段拉动经济增长的调控方式，但刺激力度相对温和且更加注重对经济结构的调整。三是针对中国经济中突出的结构性问题，实施定向宽松货币政策，通过定向降准、抵押补充贷款等工具对"三农"、小微企业以及棚户区改造等领域重点发力，更加直接地促进经济结构的调整。

（二）经济增速放缓势头未得到缓解，经济呈现出萧条迹象

虽然宏观经济政策积极调整并不断创新，但调控效果始终欠佳，难以阻止经济增速持续放缓的势头。以"微刺激"政策为例，2012~2014 年"微刺激"政策的刺激效果呈现出明显的递减态势。尤其是 2014 年的"微刺激"政策虽然力度更强频率更高，但效果远不及前两年（陈彦斌和陈小亮，2014）。

受此影响，新常态下中国经济逐渐呈现出萧条迹象，表现为产出缺口持续为负与价格水平的不断下滑。产出缺口方面，郭豫媚和陈彦斌（2015a）的计算结果表明，2012~2015 年中国经济的产出缺口显著为负。从历史经验来看，近 30 年来出现过三次产出缺口为负的时期，而且均对应于经济萧条的出现，分别是"物价闯关"失败后的 1989~1990 年、亚洲金融危机爆发前后的 1996~2001 年以及全球金融危机与欧债危机相继发生的 2008~2010 年。价格水平方面，2012 年以来 GDP 平减指数持续下滑，2015 年已降至–0.5%。以往也仅有亚洲金融危机与 2008 年全球金融危机时期出现过 GDP 平减指数为负的情况。

四、宏观经济政策框架存在的突出问题

不可否认，过去十年中国经济增速的持续下行是多方面因素导致的，既与潜在经济增速的下滑有关，也与经济周期性放缓情况下宏观经济政策应对力度不足等因素有关。但是，这并不能掩盖中国宏观经济政策框架本身存在的突出问题，这些问题导致宏观经济政策的调控效率不高。

（一）未能厘清宏观调控与微观干预的关系，以宏观调控之名行微观干预之实的现象时有发生，降低了宏观经济政策的调控效率

改革开放以来，宏观经济政策框架的构建与完善是在计划经济时期政府直接干预经济的调控模式上做加减法，保留一部分行政干预手段的同时增强对财政政策与货币政策等经济政策手段的运用。这一调控思路在市场化改革初期较为有效地弥补了部分市场机制缺失或不完善之处（中国经济增长与宏观稳定课题组，2010）。但是其弊端就在于，宏观调控与微观干预的关系始终难以得到厘清，甚至有不少观点认为宏观调控就是政府干预。因此，随着市场化改革进程的深化，微观干预手段并未相应地淡出宏观经济政策框架，仍是重要的组成部分。

正因为如此，与其他主要经济体对产业政策持较为谨慎的态度不同，中国在宏观调控中十分重视对产业政策等微观干预举措的运用，而且与产业政策紧密相关的区域政策、消费政策及投资政策等也被纳入宏观经济政策体系之中。卢锋（2016）通过对过去十年宏观经济政策工具的梳理发现，除货币政策与财政政策等常规调控工具之外，宏观经济政策使用的调控工具有 30 余种，以宏观调控之名行微观干预之实的现象经常发生。而这会从三个方面影响宏观经济政策的调控效率。

第一，由于政府本身难以收集并处理所有的市场信息并做出动态最优化决策，所以过多的微观干预会扰乱市场对资源的配置效率，进一步加剧经济波动。例如，2008 年金融危机以来，政府部门一直试图挑选出要重点发展的产业与要淘汰的落后产业，从而实现"稳增长"与"调结构"的目标。但现实的结果却是产业结构"越调越乱"，不仅产业发展方向不断调整，而且重点发展的产业陆续出现产能过剩问题、落后产业则陷入"越淘汰越过剩"的怪圈，加剧了经济的下行压力。

第二，微观干预的频繁使用进一步制约了民营企业的发展，导致经济增长复苏乏力。市场准入限制与融资难、融资贵问题始终是制约大多数民营企业发展的两大瓶颈，其产生的原因就在于政府对市场干预过多。以宏观调控之名行微观干预之实则会进一步制约民营企业的发展空间。例如，产业政策在治理产能过剩时常见的举措是以产能规模来决定企业是否退出，这使生产效率更高但规模较小的民营企业往往成为被淘汰的对象[①]。金融抑制政策则使信贷资源更多地流向国企与地方政府，导致民营企业融资难、融资贵问

[①] 例如，2010 年对钢铁行业进行目录指导和强制清理时，产业政策就明确规定"淘汰 400 立方米及以下炼铁高炉，淘汰 30 吨以下炼铁转炉、电炉"。具体内容请参见 2010 年 2 月 6 日发布的《国务院关于进一步加强淘汰落后产能工作的通知》。

题不断加重。民营企业占据了中国经济总量的六成以上，微观干预对民营经济发展的制约会导致经济增长乏力，从而降低了宏观调控的效率。

第三，以宏观调控之名行微观干预之实催生了寻租空间，这不仅带来了腐败的恶果，更进一步损害了宏观经济政策的调控效率。微观干预手段的透明度差且可伸缩性强，这为寻租活动创造了较大空间。党的十八大后反腐浪潮中出现的国家发改委价格司等核心权力部门的"塌方式腐败"现象就是深刻的教训。而且一些研究表明，寻租活动会挤出私人部门投资并降低财政公共支出的效率，从而抑制经济增长（刘勇政和冯海波，2011）。因此，微观干预会降低宏观经济政策的效率，使其对经济增长的推动作用减弱。

（二）宽泛化的宏观调控目标下公众难以形成稳定预期，从而降低了调控效率

不同于发达国家宏观经济政策将经济稳定与金融稳定作为主要调控目标，过去十年中国宏观调控目标一直延续宽泛化特点，不仅将"稳增长"、"防通胀"和"调结构"作为核心目标，而且还根据经济形势需要灵活地扩充目标。例如，新常态下将"惠民生"、"促改革"和"防风险"等加入目标体系之中。

直观上，宽泛化的调控目标会给予政策制定者更大的相机抉择空间，使其可以根据经济形势变化而制定最优政策。但实际上，宽泛目标下宏观经济政策的左右摇摆会导致政策的实施效果难以达到预设目标（Kydland and Prescott，1977）。这是因为，公众是根据对未来政策的预期决定当前的行为决策，所以使公众形成稳定预期才能更有效地提高宏观调控效率。在宽泛目标下，当公众察觉到政策目标会不断变化时，就会对政策缺乏信任，行为决策往往会有悖于政策实施的意图。这突出表现为20世纪70~80年代滞胀危机期间，美联储在稳定经济增长和抑制通胀这两个目标之间反复摇摆，导致反通胀政策不被公众信任，反而加剧了通胀水平的上升幅度。

具体到中国，以"稳增长"与"调结构"目标为例：当"调结构"作为调控目标时，经济会经历新旧增长模式的转换而面临增速的下滑，此时公众会意识到未来的政策目标又会转为"稳增长"。由此导致企业及各地方政府主动进行结构调整，而淘汰落后产能的意愿大大降低，更多的是期待"稳增长"时更为宽松的政策环境解决产能过剩问题。也正因如此，尽管近年来政府试图通过不断地调整宏观调控目标，以寻求"稳增长"、"调结构"和"防风险"等多目标之间的平衡，但政策实施效果大多不尽如人意，经济增速的下滑趋势没有得到扭转；经济结构调整步伐也未明显加快（近年来消费占比上升更多是源于投资增速的大幅下降），高债务风险反而进 步凸显。

（三）货币政策处于从属地位，弱化了宏观经济政策的逆周期调节能力

回顾过去十年的政策实践可以发现，无论是反危机时期的"积极财政政策+适度宽松货币政策"的组合，还是新常态下"积极财政政策+稳健货币政策"的组合，财政政策始终是应对经济下行的核心手段，货币政策则处于从属地位。这导致货币政策的逆周期调节能力被显著抑制，主要体现在以下三个方面。

第一，由于要配合财政政策的积极支出，货币政策需更加侧重于控制信贷规模等数量型工具，从而阻碍了向价格型调控方式转变的步伐。但在利率市场化改革深化与金融创新不断发展的背景下，数量型中介目标的可测性、可控性以及与实体经济的相关性均在持续减弱，数量型货币政策的效率不断下降（郭豫媚和陈彦斌，2015b）。因此，货币政策为了配合财政政策的主导地位而牺牲了自身对经济的逆周期调节能力。

第二，由于中国人民银行缺乏足够的独立性，货币政策难以进行有效的预期管理，进一步降低了货币政策的调控效率。预期管理通过改变市场进行预期时所依赖的信息集而引导公众预期向政策目标靠拢，能够有效地提高货币政策调控效率。郭豫媚等（2016）研究表明，预期管理可以将当前中国货币政策效率提高 40%左右。但是，预期管理的重要前提是中国人民银行要具有足够的独立性，由此才能避免政治周期及动态不一致性等因素的影响而取得公众信任。因此，中国货币政策处于从属地位而中国人民银行的独立性不高，就会导致预期管理手段难以被有效实施。

第三，由于货币政策对经济下行的应对力度不足，中国经济出现增速下行和实际利率上行的背离局面。进入新常态以来中国经济下行压力不断加大，但是货币政策因处于从属地位而始终保持稳健定位，即使进行了多次降息降准操作，调控力度也始终不足。这突出表现为在经济增速持续放缓的背景下，2011~2015 年实际贷款利率却上升了 2.3 百分点，由此加大了企业投资成本与偿债压力，进而导致企业生产意愿低迷，加重了经济下行趋势。

五、宏观经济政策框架的转型方向

基于宏观经济政策框架存在的突出问题，本专题研究认为宏观经济政策的转型应从定位、目标及工具等方面着手[①]。

（一）宏观调控应定位于对经济短期波动的逆周期调节，是总需求管理而不是微观干预，更不是替代市场机制

宏观调控的广泛运用源于凯恩斯主义的兴起。凯恩斯主义认为，当经济体受到总需求或总供给等外部冲击时，由于价格与工资黏性及公众"动物精神"的存在，市场资源配置不会在受到冲击后迅速回到均衡状态，从而经济呈现出扩张或紧缩的短期波动现象。因此，政府需要通过宏观调控等政策手段缓冲外部冲击，从而实现对经济短期波动的逆周期调节，也就是现代宏观经济理论所讲的总需求管理。由此可见，宏观调控并不是干预市场机制，而且是为市场机制的自我恢复创造更有利的环境，使资源配置在短期内尽快回归至均衡状态。

微观干预则是政府针对市场失灵所采取的提升资源配置效率的措施。市场失灵是指

---

① 陈彦斌等（2016）聚焦于新常态下宏观经济政策的具体调整思路，本专题研究侧重于论述宏观经济政策的长期转型方向。

市场本身不能有效配置资源的情况，其产生的主要原因在于产权制度不完善、垄断、外部性（如环境污染）等。因此，微观干预重在通过建立设计完善的法律规章制度矫正市场失灵现象。例如，完善产权制度以明晰产权关系、颁布反垄断法破除垄断等。这与宏观调控运用经济政策手段并聚焦于宏观经济波动有本质上的区别。

此外要认清的是，无论是宏观调控还是微观干预，均是对市场机制的补充，并不是去替代市场机制，市场能做的一定要交还给市场去做。例如，当前中国高投资、低消费与产能过剩严重等经济结构失衡的一系列问题就是因为政府对市场机制的重视程度不够，弱化了企业预算约束并扭曲了要素价格。因此，优化经济结构重在深化以国企改革与要素价格改革为核心的市场化改革，不能依靠微观干预，更不能依靠宏观调控。

（二）宏观经济政策的调控目标应重在实现经济与金融的双重稳定

由于宏观调控的定位是逆向调节经济的短期波动，宏观经济政策的核心目标重在保证经济的平稳运行，不应过于关注"调结构"和"促改革"等其他目标。保证经济平稳运行需要重点关注两方面：一是经济产出与物价水平的稳定。20世纪90年代以来的理论研究发现，运用货币政策应对经济波动时，在长期中稳定物价与稳定经济产出两者之间不存在权衡关系而具有完美一致性。因此，越来越多的国家采用了通胀目标制，单一锚定通胀目标。二是维持金融体系的稳定。2008年全球金融危机后，学界进一步认识到，由于经济周期和金融周期在波动频率与波动幅度上存在显著差异，宏观经济政策仅维持经济稳定并不能保证金融体系的稳定。因此，实现经济与金融的双重稳定应成为宏观经济政策的核心目标。

就未来几年内的中国经济形势而言，调控目标的顺序应为"稳增长、控通胀、金融稳定"。第一，"稳增长"仍是宏观经济政策的首要目标。一方面是因为这对于完成"到2020年实现GDP和城乡人均收入比2010年翻一番"以及"到2020年全面建成小康社会"等重要发展任务至关重要。另一方面是因为与拥有较为完善社会保障体系的西方国家相比，中国的社会保障体系相对滞后且社会建设架构较为脆弱，从而也具有明显的"增长依赖症"（陈彦斌等，2013）。第二，虽然新常态以来通胀水平处于低位，但不能因此放弃对"控通胀"目标的管理。2015年年底中国的M2/GDP已高达203%，处于历史与国际上的高位，因而所面临的潜在通胀风险依然很大。第三，"金融稳定"不仅是强调中国人民银行要发挥最后贷款人职能以防范系统性风险，而且要增强宏观审慎政策在防止金融体系的顺周期波动方面的重要作用。

（三）应强化货币政策的主导地位，减弱财政政策的逆周期调节作用，大幅弱化产业政策的宏观调控职能

鉴于宏观调控重在实现对经济波动的逆周期调节，在经济的常规波动时期，宏观经济政策应选择能够及时且有效地应对经济短期波动的政策工具。现代宏观经济理论与各国的政策实践均表明，货币政策是应对产出缺口与物价水平变化最灵活且最有效的宏观经济政策手段（Blanchard et al.，2010）。财政政策则受到政治周期及内在时滞较长等因

素的影响，在常规时期稳定物价水平和产出缺口的效果远不及货币政策。马骏（2014）通过测算"财政脉搏"指标也发现，中国财政政策的逆周期调节作用并不明显，甚至在一些时期还呈现出顺周期特征而加剧了经济的波动。因此，经济的常规波动时期宏观经济政策框架要以货币政策为主导。

值得注意的是，在少数时期中经济体会陷入长达几年或十几年的持续且深度的衰退之中。例如，20 世纪 30 年代的美国"大萧条"及 90 年代以来的日本"大衰退"。此时，货币政策通常会面临零下限约束而操作空间较常规时期明显的收紧，因而单独使用货币政策难以应对经济的持续下行。积极的财政政策则能有效地为货币政策分担刺激总需求的压力，从而有效保证宏观经济政策的可持续性。而且，经济深度衰退的时期较长，使财政政策逆周期调节能力较弱的弊端被淡化。可以看到，2008 年金融危机爆发后，以货币政策调控为核心的美国等发达国家也明显加大了财政政策的应对力度。因此，在经济陷入深度衰退时期，宏观经济政策框架要以货币政策与财政政策积极配合为核心。

此外，产业政策不应继续承担"稳增长"等具体的宏观调控任务，应逐步退出宏观经济政策体系。这是因为，为实现"稳增长"等短期调控目标，产业政策在制定过程中不可避免地会受到政治周期等因素的影响，从而扭曲市场的客观发展规律与对资源的有效配置。例如，政府为应对 2008 年金融危机，将之前被认定为产能过剩的钢铁行业又列入"十大产业振兴规划"之中，由此进一步加剧了钢铁行业的产能过剩问题。大幅弱化宏观调控职能后，产业政策可以更侧重于推动技术创新与市场竞争机制的完善等方面，更为有效地促进中国长期经济增长。

（四）货币政策应加快向价格型调控转型的步伐，注重预期管理并加强与宏观审慎政策的协调配合

加快货币政策由数量型调控向价格型调控转变，将有效增强利率市场化背景下货币政策的调控效率。国际经验也表明，随着利率管制的逐步放开与金融创新的不断发展，修订数量型中介目标的统计口径以保证数量型调控有效性的方式难以为继，货币政策调控方式由数量型向价格型转变是必然选择。事实上，当前中国向价格型调控方式转变的时机已较为成熟，个体对利率等价格信号的敏感度已在不断增强（伍戈和李斌，2016）。因此，中国人民银行需要在构建完善的基准利率体系与利率传导渠道以及建立与价格型调控相适应的货币供给机制等方面加快步伐。

预期管理目前在国际上已成为提高货币政策有效性的核心手段。针对中国而言，鉴于货币政策处于数量型调控方式效率下降而价格型调控框架尚未完全建立的转型时期，预期管理会为货币政策调控效率的提升带来更大的帮助。加强预期管理，一方面要提高中国人民银行的独立性，这与之前所讲的货币政策占据宏观调控主导地位的转型方向相符合。另一方面则需要加强中国人民银行与市场的信息沟通、增加货币政策的透明度，注重对货币政策操作进行事前沟通和事后解释，及时公布货币政策相关操作及其意图，避免市场误读。

货币政策要加强与宏观审慎政策的配合，是因为根据丁伯根法则[①]，货币政策在实现经济稳定的同时难以完成防范金融风险的任务。尤其是在经济萧条而必须使用宽松货币政策的时期，若没有宏观审慎政策的配合，很可能会出现资产泡沫而加剧经济运行风险。2008 年金融危机前美国宽松货币政策使宏观经济稳定但金融风险加剧的现象就是最好的佐证。宏观审慎政策通过对银行流动性、资本金及杠杆率等方面进行调节，则能降低金融体系的过度风险承担激励，从而有效地抑制资产泡沫的形成（Borio，2012）。"十三五"规划纲要提出了"构建货币政策与审慎管理相协调的金融管理体制"的完善方向，未来应聚焦于解决宏观审慎框架与微观金融监管体制如何协调以及事前、事中监管与事后救助机制如何结合等具体问题。

（五）财政政策在常规时期应回归公共财政，但在危机时期要充分发挥扩大内需的作用

财政政策在常规时期回归公共财政，除财政政策逆周期调节能力欠佳的原因之外，还因为政府的财政收支压力正与日俱增。2014 年以来，中国的财政收入增速已跌落到个位数，2015 年仅有 5.8%，远低于过去 30 多年 16% 左右的平均值。地方政府所依赖的土地出让金也显著减少，2015 年降幅达到了 21.6%。同时，政府在医疗卫生、社会保障以及环境治理等刚性支出却呈现快速增长态势，高债务下的偿本付息压力也在不断加大。考虑到政策性银行的金融债务以及地方政府债务置换等广义口径下的财政赤字率在2015 年已接近 10%。因此，在货币政策占据宏观经济政策主导地位的情况下，财政政策在常规时期需要弱化自身的宏观调控职能，将更多的财力用于公共财政。而在经济危机或深度衰退时期，积极财政政策仍是扩大内需的有效手段。尤其是对于"债务—通缩"危机而言，积极财政政策与适度宽松货币政策相配合的调控明显优于单独使用货币政策的效果。

六、结　　语

通过对过去十年宏观经济政策实施情况的梳理可以发现，无论是全球金融危机期间利用强刺激政策拉动经济，还是新常态下政策手段不断调整与创新，宏观经济政策均未从根本上改变经济增速的下行态势。这虽然与潜在增速下行和政策应对力度不足等因素有关，但不容忽视的是，宏观经济政策体系存在一些突出问题，导致其调控效率不高，表现如下：第一，由于中国宏观调控的定位难以得到清晰界定，以宏观调控之名行微观干预之实的现象长期存在；第二，宽泛化的宏观调控目标下公众难以形成稳定预期；第三，货币政策处于从属地位，弱化了宏观经济政策的逆周期调节能力。

因此，未来宏观经济政策的转型应着重做好以下三个方面的工作：第一，厘清宏观调控与微观干预的界限，明确宏观调控的定位是逆向调节经济的短期波动；第二，大幅

---

① 丁伯根法则是指，政策工具的数量或控制变量数至少要等于目标变量的数量，而且这些政策工具必须是相互独立的。

简化宏观经济政策的调控目标，重在实现经济与金融的双重稳定；第三，构建以货币政策为核心的新政策框架，弱化财政政策的逆周期调节职能，大幅弱化产业政策的宏观调控职能。同时，货币政策要加快向价格型调控方式转型的步伐、注重预期管理并加强与宏观审慎政策的协调配合，以提高自身的调控效率。

参 考 文 献

陈彦斌，陈小亮.2014.中国经济"微刺激"效果及其趋势评估. 改革，（7）：5-14.

陈彦斌，姚一旻，陈小亮.2013. 中国经济增长困境的形成机理与应对策略. 中国人民大学学报，（4）：27-35.

陈彦斌，刘哲希，郭豫媚.2016. 经济新常态下宏观调控的问题与转型. 中共中央党校学报，（1）：106-112.

郭豫媚，陈彦斌.2015a. 利率市场化大背景下货币政策由数量型向价格型的转变. 人文杂志，（2）：49-53.

郭豫媚，陈彦斌. 2015b. 中国潜在经济增长率的估算及其政策含义：1979—2020. 经济学动态，（2）：12-18.

郭豫媚，陈伟泽，陈彦斌. 2016. 中国货币政策有效性下降与预期管理研究. 经济研究，（1）：28-41.

刘勇政，冯海波.2011. 腐败、公共支出效率与长期经济增长. 经济研究，（9）：17-28.

卢锋.2016. 宏调的逻辑. 北京：中信出版社.

马骏. 2014. 新常态与宏观调控模式. 中国金融，（15）：45-46.

伍戈，李斌.2016. 货币数量、利率调控与政策转型. 北京：中国金融出版社.

中国经济增长与宏观稳定课题组. 2010. 后危机时代的中国宏观调控. 经济研究，（11）：4-20.

Blanchard O, Dell'Ariccia G, Mauro P. 2010. Rethinking macroeconomic policy. Journal of Money, Credit and Banking, 42（S1）：199-215.

Borio C. 2012. The financial cycle and macroeconomics: what have we learnt? Bank for International Settlements Working Paper, No.395.

Kydland F E, Prescott E C. 1977. Rules rather than discretion: the inconsistency of optimal plans. Journal of Political Economy, 85（3）：473-491.

专题研究八　"十三五"规划纲要关于宏观调控的新思路[①]

"十三五"规划纲要对未来五年宏观调控的总体思路进行了全面阐述。与"十二五"规划相比，"十三五"期间宏观调控在目标和工具等四大方面体现出明确的新思路。

第一，宏观调控目标发生较大调整，将扩大就业列为首要目标，并高度重视提高效益与防控风险。

"十三五"规划纲要指出，未来五年宏观调控将"更加注重扩大就业、稳定物价、调整结构、提高效益、防控风险、保护环境"，与"十二五"规划"处理好保持经济平稳较快发展、调整经济结构和管理通胀预期的关系"的表述明显不同。

一是"扩大就业"取代"经济增长"首次成为宏观调控的首要目标，表明政府调控思路从"增长为本"转向"民生为本"，增进民生福祉已成为现阶段中国经济发展的重要目标。另外，在经济增速持续放缓的态势下，"十三五"期间每年需要解决的就业人数仍然维持在 2 500 万人左右，大学生就业压力尤其大。

二是时隔 20 年后再度提出"提高效益"。"九五"规划将"提高投资效益"列为宏观调控的目标，主要是为了解决"八五"期间普遍存在的投资效率过低的问题。"十三五"期间再度提出"提高效益"，则是为了应对国有企业与产能过剩行业亏损日益严重等问题，有其必要性与迫切性。2015 年国有企业利润同比降幅达到 21.9%，产能过剩严重的采矿业利润降幅更达到 58.2%。要想实现"提高效益"目标，需要停止大规模的低效率投资、加速"僵尸企业"有序退出以及对濒临破产企业实施资产重组，更需要切实深化国企与要素价格改革以激活经济的内在动力。因此，"提高效益"不应长期成为宏观调控的主要目标。

三是首次明确地将"防控风险"纳入宏观调控目标体系。"十三五"期间中国面临多重风险叠加的局面，重视防控风险十分必要。其一，债务率快速上升导致"债务—通缩"风险加剧。全社会债务率由 2008 年的 184.6% 大幅上升至 2014 年年底的 278.9%，而总需求疲软背景下通缩压力加大，使"债务—通缩"迹象更加明显。其二，银行坏账率不断攀升导致金融风险加大。2015 年年底商业银行坏账率达到 1.67%，关注类贷款占

---

① 作者：陈彦斌，中国人民大学经济学院教授、副院长。本专题研究原载于 2016 年 5 月 4 日《光明日报》，有改动。

比达到 3.79%，二者均为 2005~2015 年的最高点且呈明显上升态势。其三，"下行式泡沫"形成和破裂的风险加剧。由于实体经济持续低迷，资金"脱实向虚"的规模不断加大，资产价格的不稳定性骤增，2015 年 A 股市场的暴涨暴跌就是"下行式泡沫"的突出表现，对中国经济更为重要的房地产价格如果在未来出现类似波动，可能产生更大的破坏力。

第二，宏观调控工具更加合理，将以财政政策与货币政策为主体，并注重对财政与货币政策配合、预期管理和宏观审慎政策等手段的运用。

"十三五"规划纲要指出，"完善以财政政策、货币政策为主，产业政策、区域政策、投资政策、消费政策、价格政策协调搭配的政策体系"，而"十二五"规划则是"加强各项政策协调配合"，并未区分政策之间的主次关系。由于宏观调控的定位越来越清晰，当前确立以财政政策与货币政策为主的宏观调控体系是正确方向，也与宏观经济理论及最新实践更为接近。未来还应更加凸显货币政策的地位，因为货币政策对总需求波动进行逆周期调节比其他宏观政策更灵活、更及时、更有效，而且"债务—通缩"等棘手问题也要靠货币政策才能应对。此外，"十三五"规划纲要中关于宏观调控工具的阐述还新增了三点重要内容。

一是"增强财政货币政策协调性"。以往财政政策得到了地方财政的积极配合，能及时有效地实施逆向调节，但是目前地方政府债务高企压缩了财政政策的空间，抑制了财政政策的调控效果。利用货币政策缓解通缩压力能有效减轻政府债务负担，从而拓宽财政政策的操作空间。据测算，通胀率上升 2 百分点可使财政支出增速提高 4.7%~5.7%。但也要谨防财政与货币政策的协调配合演化为会导致恶性通货膨胀的"财政货币化"问题。

二是"改善与市场的沟通，增强可预期性和透明度"。国际金融危机以来，美国、欧元区等国家和地区通过加强市场沟通与提高政策透明度的方式，引导公众预期向政策目标靠拢，提高货币政策的效率。目前中国货币政策正处于转型期，数量型调控效率降低而价格型调控尚未完全建立，更需要预期管理来弥补货币政策调控效率的不足。据测算，强化预期管理能够将目前中国货币政策的调控效率提高 40%左右。

三是"加强金融宏观审慎管理制度建设"。金融体系的顺周期性会强化实体经济的波动幅度，需要通过宏观审慎政策对其进行逆周期调节，从而在经济上升周期主动抑制金融体系风险的过度承担，在经济下行周期增强金融体系的弹性和自愈能力。在"防控风险"成为调控目标的背景下，加强宏观审慎监管非常必要。同时，"十三五"规划纲要首次提出"构建货币政策与审慎管理相协调的金融管理体制"，这与国际金融危机以来发达国家宏观政策的改革方向相一致，实践经验也表明，这有助于实现经济稳定与金融稳定的双重目标。

第三，宏观调控更具针对性，将继续加大定向调控力度。

"十三五"规划纲要指出，"在区间调控的基础上加强定向调控"、"采取精准调控措施"及"更好发挥财政政策对定向调控的支持作用"，这是"十二五"规划所未提及的。在目前常规调控政策空间收紧且效率下降的背景下，通过定向调控加大对"三农"、小微企业等薄弱环节和关键领域的支持力度，有助于协同推进经济增长与结构调整。近几年，西方国家也在使用结构性政策以帮助经济摆脱低迷状况，如美国的定期证券借贷便利和欧洲中央银行的定向长期再融资操作等。但是,定向调控只能是非常时期的权宜之计,而不应成为宏观调控的常态手段。无论是财政政策还是货币政策均无法根治中国经济结构失衡的问题,其症结在于市场化改革仍不到位。此外,长期依靠定向调控,很可能会演化为以宏观调控之名行微观干预之实,这与"发挥市场在资源配置中的决定性作用"的市场化改革大方向是相背离的。

第四,宏观调控方式更加灵活,明确提出"相机调控"原则。

宏观政策应遵循规则还是相机抉择,这一直是学界争论的焦点。在国际金融危机以前,实施通胀目标制国家的成功经验使宏观政策应遵循规则的观点更为主流,但国际金融危机以后,学术界认识到物价稳定不足以保证经济稳定与金融稳定,故政策应保持一定的灵活性。美国宏观经济政策的制定正是因为采取了相机抉择的方式,才能在危机后迅速做出反应,为其经济的复苏奠定基础。

遵循"相机调控"原则也符合当前我国的国情。在通缩压力加大而流动性相对充裕的背景下,CPI很可能会保持低位运行而难以反映实际经济情况,因此单独锚定通胀目标并不可取。此外,在以三期叠加和四大红利放缓为核心的经济新常态下,就业和增长等指标均可能超预期变动,故需要提高宏观调控的及时性与灵活性。当然,"相机调控"不应锚定过多目标,否则会导致时间不一致性等问题,从而降低调控效率。例如,前几年我们曾经在"稳增长"、"控通胀"、"调结构"和"防风险"等目标之间不断切换,结果导致公众预期紊乱而没有妥善解决增速下滑、风险加大和结构失衡等问题。